本书为2024年度国家社会科学基金重大项目
"非传统安全风险与全球治理研究"（项目批准号：24&ZD296）阶段性成果

本书出版获得浙江大学国家战略与区域发展研究院、中国西部发展研究院的
专项经费资助

非传统安全与全球治理丛书

非传统安全研究

（第四辑）

RESEARCH ON
NON-TRADITIONAL SECURITY

谢贵平　廖丹子◎主编

ZHEJIANG UNIVERSITY PRESS
浙江大学出版社
·杭州·

图书在版编目（CIP）数据

非传统安全研究. 第四辑 / 谢贵平，廖丹子主编.
杭州：浙江大学出版社，2025. 7. -- ISBN 978-7-308
-26179-1

Ⅰ. D035.3-55

中国国家版本馆 CIP 数据核字第 2025PY7117 号

非传统安全研究(第四辑)

FEICHUANTONG ANQUAN YANJIU (DI-SI JI)

谢贵平　廖丹子　主编

责任编辑	杨利军	
责任校对	董齐琪	
封面设计	雷建军	
出版发行	浙江大学出版社	
	（杭州市天目山路 148 号　邮政编码 310007）	
	（网址：http://www.zjupress.com）	
排　　版	杭州好友排版工作室	
印　　刷	浙江全能工艺美术印刷有限公司	
开　　本	889mm×1194mm　1/16	
印　　张	14	
字　　数	323 千	
版 印 次	2025 年 7 月第 1 版　2025 年 7 月第 1 次印刷	
书　　号	ISBN 978-7-308-26179-1	
定　　价	68.00 元	

序·倡导和合主义　达成安全共享

余潇枫[*]

一

在 2023 年第五届中国非传统安全论坛^①的征稿、会议交流基础上形成的《非传统安全研究（第四辑）》与读者见面了，这是非传统安全研究领域又一值得庆贺的事。《非传统安全研究》系列集刊的第一辑于 2010 年由知识产权出版社出版，其面世是中国非传统安全理论研究起步前行的重要标志。北京大学教授、浙江大学非传统安全与和平发展研究中心名誉主任王逸舟在该书卷首语中明确表示这是国内也是国际范围内该领域的首部论文集刊。在该书的"专家谈非传统安全（创刊）"中，全国人大委员会原副委员长蒋正华指出："《非传统安全研究》以系列的方式出版，对非传统安全理论提升与学科建设有着重要意义。"^②"非传统安全研究"系列集刊学术顾问、外交学院原党委书记崔启明认为该系列集刊对于应对当前中国的非传统安全威胁具有积极意义，并祝愿其水平迈入世界一流。复旦大学教授沈丁立希望该系列集刊"具有中国特色，多多推介和培育中国关于非传统安全的理论与实践"。海外专家学者对其的祝贺与评述也颇为可贵。牛津大学国际关系学教授罗丝玛丽·福特（Rosemary Foot）认为其"代表着中国学术团体里程碑式的努力，提高了对范围广阔的非传统安全威胁的认知"。英国伦敦政治经济学院国际关系学教授巴里·布赞（Barry Buzan）指出："传统安全与非传统安全问题的处理方式很不同，在非传统安全领域，常常需要专门的机构去处理不同的问题领域。"哈佛大学费正清研究中心研究员罗伯特·罗斯（Robert Ross）教授认为"非传统安全研究"系列集刊的出版"是中国非传统安全理论研究的一个标志性事件"。美国布兰戴斯大学国际关系系教授罗伯特·阿特（Robert Art）强调："传统安全问题与非传统安全问题相互交织，这对国家发展的战略设定提出了新的挑战。……中美两国在传

---

　*　余潇枫，浙江大学非传统安全与和平发展研究中心主任、公共管理学院教授，研究方向为非传统安全与全球治理。

　①　以"统筹发展与安全"为论坛主题的"第五届中国非传统安全论坛"，以线下的形式于 2023 年 7 月 2 日在长沙理工大学举办。该论坛由浙江大学非传统安全与和平发展研究中心主办，《长沙理工大学学报（社会科学版）》和长沙理工大学习近平新时代中国特色社会主义思想"三进"研究中心承办，广东国际经济协会、《全球非传统安全观察》、圣皮耶那国际安全中心协办。

　②　浙江大学非传统安全与和平发展中心编：《非传统安全研究（2010 年第 1 期）》，知识产权出版社，2010，第 4 页。

统安全与非传统安全领域能否很好合作，决定着中国与美国在未来能否持续发展、互相包容，也决定着这个孤单星球上的所有人类在未来能否和睦相处。"丹麦哥本哈根大学政治学教授莉娜·汉森(Lena Hanson)期待该系列集刊"覆盖非传统安全领域里的所有相关理论。此外，我也期待你们追踪非传统安全研究什么时候以及怎样进入政治领域与学术领域"。[①]

"非传统安全研究"连续出版过3辑，因形势发展的需要，浙江大学非传统安全与和平发展研究中心把主要力量投入由社会科学文献出版社组织的《中国非传统安全研究报告》，即"非传统安全蓝皮书"的撰写出版。自2012年《中国非传统安全研究报告(2011—2012)》问世起，已有10种"非传统安全蓝皮书"问世，为党政决策部门尽了建言献策之力，为高校、科研院所、企业、社会团体提供了重要参考，也为国际社会了解中国提供了非传统安全理论研究与非传统安全维护实践的新图景。为了进一步提升安全研究的理论层次，探寻普遍塑造安全的现实路径，从2024年起，《中国非传统安全研究报告》的出版暂告一段落，继而代之的是更具学术性的"非传统安全研究"系列集刊的组织撰写与出版——第四辑及其后续每年一辑的出版计划，以期进一步深化对非传统安全理论与实践的研究与探索。

二

在人类的诸多研究领域中，安全领域是一个充满变数的领域。无论是宇宙演化中的神秘事件，还是生物进化中的突变事件，都有着无数有待人们去解释的现象。对人类社会的演化来说也一样，按照巴里·布赞的说法，无论是国际安全的重大构成性事件，还是地区安全的重大催化性事件，抑或是国家安全的重大转折性事件，都常常会给人带来一次又一次"意外"。特别是全球性非传统安全威胁的挑战，给人们带来的往往是"黑天鹅""灰犀牛"效应，甚至会出现"现实危机""威胁奇点""安全黑洞"等极端问题，从而使既有的国际关系理论与国际安全理论"失效""失语"，甚至"失范"。在此语境下，以"和合共生""优态共存"为基本范畴的和合主义(peace-cooperativism)构成了国际关系理论的中国范式，开创了"共享安全"的中国模式，也为"广义安全论"的建构奠定了基础，为构建新安全格局提供了价值基点。

人类的"和合"文化源远流长，不论是基于希腊城邦伦理与"世界公民"观的世界主义，还是基于印度神灵伦理与"戒杀至善"观的非暴力主义，都是"和合"精神的一种体现。众所周知，"和合"更是中国文化的标志性所在。"和合"一词最早见于先秦典籍《国语·郑语》："商契能和合五教，以保于百姓者也。"其意为：商契能使父义、母慈、兄友、弟恭、子孝五教得以和合，以保养百姓。和合思想的产生过程可以从众多的文化古籍梳理得出。上古西周时期的典籍《尚书·尧典》中就提

---

① 以上参见浙江大学非传统安全与和平发展中心编：《非传统安全研究(2010年第1期)》，知识版权出版社，2010，第4—10页。

出了"协和万邦"思想,司马迁的《史记》中援引《尚书·尧典》时改写成"合和万国",以表述帝尧时期古代"合和"的社会景象。《诗经》中不仅有"既和且平,依我磬声"的论断,而且蕴含有和乐、和鸾、和奏、和鸣、和羹等思想。《礼记·郊特牲》有"阴阳和而万物得"的表述。可见,"和合理念是中国文化的首要价值,也是中国文化的精髓,是中国文化最完美最完善的体现形式"[①]。在处理人与自然、人与社会、人与自身的关系时,"和合"不仅体现出中国传统文化的包容性与宽容性,如求同存异、多元和合、互济双赢,也体现出中国传统文化与生俱来的协作性与平衡性,如协同合作、以和谋利、相异相补、协调统一等。对华夏文明的形成与发展来说,"和合"是达成"多元一体""和而不同"境界的关键路径。因为,"和合"强调不同事物的内在统一,吸取各事物的长处而克其短,使之达到最佳组合,从而发展演变产生新的事物;"和合"是在尊重多样性和差异性存在的前提下,通过"合"的统一性与协调性,化解各类矛盾不同的事物,让各个主体、元素在一个整体的结构中保持平衡。

作为理论范式,"和合主义"的形成与发展均源自中国的历史实践,其思想源头可追溯至中国的《易经》。《易经》是世界上最早的一部"安全之书"。它不仅确立了阴阳之道的安全本体,而且提出了"预警安全观"与"保合太和""万国咸宁"的广义安全理想。在历史合合分分的悠久变迁中,"保合太和"生发出了中国人和而不同、天下大同的人道理想:和而不同与天下大同是中国传统社会构筑的"共享安全"的最基本结构性元素,它们既有地缘上的"安定"内涵,又有文化上的"安宁"意蕴;既有层次上的"安全"区分,又有超越民族关系上的"安好"倾向。"万国咸宁"是《易经》中关于社会安全理想的另一个极其重要的核心范畴,是一幅天下安宁太平的清晰图景。中国在古代用"万国""万邦"来具体指称"天下"。如果说"易"之"本体"是阴阳交合的"太和",那么通过"和合"来确立"万国咸宁"的"太安"应是社会安全理想的终极指向。可以说,"保合太和""万国咸宁"的社会安全理想是中国人对世界安全的独特贡献,也是中国作为一个"文明国家"(a civilization-state)[②]对人类文明的贡献。

和合主义是人类"和合"文化的理论提升,它为我们破解不确定世界的奥秘提供了一个全新的视界,并为安全研究提供了一个场景、情景与前景相融合的基底价值坐标。中国是人类"和合"文化生成和发展的最典型范例。在历史上,中国对"和"的追求铸就了外交上的"内敛性"取向——即使国力强盛,往往也只追求相对有限的对外目标;即使曾有过当时世界上最强大的军队,也没有去侵略别国,更没有去殖民世界,而是传播文明、睦邻友好、共享太平。在处理"国家"关系上,中国历来重"王道"胜于重"霸道",甚至更重视以"止戈为武"的方式"协和万邦",以期实现"美美与共"的"大同世界"。西方学者柯岚安(William A. Callaham)将"和而不同"视为通过利

---

① 参见徐鸿武、谢建平编:《和合之道》,中国人民大学出版社,2016,第9—11、46页。
② Martin Jacques, *When China Rules the World* (London:Penguin Group, 2012),244.

用差异模糊性而达到"大同"境界的一种有内在逻辑的灵活的方法论,[①]这是对和而不同的较为正确的解读。"和合文化"在中国的五千年传承,证明了中国人爱和平、重防御、讲团结、求统一的安全思维与防御性国策,正是中国自古以来的"安全梦"所呈现出来的文化伦理精神,促成了中国人爱公平、重共存、讲中庸、求和合的安全态度与共享安全的价值追求。和合主义的外交传承,使中国清醒且毫不动摇地做"主和派""促和派""维和派"。和合主义通过尊重差异、包容多样、增进交流、扩大共识,进而达成和平、和解乃至和融,这也为 21 世纪全球非传统安全问题的治理与解决提供了理想路径。[②] 亨利·基辛格的《论中国》一书在比较中西方文明时,特地把中国的围棋棋谱画到书上,强调围棋共存求胜的"战略灵活性"与国际象棋全胜全败的"目标专一性"不同,具有更大的包容性。国际象棋是通过不断地"吃子",令对方走投无路,从而绝对地"获全胜";而围棋是通过不断地"占空",令双方都有活路,而相对地"积小胜",且以占有微弱优势者为胜者。[③] 因此,以和合主义为价值核心的"共享安全"思维在战略层次上远远比国际象棋的"全胜全败"来得高远与博大。

三

《非传统安全研究(第四辑)》以"统筹发展和安全"为主题,倡导和合主义,塑造新安全格局。全书围绕"发展和安全"主题,主要从基本理论、重大专题、比较研究三个方面展开,外加对体现理论前沿的新书的评论。本书汇集了诸多颇有研究功力的好文章,力求阐明高水平安全与高质量发展间的辩证关系,论证以新安全格局保障新发展格局的时代性与重要性,为超越以往既有的发展和安全困境、加快实现中国式现代化建言献策。

第一,在基本理论方面有不少创新。如王逸舟的《国家安全研究的理论与现实:几点思考》一文,强调国家安全有着极其多层多元的构成,需要整合外部与内部的属性,并从学理的角度对中国学界关于国家安全学的研究及其类型做了评析,进而对作为新思维工具的"层化"研究做了开创性阐述。余潇枫的《"新安全格局"的理论意蕴与实践向度》一文对"新安全格局保障新发展格局"做了理论解析。廖丹子、金梦滢的《统筹发展和安全:理论述评与中国实践》一文,则对国内外"统筹之治"(统筹安全和发展)的已有研究文献进行了分析归纳,并做了较深入的理论性评述。陈佳、代佳欣的《总体国家安全观人民性的三重维度探析》一文揭示:以人民安全为宗旨是马克思主义唯物史观的当代传承,是中国共产党性质宗旨的深刻诠释,是新时代统筹发展与安全的实践

---

① William A. Callaham, "Remembering the Future——Utopia, Empire, and Harmony in 21st-Century International Theory," *European Journal of International Relations* 10, no. 4(2004): 569-601. 转引自:张锋:《"中国例外论"刍议》,《世界经济与政治》2012 年第 3 期,第 89 页。

② 张凯兰:《和合思想:中国方案的文化渊源》,《领导科学》2018 年第 12 期,第 20—22 页。

③ 基辛格著:《论中国》,胡利平、林华、杨韵琴译,中信出版社,2012,第 18—26 页。

要求。

第二，在重大专题方面，本辑的选题比较丰富，许多重大非传统安全议题受到关注，作者的论述也多有创新之处，并提出了种种政策性建议。如：丁剑、姜维清的《文化安全视域下外源性政治意识形态风险的五种类型》一文，深入阐述了外源性政治意识形态风险的五种类型（文化进攻、文化防御、文化反击、文化渗透、文化诱导）及其关系，为文化安全研究开辟了新的路向。王江丽的《人工智能（AI）伦理问题及其应对——以英国近年的举措为例》一文，通过梳理 AI 伦理问题的实质、分类和应对现状，特别以英国近年以分权分散、轻触灵活为特点的 AI 治理对策和实践经验，对全球和我国的应对之策提供了高见。樊守政的《澜湄安全合作：发展历程与挑战》一文，针对澜湄流域风险点和动荡源增多，澜湄执法安全合作机制的未来发展面临诸多困境与挑战的现实，提出了中国作为主导国，有必要从积极发挥警务外交因素作用、建立信任格局、以软政治促安全合作、主权让渡、提升中心能力建设等方面开展澜湄执法安全合作的新思路。徐佳利的《澜湄国家粮食安全合作评析》一文，针对澜湄国家在粮食安全合作的政策协调、利益诉求、潜在风险及机制层级等方面存在的诸多内部挑战，强调中国作为澜湄合作的倡导者和引领者，应通过澜湄合作以及联合国粮农组织、世界粮食计划署等多边机制扩大对全球粮食安全的投入。刘天阳、何诗雨的《生物安全的"叠掩"性风险识别及对中国生物安全能力提升的启示》一文，揭示了生物安全的涌现性风险的呈现与遮蔽、生物安全与地缘政治的风险叠加与掩护、源于时空"折叠"的风险生成，并强调以"和合共生"为实践前提，以"和合共建"为实现路径，以"和合共享"为价值目标，为我国生物安全治理体系和能力建设提供有利的国际环境，持续保障人民的生命健康与国家安全。米红、汤晓彤、李逸超的《聚焦人口安全：少子化、老龄化背景下渐进式延迟退休政策创新》一文，强调政策仿真结果显示，"渐进式延迟退休"为 2050 年争取到了近 27.33% 的制度赡养比下降空间，养老压力高峰期大大推迟。虽然无论是否延迟退休，未来养老金收支缺口规模都较大，但延迟退休对抑制中短期内养老基金缺口扩大仍有显著效果。刘元玲的《气候变化背景下全球关键矿产资源的争夺：以锂为例》一文，以锂矿为例，分析了在应对气候危机背景下全球矿产资源争夺的现实与逻辑，通过反思"原本用来应对人类共同敌人的宝贵矿产资源，同时也成为引发人类冲突与分裂之所在"，进而探索解构全球气候治理深层困境的可能性。

第三，在比较研究方面，有不少海外学者积极参与进来，共同探讨非传统安全研究的新范式与新思路。巴基斯坦信德大学（University of Sindh）国际关系学系副教授伊姆兰·阿里·桑达诺（Imran Ali Sandano）的 "Mapping the Terrain of Nontraditional Security Studies：Exploring Dimensions and Multidimensional Nature"（《非传统安全研究诠释：不同范式与多维本质的探究》）一文，对非传统安全研究的方法论进行了较全面的理论梳理。英国南安普敦大学（University of Southampton）政治学教授卡罗琳·托马斯（Caroline Thomas）的《论全球治理、发展与人类安全的关系》一文，对新自由主义的全球治理理念和机构进行了批判性探讨，强调需要一种不同类型的全球治理，即一种更好地反映世界上大多数国家和公民关切的治理。瑞典哥德堡大学(University of Gothenburg)全球研究院教授玛丽亚·斯特恩(Maria Stern)、约金·奥金达(Joakim Öjendal)的《绘制安全—发展联结图：冲突、复杂、不和谐、趋同？》一文，认为发展和安全密不可分，只有给予贫穷国家真正的发展机会，才有可能建立一个更安全的世界。特别是该文借鉴了人们熟知的关于"发展"和"安全"的叙述，并对这种"联结"在政策文本中的表述方式进行简要解读，进而对"安全—发展联结"提出了一个可能的框架，以映射对此"联结"的具体表述的多种理解，目的是揭示其意义在不同(但看似相似的)讨论中可能转变的方式。越南胡志明国家政治学院副教授谢玉进等的《越南对非传统安全挑战的认知和方法论》一文，认为越南是遭受非传统安全挑战和影响较大的国家之一，在综合理论概念和多维度方法的基础上，阐述了非传统安全的定义和特征，就越南学界对非传统安全挑战的认知、学派和研究方法等进行了介绍。

第四，第四辑延续了集刊之前的体例，除了主题研究外还设有非传统安全前沿理论书籍的评论栏目。甘钧先的《"和合主义"的安全逻辑进路——评余潇枫教授的〈非传统安全理论图景〉》一文，指出《非传统安全理论图景》①一书从安全本体的扩大、安全思维的优化和安全价值的延伸三个方面详细展现了人类安全研究的演化逻辑，是一次从非传统安全扩大到广义安全的重要理论尝试，其重要意义为：重新审视了国际安全的本体论，突破了西方安全思维，不仅提供了非传统安全理论的演化图景，还提出了以和合主义为范式、以共享安全为模式的广义安全论哲学构想。

总之，在贯彻总体国家安全观、推进全球安全倡议、落实以新安全格局保障新发展格局，不断实现联合国提出的《2030年可持续发展议程》的进程中，中国的安全研究建构起了特有的理论高地，特别是非传统安全研究，更显现出倡导"和合主义"、达成"安全共享"的美好前景。在全球日趋一体化的"生存关联"与"命运关联"的图景中，体现和合主义的共享安全既是理想的，又是现实的，还是共商共建的。或者说"'共享安全'的国家行为，将是一种超越单边立场的'不可分离'的多边性行为，是超越'危态对抗'的'非竞争性'的协合性行为，也是超越一己利益推进全球责任的'安全感递增'的共赢性行为"②。为此，欢迎更多的安全理论研究者与安全维护实践者关心与支持"非传统安全研究"系列集刊，让这一以理论与实践相结合的系列集刊，成为求解非传统安全种种难题的重要理论阵地，并成为大家共同交流学习与奉献智慧的思想理论园地。

2023年7月12日一稿

2023年8月10日二稿

于浙江大学求是园

---

① 余潇枫：《非传统安全理论图景》，商务印书馆，2023。
② 余潇枫：《共享安全：非传统安全研究的中国视域》，《国际安全研究》2014年第1期，第34页。

目　　录

国家安全研究的理论与现实：几点思考[*]

王逸舟

[摘　要] 国家安全研究是一项复杂的学术工作，需要进行耐心细致的学理分析。安全是一种不受威胁或不感到危险的状态，而不是纯粹物理层面的隔离或保障。国家安全有着极其多层多元的构成，同时带有外部属性和内部成分。全球化、信息化大背景下国家安全的界定与维护，明显区别于旧时代的内容，识别其中的联系与区分十分重要。从人类思考安全的历史进程观察，可以看出一种不断深化与进化的线索，它对于确立今天的安全思想、目标、行动有着重要的参考价值。认知今天和未来的中国国家安全，离不开对过往不同时期国家安全状态以及方针的借鉴吸收。通过梳理国家安全研究类型，可以发现日益多样的探索路径与工具，对它们各自优劣的比较，有助于建立均衡合理、适应新时期需求的安全研究架构。就政策层面而言，保持安全与发展的平衡，是中国总体国家安全的支点与枢纽，其中尤其须重视吸取一些大国的经验教训。就学理角度来看，新的思维与工具，如"层化"研究思路或许能帮助研究者拓展研究空间。

[关键词] 国家安全及其研究；国家安全与国家发展；国家安全与大国能力；"层化"研究路径

在当下"十四五"规划时期的中国，国家安全学已被正式确定为一级学科。这是中国相关学术工作和教育史上的一件大事，具有深远的意义。纵观世界各国，国家安全的研究与教学工作受到如此重视的情况并不多见。学理基础相对薄弱的国家安全学，在起步阶段便与文史哲、政经法等大学科的权重相同。这种情形既让人高兴，又让人不免有点担心：国家安全学作为一门学科，能否按照学术成长的规律发展进阶？作为一种具有重大现实价值的"政策学"，能否恰当助力政府部门的相关实践，培养满足国家需要的新型人才，同时与国际学界沟通交流？这些问题并非单靠财政投入、政治动员就能解决的，而是需要遵循客观规律，有广泛的争鸣和探索。本着这种考虑，本文对国家安全问题研究做一些分析思考，就教于读者和同行。

一、国家安全概念及学界对其探索的演进

国家安全概念是国家安全学研究的逻辑起点和核心对象。人类对国家安全已经进行了长期

[作者简介] 王逸舟，北京大学教授，南京大学区域国别研究院院长、教授。
　* 本文全文转载自王逸舟：《国家安全研究的理论与现实：几点思考》，《国际安全研究》2023 年第 2 期，第 3—22 页。略有修改。

的探索和研究。

（一）关于国家安全概念的思考

在中国，"国家安全"的定义有官方版本。《中华人民共和国国家安全法》第二条说："国家安全是指国家政权、主权、统一和领土完整、人民福祉、经济社会可持续发展和国家其他重大利益相对处于没有危险和不受内外威胁的状态，以及保障持续安全状态的能力。"[①]这是一个得到普遍认可并与国际上相关定义有很大共通性的定义。它主要包含两层含义：其一，国家安全是一种客观状态，指国家既没有外部严重威胁，也不存在内部重大危险这样一种客观的情形；其二，国家安全又是一种保障能力，指国家长期的、可持续保障上述状态的能力。

对上述定义，需要略加阐述。首先，什么是"安全"？它在英文里对应 safe（safety）、security 等词。safe 相对狭义，指处境（或情况）安全，不损害（或危害）健康，未受伤害（或遭受损失）；作名词使用时还可以指保险箱、保险柜等物品。security 含义更加宽泛，可指保卫部门、安保措施、安全工作、担保或抵押品之类，亦可指社会保障（social security）或社会保险（social insurance）等制度性安排。至于中文里的"安全"，早先是分开的两个字："安"指"安心""安好"等；"全"则意味着"保全""周全"等。如今讲"安全"多半会加上后缀，以明示具体用途，如"安全制度""安全战略""安全思想""安全措施"等。从字面上看，"安全"代表"不危险""没隐患""不出事""不受威胁"等意思。它可用来指几乎无穷尽的各种场景：车间无事故是工人上班须注意的一种安全；老人孩子不摔跤是家人嘴里常说的一种安全；"夜不闭户"是良好社区的一种安全……诸如此类，不一而足。它们的共同点是，作为特定对象的人与其生活工作的环境之间保持了某种和谐，至少不存在大的隐患，不会让人感到担心。当然，各种场景涉及的"安全"，究竟是真实存在的客观情况，还是人的主观感觉，需要具体情况具体分析，没有单一的衡量尺度。可见，所谓"安全"有着主客观的不同侧面，它既可以是对实际危险或隐患的某种消解排除，有具体可见的指标，也可能表达某种不安的感受、需安抚或担保的心理。

国家的安全与个体的安全有相似之处，也有很大的不同。相似之处在于它们都寻求自身保障、不受各种威胁、持久生存发展，而不同点则在于国家的规模、性质和存在方式在本质上有别于个体的人。国家作为一个整体，是特定民族、族群和人民的社会存在方式，是基于自身历史、文化、地理等因素而长期形成的制度性安排，是建立了自己的政府及军事、经济、贸易、法律等一整套体系的政治架构，更是在当代得到他国和国际社会承认、享有主权权利和国际责任的国际行为体。所以，国家安全是相对于其他国家和整个世界而言的，它追求的各项目标均表现出特定国家的民族和人民在国际政治大背景下寻求保障、排除危险和长久存续的本质需求。

[①] 《中华人民共和国国家安全法：附配套规定：大字版》，中国法制出版社，2022，第 2 页。

就外部属性看,国家安全的首要内容是特定国家的政权、执政党及其制定的国策不受干扰、不受威胁、不受挑衅、不受外力控制,是这个国家赖以生存发展的领土、领海、领空及各种重大资源始终由这个国家的人民及其政治代表(政党、议会或政治精英)来规划和管理。外部各种危险因素不仅包含主要对手国家或(可能的)敌对国家的排斥打压、战略竞争等,也包含地球自然生态潜在的重大损害和风险(如毁灭性的跨国气象灾害、难以控制的疫情蔓延、周边自然环境的急剧恶化、区域主要动植物物种濒临灭绝等)。就内部属性而言,国家安全与本国国内的稳定、安宁、和谐密切相关,也同样与自身感知危险的能力和消除危险的意志密不可分。例如,世界上多数国家不是由单一民族构成的,而是多民族国家,所以民族政策是否正确、国内各个民族能否团结互助就成为影响国家安全的重要内容之一;同时,出于历史和地域原因,同一民族可能分布于相邻的不同国家,一些涉及民族习俗、宗教文化的问题有可能跨境"传导"生变,从而给国家治理带来困难和挑战。再比如,内部重大危机可能由大范围失业、经济危机、社会动荡诱发,进而变成全局性和持久性的国家政治不稳定状态。在面临这类重大国内挑战时,政府和政治领导人的判断与意愿成为国家摆脱潜在危机的关键,国家机器的各个部分(军队、财政资源和各级组织)统筹协调、合理调度,也是保障国家安全不可或缺的环节。

外部和内部两个方面的因素合在一起,才能构成国家安全概念的完整画面。判断一个国家安全与否,不仅要看它在面临外部入侵和军事打压时能否顶得住,能否克敌制胜,看它在国际战略舞台的激烈角力场合能否勇于和善于转危为安、化险为夷,还要看它的政府的治理水平,看国家社会稳定、民族团结、文化繁荣、经济发展、民生改善的程度。仅仅是没有外敌入侵或大国战略压迫,并不意味着国家实现了安全,至少不算完整意义上的国家安全。反过来讲,国家单单保全自身,内部各项指标良好,但若政府不重视外部环境的营造,不愿意承担应尽的国际义务,不努力在与世界上多数国家协调合作中推进全球和平发展,整个国家最终会变成一个封闭的孤岛。在信息快速流动、技术不断进步的全球化背景下,这样的国家安全缺乏外部认可与国际法保证,是难以持久的,自然也不符合本文严格定义上的安全。

纵观世界各国的历史和现实,不难看出国家安全概念具有一种特殊性质,即由于它事关民族、人民、领土、社稷这类全局性、战略性、长远性问题,故而:第一,它的界定自始至终由国家的政府和决策高层来主导和统筹,而不可能由个别的社会阶层、单独的市场行为体、外部的政治势力或集团来支配和定夺。国家安全的政治性由此凸显出来。第二,鉴于国家安全关乎国家的生死存亡,军事、军队、军备等议题永远占据着国家安全议程的优先位置。即便没有战争和国家间冲突,即使在没有常备军的国家,国家安全的核心依然离不开军事——不管是对他国使用军事手段还是担忧他国对己方造成军事后果。在绝大多数情况下,这是国家安全的其他领域和议题(如经济安全或生态安全)无法相比的。概而言之,高层统筹、政治性质、军事重心,是国家安全定义的几个关键要素。在此意义上，国家安全学就是研究国家安全的一门学问，它包括对国家安全基本性质的界定、对研究对象的说明，以及对这个学科门类各分支、领域和主要议题的解释。在大学里，国家安全学的知识还包括学习的主要方法、若干支撑性课程和讲座等内容。

（二）人类对国家安全的探索和研究

对国家安全的思索和研讨有很长的历史。自从国家诞生，就有人思考如何使之运转顺畅，几千年来各种观点争鸣。例如，古希腊哲学家柏拉图的《理想国》专门分析了国家的构建与等次，亚里士多德的《政治学》论述了建立稳定政体的类型和方法，从不同侧面点出了国家的存续及要件。中国古代先贤亦有关于个人与国家之安危兴衰的诸多见解，像"君子安而不忘危，存而不忘亡，治而不忘乱，是以身安而国家可保也"[①]"人无远虑，必有近忧"[②]"水则载舟，水则覆舟"[③]"生于忧患，死于安乐"[④]"居安思危，思则有备，备则无患"[⑤]"安不忘危、盛必虑衰"[⑥]等警句名言，为后世的治国安邦提供了宝贵启迪。

随着近代世界体系的生成，全球范围的扩张和分化加剧，各民族、各国之间形成不平等不公正的依附关系，由此带来的压迫和冲突严重危害了世界人民和各国稳定，国际战争与国家安全上升为焦点。这催生出各种关于国家生存与斗争的学说，如"帝国主义理论"和"殖民主义理论"、"纳粹种族主义"和"法西斯主义"、"民族解放思想"和"激进革命思想"等等。20世纪初期，英美等国将国际关系设置为大学的专业学科，从而诞生了关于国家安全的各类科目、教材和学说，如"陆权说""海权说""空权说""地缘政治论""均势论"等。20世纪上半叶，虽然"国家安全学"尚未作为单独学科出现，但国际政治理论界和外交学界付出了诸多努力，对国家安全的方方面面进行了探索，为这个专业领域的发展打下了基础。人类在20世纪遭遇的两次世界大战，使各国生灵涂炭，给各国安全与国际关系带来极大损害，但同时也促使人们更加重视事关国家安全的战略策略、思想理论、人才智库等。

在第二次世界大战结束后的大半个世纪里，尚武习气在很多国家和地区逐渐式微，亚非拉国家的反帝和非殖民化浪潮推动了安全观念的更新，国家安全研究进入新阶段，出现了新动向、新特点。比如，以国际组织和规则约束战争冲突的努力增多，各国合作和跨国协调成为增强国家安全的一条路径；由于国家面临的非传统安全挑战增多，国家安全观开始注重平衡传统与非传统的各种安全，综合安全、人的安全、生态安全等新提法、新观念也时兴起来。实际上在美苏两极对抗

---

① 朱熹：《周易本义》，廖明春点校，广州出版社，1994，第189页。
② 何晏等注、邢昺疏：《论语注疏》，北京大学出版社，1999，第212页。
③ 王先谦：《荀子集解》，中华书局，1954，第357页。
④ 杨伯峻：《孟子译注》，中华书局，2008，第231页。
⑤ 《左传》，岳麓书社，1988，第199页。
⑥ 《汉书》卷七〇《陈汤传》，中华书局，1962，第3027页。

的 20 世纪 70 年代到 80 年代军事安全依旧是国家安全重点的背景下，北欧地区和加拿大、日本等国的一些研究机构就提出了综合安全和人的安全的议题，意大利的民间智库"罗马俱乐部"发表了颇有影响的两份报告《增长的极限》和《人类处在转折点》[①]，为 20 世纪 90 年代联合国倡导的"千年议程"（重点是维护全球安全与可持续发展）做了铺垫。

冷战结束后的几十年，新现实主义、新自由主义、建构主义、后实证主义等学说大行其道。它们不仅发展了传统的安全研究，而且更加看重国家安全的建构，梳理不同安全层次，刺激新的理论和范式生成，如"民主和平论""文明冲突论""进攻性/防御性现实主义""国家安全的三种文化模式"等。21 世纪以来，着眼于科技进步时代各国复合相互依赖的新现实，各国安全学界及智库又提出不同取向的诸多解释，如"复合安全理论"[②]"地区安全架构说""和平学""生态安全论""大数据和人工智能背景下的国家安全"[③]等。一个新动向是，主导传统国际格局的西方国家变得乏力，一批非西方新兴大国和中等强国快速崛起，使得全球安全局面充满变数，包含了各种挑战和机遇。[④]

二、中国学界对国家安全学的研究及其类型

当下的国家安全研究，适应了国家的需要，反映出时代的特征。中国共产党和中国政府高度重视国家主权、安全与稳定。党的十八大之后，制定和推进总体国家安全方略的进程加快，各方面有了新的气象。比如，成立了中央国家安全委员会，统筹使命、协调工作；颁布了《中华人民共和国国家安全法》，将国家安全观念和战略进一步制度化；国家社会科学基金推出一批重大项目选题，鼓励研究工作者更多投身国家安全问题的基础理论和应用研究；在中国共产党成立一百周年之际，中央及有关部门决定将国家安全学确立为一级学科，与文学、历史学、哲学、经济学、法学等传统主要学科并列。国家安全研究在如此短的时间得到如此重视，在当今世界是绝无仅有的。

从内涵看，中国特色的总体国家安全观有两大特点：首先，把政治安全作为核心，把国家安全事务落脚到巩固中国共产党的执政地位、党团结人民坚持和发展中国特色社会主义这个目标上。其次，强调统筹各种重大需求，建立完备的国家安全序列，既重视外部安全又重视内部安全，既重

　　① 丹尼斯·梅多斯等：《增长的极限》，于树生译，商务印书馆，1984；米哈依罗·米萨诺维克、爱德华·帕斯托尔：《人类处在转折点》，刘长毅等译，中国和平出版社，1987。

　　② 巴瑞·布赞等：《新安全论》，朱宁译，浙江人民出版社，2003，第 14—20 页。

　　③ 参见《国际展望》编辑部："地区安全架构与多边主义"国际研讨会精华——亚洲：多边、安全与发展》，《国际展望》2004 年第 14 期；熊建华：《试论和平学的研究对象和任务》，《华中师范大学学报（哲学社会科学版）》1988 年第 6 期；韩洪文：《20 世纪的和平研究》，《华东师范大学学报（哲学社会科学版）》2000 年第 3 期；程漱兰、陈焱：《关于国家生态安全》，《经济研究参考》1999 年第 1 期；程漱兰、陈焱：《高度重视国家生态安全战略》，《生态经济》1999 年第 5 期；赵永新：《关注国家生态安全》，《人民日报》2001 年 2 月 9 日第 6 版；刘国柱、尹楠楠：《美国国家安全认知的新视阈：人工智能与国家安全》，《国际安全研究》2020 年第 2 期。

　　④ 王逸舟：《西方国际政治学：历史与理论》，上海人民出版社，2018，第 227—260 页。

视国土安全又重视国民安全,既重视传统安全又重视非传统安全,既重视发展问题又重视安全问题,既重视自身安全又重视共同安全等,实现安全的主要领域、主要因素、主要层面的全覆盖。这体现出中国国家安全学起步阶段的风格。

(一)中国国家安全学研究的演进及核心问题

观察中国学术界的相关努力,可以看到国家安全研究的不同阶段与重点。[①] 改革开放以前,这方面的探讨不多,有限的努力集中在应对美苏两霸施加的威胁上。

中华人民共和国成立初期,为了摆脱鸦片战争之后中国长期受制于西方列强的屈辱身份,国家领导层确立了以"站起来"为中心的国家安全目标。以斗争求承认、独立自主、帮助受压迫民族的革命思想,成为那一时期引导安全研究的主线;中国被联合国排除在外的事实,加深了从上到下对国际环境严峻面的感受。就研究课题来看,与"帝修反"势力进行不妥协的斗争(有阶段性、策略性的调整)、争取"中间地带"、团结"第三世界",占了相当大的比重;内部的安全能力和安全思想建设,则着眼于"备战""备荒"。

改革开放以后,与党和国家工作重心转向相适应,中国的内外政策做了重大调整,经济安全占据优先位置。随着中国加入世界贸易组织和经济社会快速发展,安全观念更加开放灵活,安全理论吸收了多层次安全、非传统安全、生态可持续安全等新要素。

21世纪以来,尤其是党的十八大之后,中国进入"强起来"的新时代,国家安全考量有了更大的抱负和更加重视全方位的视角。随着综合国力的增强,有关中国大国地位和全球角色的研究内容增多,中国对美西方主宰地位的审视、批判意识增强,在全球化条件下谋划国家安全的思路更具前瞻性、战略性和综合性。比如,在中美长期战略竞争态势形成、美国实施压制性战略的背景下,研究者关注的重点,对外是如何抵制"新冷战"、建立全球战略伙伴网、提供中国式国际公共产品,对内是如何增强科技实力、加大战略领域投入、强化集中调度指挥等。

不过,特色并不排斥共性。中国国家安全学研究与其他国家的研究一样,普遍关注两个共性问题。

其一,国家安全的研究须回答"何种安全优先考虑"的问题,毕竟涉及安全的需求太多,而国家特定时段的资源有限。政治安全和执政党地位在中国国家安全谱系中居于中心位置,而在某些国家国家安全头等关切的可能是族群矛盾或战乱冲突,在另一些地方国家安全则聚焦于大范围贫困和失业引发的社会动荡。所以,对任何国家执政者和研究界而言,安全议程的先后及资源配置的重心是决定性的环节,需要清晰梳理安全的类型、层次、领域等,并准确说明不同的权重与需求。这些是国家安全研究的重点和难点。

---

① 牛军:《新中国外交的形成及主要特征》,《历史研究》1999 年第 5 期。

其二,确定了优先事项之后,国家安全研究的另一要务,是分析并提出实现中长期和近期不同目标的途径和方法,找出需要协调的单元、机构和个人等,指明统筹工作的重要性和具体安排。在中国这样的超大社会,国家安全需要从中央到地方再到基层的谋划和参与,涉及外部交涉、地方配合、底层落实等,可以想见把这盘大棋弄明白、说清楚之不易。总之,安全议程的排序、安全需求的统筹,是当下中国面临的主要挑战。

(二)中国国家安全学研究的不同类型

目前,中国学界有关国家安全的讨论很多、角度各异,大体可分为以下五种研究类型。

第一种类型,也是最常见的类型,是按领域和层次划分国家安全。综合各方面的解释,目前中国学界所说的国家安全,主要涵盖政治安全、国土安全、军事安全、经济安全、文化安全、社会安全、科技安全、网络安全、生态安全、资源安全、核安全、海外利益安全、太空安全、深海安全、极地安全和生物安全等领域。这个清单会根据形势的发展、认识的深化和需求的扩大,在现实中不断调整和充实,近几年有增长趋势;它反映出中国作为崛起大国对国家安全认知的拓展。这些安全问题种类各异,产生的原因和造成的后果不一,处置的手段和方式极不相同,参与解决的单元形形色色。有些直接危及民众的生命、造成严重的财产损失(如军事安全);有些表现为全社会层面的恐慌情绪和对个人隐私的不当掌控(如网络安全);有些是特殊专业领域和需要高深技术方可处置的难题(如核安全)。处于不同历史发展阶段、国土资源幅员与人口民族规模不等的世界各国,必然有各不相同的国家安全清单。例如,弱小国家几乎不会考虑太空安全的议题,即便中等强国(如某些内陆国)也未必会对深海安全和极地安全之类的议题有兴趣;世界大国的利益具有全球性,安全需求自然是多样和全方位的。从研究方法看,如前所述,这一类研究最难之处是赋权和排序,即如何给种类繁多、情况各异的安全问题赋予权重,如何安排政府现有资源的投入顺序,确定哪些问题是当下急需处理的,哪些是中长期的挑战。

第二种类型是根据安全问题出现的先后,从历史沿革角度把国家安全问题分成传统安全和非传统安全两大类。传统安全主要是指与国家间战争与和平相关的安全问题,它往往通过军事或武力威慑手段实现或保障,涉及领土主权完整、执政党地位和政权稳定、国家不受外敌入侵、社会民众不被他国恐吓等。在国际政治学和外交理论中,传统安全之所以被称作"高政治"(high politics),被置于最重要、高等级的决策议事日程,很大程度上是因为它关乎国家存亡和政局稳定。世界史上多数国家间冲突都具有传统安全的这些特点。比较而言,非传统安全是在第二次世界大战之后出现的,更多的是指战场之外发生的重大威胁,即无法依靠军事手段根除的国家安全风险或隐患,如海洋污染和海平面升高、宗教极端势力猖獗、大范围和难以控制的疫情传播、信息技术对个人隐私的严重侵犯等。各国面临的这类威胁,既可以来自国家行为体,也可能来自非国家行为体(族群、企业、个人或跨国集团);政府和国家机器无法单独应对这类挑战。经常被称为"低政治"(low politics)的非传统安全挑战,与传统安全的一个不同在于,不管是它们的形态还是影响,都更加扑朔迷离、难以定位。针对上述情形,国外研究界(主要在西欧和北欧地区)提出一种学说,名为"安全化"理论。[①] 它主要探讨哪些问题应当提交最高决策层("安全化")、哪些够不上顶层的国家安全("非安全化"),哪些问题曾经是国家必须重视和应对的安全但后来危险性下降,因而不必列入高层议事日程("去安全化")。[②] 这种学说还讨论了传统安全与非传统安全有什么关系、彼此是否可能发生转化等理论难点,为国家安全研究开辟了新空间。[③]

　　第三种类型是根据安全问题涉及的地域空间范围界定国家安全的特性。中国一再强调,要统筹外部安全和内部安全、自身安全和共同安全。[④] 它提示了国家安全与其他层面安全的辩证关系。从覆盖范围看,国家安全问题并非孤立产生,它与周边国家的稳定(周边安全)、更大范围区域的和平(地区安全)乃至全球层面的安全形势(国际安全或全球安全)密不可分。虽然不同层面的安全问题各有其因、各有其果,但各种安全存在内在联系,并且与各国的国家安全构成了安全命运共同体。我们甚至可以预想,未来随着科技的不断进步和人类走向太空,地球现有物种与外星系生命体可能相遇、碰撞,整个地球村的维系也可能会被列入世界主要强国将来的国家安全议程。从国内看,国家的整体安全同样不是单向度的、平面的,而是多层次的、相互关联的;国家安全离不开内部各民族区域的和谐稳定(族际安全),离不开各个基层的有效治理(社区安全),离不开公民维护自身安全的意识和手段(个人安全)。这种开放性、比较式的国家安全研究,对于中国这样的新兴大国尤为需要,毕竟中国融入全球体系的时间不长,总体国家安全观提出的时间也不是很长,国家与全球安全、个体安全之间的关系仍有很多理论问题与现实问题需要探究。[⑤]

　　第四种类型在一些发达国家比较流行,可称作"国家安全文化"的研究路径。[⑥] 这里的"文化",并非汉语一般意义上的精神财富(如文学、艺术、教育、科学等),而是特指思考问题的逻辑与背景,指不同民族的心理和战略思维。就国家安全议题而论,国家安全文化要研究的是一个国家和民族如何构造自身的安全命题,它有什么样的历史传统和思想基因;某种程度上它与更早出现的"战略文化学派"类似,都看重国家安全战略策略与历史文化心理的关系。比如,中国古人讲求"不战而屈人之兵"[⑦]"夫用兵之道,攻心为上,攻城为下,心战为上,兵战为下"[⑧];而俄罗斯人一向

　　① 巴瑞·布赞等:《新安全论》,朱宁译,浙江人民出版社,2003,第32—37页。
　　② 余潇枫、谢贵平:《"选择性"再建构:安全化理论的新拓展》,《世界经济与政治》2015年第9期。
　　③ 王逸舟:《中国外交新高地》,中国社会科学出版社,2008,第157—203页。
　　④ 习近平:《高举中国特色社会主义伟大旗帜 为全面建设社会主义现代化国家而团结奋斗——在中国共产党第二十次全国代表大会上的报告》,《求是》2022年第21期,第27页。
　　⑤ 蔡拓:《全球学与全球治理》,北京大学出版社,2017。
　　⑥ 彼得·卡赞斯坦主编:《国家安全的文化:世界政治中的规范与认同》,宋伟、刘铁娃译,北京大学出版社,2009。
　　⑦ 《武经七书》,毛元佑、黄朴民注译,国防大学出版社,1997,第22页。
　　⑧ 陈寿撰、裴松之注:《三国志》,吴金华点校,岳麓书社,2002,第659页。

偏好先发制人的打击和震慑。改革开放以来，中国人认为安全与发展互为表里、同样重要，安全是为了发展，发展反过来促进安全；而俄罗斯人认为，国土安全和军事安全的需求远远高出其他任何类型的安全需求。这种差异深刻反映出两国历史沿革和战略文化的不同。用此方法考察，美欧尽管国家安全观本质上相通，但美国人与欧洲人的安全文化亦存在差异：前者更注重军事技术、战略博弈和进攻手段，而后者更重视利用国际法和国际组织、区域联盟以及非军事的制裁。通过这类研究，两次世界大战留给欧美国家的不同印记乃至新老大陆几百年来的异同一一呈现，甚至出现了"美国安全学"和"欧洲和平学"等提法。像"安全化理论"一样，"战略文化分析"是讨论国家安全问题时比较有纵深感、有学术味道的一种探索方式，对研究者的理论学养和逻辑思维有一定要求。

第五种类型可称为"功能分析"，它尝试从横向角度把与国家安全问题有关的各个要件找出来，研究各自所属领域和作用方式。在这个路径下面，讨论的对象可以包括国家安全的指导思想、基本理论、不同目标、战略策略、文化特色、领域层次、制度建设、治理手法、统筹过程、教育培训和研究机构等。[①] 这种分类的好处是容纳几乎无限的课题，让有兴趣、有专长的人各尽所能，调动各方面的积极性；不足是难以形成有共识的评价标准，经常是各说各话、互不通气，造成资源利用的低效和精力的分散。从积极意义上讲，对于构建高标准、学术严谨的国家安全学来说，已有的对各种功能性问题的讨论，各专业研究机构的持续建立，都可看作是初级阶段的有益工作。事实上，国家安全学的研究正是通过不同方向的努力逐步推进的。比如在中国，过去几十年的国际战略研究和教学、国际关系理论研究和教学、国际政治史研究和教学、国际政治经济学研究和教学、区域国别问题的专题研究和教学等，奠定了从国际范围思考国家安全挑战的学理基础；而政治学、法学、经济学、社会学、生态学的教学和科研，则是从一般学科建设的角度为国家安全学奠定了基础。

通过对国家安全研究不同类型的分析，可以看出国家安全学具有某种复合性的知识架构，需要的不仅仅是某一领域的因果逻辑，还有跨学科、多领域的分析工具。比如，就相近的知识和学术而论，国家安全学的学习和掌握，与探讨权力格局变动和资源合理配置的政治学、经济学有关，与解释国家与社会关系、整体与个体关系的社会学、哲学有关，与分析武力威胁和国际竞争的军事学、外交学有关，与展望地球村整体性质和延续过程的生态学、全球学有关，与阐述思想吸纳和开放式学习的社会科学方法论有关，与提供关于自然界新表述方法的量子思想和复杂性学说有关，还与很多其他的学问和思想有关。当然，以上是就国家安全学的整个知识大厦而论的。就具体个人的学习或部门机构而言，考虑到时间和能力的限制，还是应当选择感兴趣的方面或有专门

---

① 刘跃进：《刘跃进国家安全文集》，中国经济出版社，2020。

需要的领域，挑选适合的类型加以追踪研究。

三、国家安全维护方式的演化

国家安全的研究尤其需要平衡安全与发展的关系，防止静止孤立和封闭自足的安全思维，倡导积极进取和综合统筹的国家意识与能力。在全球震荡变化的大背景下，尤其是美国和少数西方传统强权对中国崛起感到焦虑不安并极力打压的未来一个时期，我们要建构新型大国安全能力与意识，不仅要大大增强物质层面的实力，更要深入检讨自身存在的各种软肋与短板，防止在上升周期过分自满，导致停步不前甚至出现严重问题。

（一）引领新的全球通用技术与规则是大国崛起的内在条件

细察近代国际关系史不难发现，成为普通的大国、强国与充当全球角色不是一回事，后者除了要具备强大的经济、科技和军事实力之外，更要有超群且"服众"的辨识力、创新力、规范力和协调力。其中，识别重大的经济周期，驾驭和应对其间包含的繁荣、衰退、萧条和复苏的变动起伏，是大国崛起必须面对和最终克服的一大挑战。判断不易，说易行难。比如在目前的情势下，世界经济究竟是处于"滞胀期""谷底"，还是"再全球化"的筛选效应和新业态崛起初期，还是持续十数年甚至更长时段的深度衰退期，不同学派和模型算法的判断大相径庭，政策偏好及建议见仁见智。众说纷纭下，最终还是要看哪些国家判断有误、哪些大国战略决策得当。

大国的成败兴衰往往取决于其方向感与决断力。表面上看，这有点"俄罗斯轮盘赌"的味道；深层次上讲，则反映了国家"政治决策＋创新突破"的综合效应。荷兰之所以能在16—17世纪占据世界支配地位，是由于它在大航海时代率先提出海洋法和"海洋自由"观念，全球首创国际金融证券股票交易机制，而且国家对此大力倡导并给予保障，最终超越了昔日的葡萄牙和西班牙；英国和美国能在不同阶段"登顶"，都是由于在列强纷争和经济社会萧条的乱象中，发明和推广了各自时代最前沿的技术与产业（第一次至第三次产业革命均始于英美），进而带动其他国家乃至整个国际社会进入新的历史阶段。一些研究者之所以认为中国可能引领下一周期的全球发展，不仅仅是看到了当下中国领导人的坚强意志和新型举国体制优势，更是由于崛起阶段的中国可能提供不同以往的全球性公共产品和通用性技术创新，掀起"新一次产业革命"浪潮，如常被人提及的新型国际组织及其规则、5G网络和大数据算法、电子商务网络等。今日俄罗斯在乌克兰危机中之所以不顺畅、难如意，不仅是因为美国及北约对乌克兰的支持，更因为现今的俄罗斯发展迟缓、综合国力下降，它除了核武器等战略打击手段、传统航天技术之外，缺少能提供给国际上多数国家的新型产品与服务，遑论引领时代前沿的通用技术和观念。对这些我们要胸中有数，要警惕随之而来的美西方针对中国的遏制与打压，更应懂得中国现有优势和潜力的有限性及前路的漫长曲折。例如,如何使中国领导人关于全球化的判断与策略,从全球发展倡议、全球安全倡议变成全球各国的行动;如何让中国开发的一些技术和业态,传导为广大发展中国家乃至国际社会乐意使用的样式,都是需要着力解决的难题。只有当中国的倡议、公共产品和制度设计融入全球范围多数国家实践(无论是中国政府推动还是对方被潜移默化地影响而接纳)的时候,才可以说新一轮国际体系周期嵌入大历史进程,中国才能成为新国际体系的公认典范和引导力量。

(二)大国要把握和顺应国家安全维护方式的变化规律

对中国来说,最难的不仅有引领新的全球通用技术与规则,还有如何令美西方在事实上和心理上最终不得不认可中国的全球崛起与全球角色。它涉及中国同既有国际体系主导国的关系,涉及这一轮大国磨合碰撞的激烈程度及方式。纵观历史上各种周期主导国的更替,既有高强度对抗的方式(尤其是早期欧洲列强的争夺),也有和平交接的方式(即便是旧主不情愿的"交棒",如英美之间);不管是哪种方式,胜出的主导性国家无不拥有强大的军事、科技与经济实力,哪怕是和平的转换也须有"接棒"的硬实力。作为潜在的国际体系主导者,中国对于未来新旧力量转换过程的应对,必须考虑"战"与"和"的各种可能,时刻牢记"故国虽大,好战必亡;天下虽安,忘战必危"的古训。[①] 从过往历次大国争霸周期看,霸权国或崛起国之所以落败,实力差距固然是一个原因,但还有一点在于没有处理好与主要对手的关系,政治智慧和外交手腕完全受制于鲁莽草率的思维或大意轻敌的战略。远的不论,在第一次世界大战后的凡尔赛—华盛顿体系内,德国和日本曾分别在欧洲和亚洲称雄并对当时的传统强国发起军事挑战,但它们均低估了对手,导致采用冒进策略并最终酿成失败;苏联一度攻势猛烈,势力扩张至世界各地,而且与德日不同,作为20世纪下半叶另一个超级大国,它曾向国际社会提供了独特的观念、制度和实践,然而处在鼎盛阶段的它逐渐变得盲目自大,缺乏对自身长短的清醒认知,最后在官僚主义和冷战氛围的双重压力下失控崩裂、停滞徘徊。

在21世纪的今天总结历史经验教训时,我们必须看到军事手段并非维护国家安全与国际地位的唯一方式,政治智慧和外交手段同样不可或缺。外交看似是某种沟通技巧,实质上是主导性大国智慧的体现,是关键时刻"四两拨千斤"的抓手。外交的核心价值在于其和平诉求与对话气质,在于其对艰难氛围的巧妙应对和创新的突破。用谈判、斡旋、谅解等非暴力手段处理国家间的分歧,实现本国利益,是外交作为现代国际制度的基本属性。一般而言,主要大国都有丰富的外交智慧、能量和技巧,关键看谁能在特殊局面下掌握平衡、巧妙处置主要矛盾和主要挑战。历史上的胜出者无不是公认的外交大国、规范倡导大国、话语权和软实力大国。从学理上说,外交制度不同于古希腊罗马时期的城邦间往来,有别于中国春秋战国时期的争霸安邦安排,也不只是

---

① 《武经七书》,毛元佑、黄朴民注译,国防大学出版社,1997,第104页。

近代欧美列强对弱小民族的征服。作为一种重要的国际规范，外交制度表现为民族国家产生后逐渐摸索形成的一整套沟通机制，以及支撑这些机制的主权原则、平等原则和国际法准则。外交首先体现为谈判处理国际关系的正式形态，其次是由国家使节受领担当的使命，特别表现为谈判人的技巧、气质和创造性。擅长谈判、富有耐心，是承担这一使命所需的重要气质。外交的本质，就是在不采用武力的前提下，或是当武力或武力威胁失效的背景下，通过国家代表间的沟通达成协议，实现或保障各自的目标。一定意义上，外交是谈判、和解和转圜的代名词。外交方式古已有之，只要不同地域、身份的人群与他者交往，就有这样那样的"外交"活动。早期的国家及政治精英的外交方式比较简单粗暴，随着文明的发展，各国政府学会利用复杂精致的交往方式获利。在全球化时代，各国在意自身形象和对外部环境的塑造，外交也变得越发重要。在新的国际体系转换时期，在维系国家安危方面，外交的作用会愈发凸显。

在保障国家安全方面，外交与其他的国家手段（如军事或商贸手段）有很大的不同。例如，同样是服务国家利益，外交方式柔软，军事手段严厉，"一个唱红脸，一个唱白脸"。它们是各国特别是大国关键的软硬两手。即便有时外交人发声听上去强硬，有时军人看起来手捧和平鸽，各自的本质及主要功能也不会改变。在当代国际交往中，多数中小国家常利用商业贸易手段推进国家重大战略实施。商贸手段与外交的主要区别，在于前者是对看得见、摸得着的"利"的追逐，体现为清晰可见的数字，而后者只能依靠正式谈判或私下交谈，在意见交换的基础上达成协议。尽管外交部门有时也借助商业或军事手段，但外交人的本事归根结底还是体现为沟通的技巧与韧性。军人有武器，商贸有财富，外交靠和谈，这是一门"艺术"。军队承担威慑敌人、战场拼搏、守护国土、海外维和、军事外交、国内救灾、稳固社会的多重使命，但军事的硬核无疑是武力威慑和武力运用；商贸手段亦可分出多种类别，如投资贷款、工程建设、货物交换、资源开发、商业援助等，然而九九归一，终究要落脚到利润的计算与回报上；外交的功能、方式尽管多种多样，但最重要的部分是保持国家间的沟通，维系或促成和平，用非暴力的方式维护国家利益。对主要大国而言，外交方略与手法不仅服务本国福祉，更影响周边和国际社会，潜移默化地塑造国际体系风格与稳定性。

从全球范围看，国家间虽存在战争和强权政治，但大的趋势是尚武风习式微、战争收益下降、经贸市场扩大，进而外交作用提升。尤其是20世纪以降，国家处理对外关系的方式，经历了从武力到外交、从外交到法律的演化。以武力使用及其后果衡量，现代社会的暴力行为，就受害人口占全球总人口比例而言，同前现代社会相比已大大减少；当今全球范围死于自杀、车祸和艾滋病的人数，远多于死于战争和暴力袭击的人数。第二次世界大战结束以后，尤其是自核武器出现后，主要大国间爆发直接战争的危险性持续下降。在当代世界政治舞台上，鼓吹以战争手段解决国际争端，已越来越难以为国际社会多数成员接受。从近代国际关系和国家制度建立的历史看，早先的各民族国家把常备军、外交制度、财政和教育制度作为主要事项,到今天不少中小国家放弃或减少常备军,仅保留警察、反恐、治安等少量建制力量以确保国内安全,更多地依赖区域安全条约或联合国维和机制以防止外部入侵。就世界多数国家及地区来说,军事效能及其优先性在不断递减,折射了国际关系的演进和人类社会的进化。大国当然要有强大的军事能力,以保障自身和国际安全的需要,但同时一定要知道军事手段的局限与军事叙事的上述演进规律。反观外交,恰恰由于承担着缔造和平的事业、诉诸更文明和复杂的国家利益实现手段,成了新时代的"宠儿",外交官也成为国际气氛改善的主要推动者之一。大国外交最要紧之处,恰恰是在复杂艰难的情况下,眼观六路、耳听八方,善于多方协调沟通,坚定地朝着预定目标不断努力,在看似不可能中寻求可能。从全球范围看,主要大国的外交制度,不仅增强了国家的交往韧性,也缔造了国际体系的"同心圆"和"向心力"。对中国来说,顺应国家安全维护方式变化的基本规律,对于我们显示政治智慧、发挥外交能量、应对封锁打压,有着不可低估的重要性。我们需要进一步思考和研究:当前国际体系需要的政治智慧是什么?多数国家对大国的外交能量有哪些期许?除硬实力的抗衡外,应对外部封锁打压还有何种选项?中国软实力的拓展还有多少潜力可挖?等等。

四、国家安全的"层化"研究思路

从研究路径和方法讲,研究国家安全应当发掘更多的角度、借用不同的学科工具,让成果形态更加丰富多元,令年轻人更加兴致盎然。

在地质学、天文学、宇宙发生论等自然科学中,有一种叫"层化"(stratification,也称"层理")的学说,或可借鉴。"层化"的原意,是指岩石沿垂直方向变化所产生的层状构造,这种构造通过岩石的物质成分、结构和颜色的突变或渐变显现,表现出各种沉积岩的不同年代、生成环境、沉积作用和结构特点。具备沉积岩特征的岩石,在内部各层面之间构成特殊的分界面(也即层理面)。层理的形成与沉积物结构和成分的变化有关,或由沉积间歇、沉积季节的变化所致。沉积岩层的原始形态多是趋于水平的,地质的变动使其倾斜、直立、弯曲甚至发生破裂,形成褶皱、节理、断层、劈理等形态。对于地质工作者来说,是否存在层理,是区分沉积岩与普通岩石的关键。常见于沉积岩的层理,揭示了地球地质构造变形及其演进史。地质的"层化"过程漫长曲折,使得今人看到的沉积岩层理重叠交错、多式多色。各种层理的成因、表象、关系各不相同,地质学家对它们的细化分类加上总貌解说,不仅展示了地球地质构造及周围大气空间环境的独特之处,一定程度上还折射出整个宇宙发生及演化的规律。

进行国家安全和国际政治的"层化"（层理）分析，或能实现新的超越，提供更大的视野。[①]

（一）国家安全的"层化"研究更加注重成分（要素）的动态及其关联

不同于我们熟悉的传统层次分析法——一种由 20 世纪 50—60 年代科技革命和系统工程论启发产生的相对机械与静态的层次划分，有关国家安全和国际政治的"层化"研究，将更加注重成分（要素）——诸如国家、政府、军队、外交部门、各种非政府组织、跨国行为体和个人等中观和微观单元——的动态及其关联。它不仅需要细致辨识不同层次的形状与成因（诸如政府间谈判、企业的交易、社会组织的活动），还需要关注它们的叠加效应和主体间性（像国家与社会的关系、战争与和平的交叉、霸权国和主要大国的兴衰、技术与科学促成的创新之类）。如同量子学所指出的波粒二象性，世界政治变迁的"层化"探讨，是对"层"的解析和对"化"的感知的辩证，既离不开对微观单元（例如个体的情感）的观测，又不可脱离对宏观结构（如当代世界政治的单极霸权、两极格局和后冷战进程）演进的把握及概括。世界政治的终极目标等宏论离不开一个个的微观分析，单独的微观焦点若舍弃大历史的视角就无法呈现世界政治变迁的全貌。"层化"分析与我们比较熟悉的系统（结构）分析有相似之处，比如，都注重研究局部与整体、行为体与系统的关系。然而，与结构主义方法不一样，这里所讲的世界政治的层理分析，借鉴了地质意义上的生态活性，强调不同时期行为主体（如"利维坦"或"国际社会"）的情感色彩与自主性，看到叠加的构造（阶层、阶级、集团等成分的权重改变）所包含的有机演化，比相对机械的系统论更有弹性和延展空间。

（二）"层化"分析可促使在不同领域或问题之间建立共同知识

在地质学内部，层理的研究是由许多分支学科从各自专业共同推进的。这些分支学科包括同位素地质学、数学地质学、遥感地质学、实验地质学、地球化学、结晶学、矿物学、岩石学、矿床学、构造地质学、区域地质学和地球物理学等。它们遵循着现代科学发展由分科走向综合、由个别转向总体的趋势。地质学从全球乃至宇宙发生论角度，将物质研究、地壳与整体地球构造研究以及地球历史研究融为一体，推出板块构造学、海洋地质学和行星地质学等，就是这一趋势的体现。不过无论什么分支，所有地质学者的共同兴趣与对话基础，都会涉及地球的物质组成、构造及其演化历史，乃至行星和宇宙的物质组成、各层圈之间的相互作用；不管个体兴趣有多大差异，所有地质研究者均须大体掌握晶体光学与地球化学、古生物学与地层学、结晶学与矿物学、岩石学与构造地质学、地球科学概论等基础知识。应用到安全研究与国际关系领域，在极大促进各种

[①] 关于国家安全研究的"层化"方法，可参阅王逸舟：《世界政治变迁的"层化"研究：一种初步思考》，《世界政治研究》2022 年第四辑。

单独偏好发展的同时，"层化"学说将会鼓励各种兴趣的交流、各个领域的通气、共同知识平台的打造。例如，什么是各国国家安全的顶层与底层（及中层）内涵？全球各地域之和的"世界政治板块"如何由各国安全和区域安全的状态叠加而成？如何看待各大区域安全与经济发展的关系，纵向的安全需求与横向的经贸联系如何交错在一起，又如何衡量评估？什么是构成"全球安全"的最小单元或微观单元，它与各国国家安全的各个单元（次区域安全与社区安全、人的安全等）有什么联系？什么是研究国家安全的学科基础（军事学、政治学、经济学、外交学、历史学和区域主义等），它们与宏观、中观和微观的不同学科分支（军事威慑理论、战略文化学说、权力政治学说、地缘政治学说和贸易政治学等）之间有何关系？亚非拉国家反抗帝国主义和反殖民主义的个案研究与西方列强殖民中心主义各种话语的追踪如何在学理上加以对比？经济社会现代化的一般学说与"文明冲突论"的特殊命题之间能否相互批判与对话？即使暂时难以取得广泛共识，朝向建立国家安全研究的特殊知识与一般安全理论之共同话语的交流，也将带动学术范式的持续更新，加强国家安全学作为一门学科的知识学和方法论基础。

（三）"层化"分析可避免研究的单向度

在既往的国家安全学和国际关系理论研究中，有不少从世界政治的进化或退化角度作出的分析。它们的优点是走向明确、进退易判，例如进化论者提出了以联合国为中心的国际组织逐渐扩展至全球各个角落、国家战争行为在当代受到更多国际规制约束等观点；[①] 退化论者谈论的个别大国单边主义的"退群"行为、西方民主渐增的"赤字"、当下的乌克兰危机等现象。[②] 这类分析的缺点，是难以展现研究对象的两面性乃至多重性，命题容易失之简单和单向度，有时导致有关决策部门的应用通道狭窄、操作简单。比如，讲国际形势时要么把当下定义成科技进步与国际多边主义潮流不可阻挡的年代，要么说成是民粹主义四处泛起、民族主义日益盛行的年代。这让有关决策部门无所适从，不知外部形势究竟是依然存在"和平发展机遇"，还是趋于萧条和严峻化。就学术工作而言，单向度的"进化/退化"认知框架，难以容纳和表述模糊地带和不确定性。好的"层化"研究比较中性，不做单纯的价值判断，重点在于发现专门领域和问题的独特性质与特点，把它（们）与总体的格局加以对照。这样可以避免产生过于强势和武断的结论，在大的进化或退化概念之外提供不一样的多彩画面。新的观察角度促使研究人员避免单向度、线性的思维，保持想象力和多元主义包容态度。当代世界史演进显示，以往那种多半是由民族国家政府，特别是由少数西方大国主宰的国际关系格局，正在转型为包含更多中小国家、各种弱势群体及其政治代

---

① 王铁崖：《国际法引论》，北京大学出版社，1998，第5—6、221页。
② 丁一凡：《六大特征揭示：全球治理已经完全失灵》，"全球治理"微信公众号，2023年2月6日，https://mp.weixin.qq.com/s/ndj2t0ehetx1UZJGoAcCug，访问日期：2023年11月20日。

表、各类大型企业与跨国经营者、非政府非营利团体、国际恐怖主义势力和民族宗教势力在内的世界政治新局面。面对这种深刻而持续的变化，国际问题的理论研究和学术工作假使仍束缚在被少数传统主流范式定格的框架下，就很难提供更有创造性、更加符合时代潮流的成果；尤其是国家安全研究这类属于传统意义上的"高政治"和敏感性强的话题，如果没有"层化"的剖析，更容易把某一层面出现的异动当成全局性的改变，把个别国家倒行逆施的行为混同于全球整体性的某种趋势。相形之下，"层化"分析路径提供了更多选项与可能性，重视切口更小、挖掘更深、内涵独特的小层理，从而使得安全议题的各个层面都得到展现，让研究者从容观测与比较它们的关联，受众也不至于被误导。

（四）"层化"分析思路的应用

这里举例说明"层化"思路的应用。比如主权范畴的研究。主权的定义很简单，指民族国家政府在国内的至高统治力和不受国外势力支配的权利。然而，在实际生活中，主权早已越出最初的法理边界，不仅在宏观层面上它从早期的教廷垄断权、君主专制权变成民族国家的身份象征，进而从由政府主导转变为有人民主权含义和区域架构并行（如欧盟）的多重权利配置形态，主权观念逐渐分出政治主权、安全主权、经济主权、贸易主权、文化主权、领土主权与非领地主权（如使领馆、太空装置或本国在公海的船只）等不同分支，在实际应用中主权更是细分出所有权、管理权、使用权、享有权（包括类似股权的共享主权）等类型。主权范畴在纵横各个方向出现错综复杂的嬗变及应用。沿着这个思路研究主权，不仅更有理论意义，而且更为实用。中国在开展加入世界贸易组织的谈判时，面对减免关税和让渡部分经贸管理权的"入世"条款，国内出现质疑声音，关键时刻有学者提出将政治主权与经贸主权分开对待，对关乎国计民生的行业适当保护、逐步放开其他领域的建议，为更灵活的政策空间做了理论铺垫。这种主权分置的思路，就是"层化"研究的一个样本。它使得旧时意义上的主权观念不再只有国家政治安全方面的含义，而是更能因时制宜、因事制宜地加以运用，建立起原则性与灵活性有机结合、静态的身份与动态的权益融会一体的新主权观。

再举一例。美国官方经常对其他国家在海洋领域的活动说三道四、横加指责，自己却拒绝加入《联合国海洋法公约》。这种"双标"言行引起很多国家的不满与抨击。然而，用"层化"方法仔细梳理美国各个层面的海洋存在和利益结构、涉海法规与执法过程、军事与民用不同领域的海洋行为与态度，就会发现，美国实际上既是当今世界海洋领域的最大利益攸关者，也是海洋法体系强力的制定者和执法者。美国没有签署和批准《联合国海洋法公约》，不代表它不以这样或那样的方式介入乃至支配海洋国际关系。美国海军在全球各个海域的基地及其威慑作用，纽约港对各国油轮防泄漏船体结构建造的规定及其后果，大量美国商船货轮和船员在公海及他国的停泊带来的诸多法务法规,美国各级政府和法律机构处理海难、打击海盗和各种海上犯罪的尺度及索赔方式,美国跨国公司和私人在国际海底进行资源开发利用时沿袭的协议默契(protocols),诸如此类,不仅涉及《联合国海洋法公约》这样宪章层级的条文落实,更关乎海洋领域日常的各种硬法和软法、成文法和习惯法的推进及效能。研究判断这个超级大国的海洋行为,绝非仅仅抨击"双标"那般简单,而应看到其中包含"霸权""王道"的杂糅,看到其多面性和复杂性。对于中国这样的新兴海洋大国来讲,在学会拒绝对手蛮横无理的成分的同时,应借鉴其有理有利的成分。这种新的思路及研讨方式,在实际工作中有助于中国应对美国及一些国家在南海、东海、台海挑起的涉华安全事端,也有利于带动军队和外交机构之外更多民事部门和地方政府的参与处置,形成新时代维护中国海洋权益的全新合力,带动周边海洋国际关系命运共同体的构建。

笔者近期承担国家社会科学基金重大项目"新时代中国特色大国外交能力建设研究",也在尝试用"层化"路径推进研究。中国作为超大国家和多元社会,人口和幅员规模相当于几十个中等强国,制度与观念形态丰富,具有共产党执政的社会主义国家、联合国安全理事会常任理事国中唯一的发展中国家、核大国等多重身份,综合国力接近世界头号强国,承担国内国际双重改革使命。在这种背景下,中国的安全能力与外交能力应是多层面、跨领域、分阶段的范畴,学术研究也必须与之相适应。新的大国外交,讲究国家间政治向世界政治的转型,强调参与主体的多样与创新。在中国,中央外交工作与地方外事工作的关系有很大的潜力:近一半省区地理上涉疆涉边,外事职能具有明显的区域特点;地方外事干部的素质与能动性在相当程度上可以推动整体对外交往活力;许多涉外事务非中央部委能包办代替,如国界勘界及维护、跨界非法移民处置、跨境水资源利用、毒品走私打击,周边水域及公海渔业纠纷、海上犯罪和各种海难的应对等。地方外事工作积极性的发挥和手中各种人力物力资源的调动,是事关全局的大课题。此外,大国外交能力不只直接与军队、外交部、中共中央对外联络部、国家国际发展合作署等主管部门的协作机制有关,还越来越多地涉及"多轨"的铺设与角色设定,如国际友城网络、各国岛屿间交流与公共外交、体育和文化外交、多渠道的经贸外交、央企在海外承担的社会责任和外事活动,乃至大学对国际组织人才的培养、中小学阶段学生国际意识的早期教育等。做好新时代中国大国外交研究,既要洞察传统外交"核"的关键角色,又要前瞻外交"金字塔"的底座营造方式。依照这种思路构建中国的大国外交能力,显然更具韧性、弹性和创新性。

五、结　语

国家安全学在中国已经成为一门显学。不同的研究领域和角度,使国家安全研究出现了不同的类型。研究类型的不同,说明研究国家安全问题需要的不仅是某一领域的因果逻辑,还有复合性的知识架构和跨学科、多领域的分析工具。研究中国的国家安全问题，是国家安全学的首要现实责任，需要我们思考和把握国家安全维护方式的演变规律。同时，对国家安全和外部宏观环境的研究，不能只有宏大命题和对历史周期的讨论，而应当培养兴趣多样、大小各异的类型。现阶段国内不少研究机构、年轻教师和博士生，把太多时间和精力放在色彩较亮但易于重合的"光谱波段"，相对冷门、专精、细小的"波段"则无人问津，导致一方面不少项目成果新意不彰、重复度高，另一方面学术视域不宽，学识增长缓慢。借用地质学的术语，原本质地不错的沉积岩，被打磨得比较粗糙、过于"大样"，层理和纹路解析不够。研究国家安全问题，要特别重视一些属于中国特色的现象。比如，中国有着世界上最多的邻国，也有大量的跨界人口流动，按照欧美的传统理解，他们中很多人就是所谓的"难民"。中国是如何处理与周边国家的难民的关系的？这一问题就很值得探讨。中国特色的国家安全研究，中国国际关系理论和外交学者与各国同行的对话，尤其应珍惜和吸纳这类具有中国特色的元素。"层化"研究思路能够助力这一过程。

"新安全格局"的理论意蕴与实践向度

余潇枫

[摘　要]"以新安全格局保障新发展格局"是党的二十大报告提出的重要议题之一。"新安全格局"的理论意蕴可作三重解读:"安全"是非零和的"场效应","安全格局"是总体性的"安全图景","新安全格局"是以和合为本、向善求治的"新安全图景"。"新安全格局"的实践取向是:以和平保发展,以和解稳发展,以和合促发展。中国提出的全球安全观与总体国家安全观,是对"新安全格局"的全方位、体系性的把握,既是对国际安全与国内安全的有机统合,也是对高水平安全与高质量发展的合理统筹。我们只有深入理解"新安全格局"的理论意蕴与实践向度,才能更好地领会党的二十大精神,把握世界安全的大势与人类发展的前景。

[关键词]新安全格局;场效应;和合主义;总体安全

在世界安全局势动荡不安、混乱焦灼的当下,如何认识"新安全格局"这一重要提法? 如何诠释这一重要提法中的"安全""格局""安全格局"? 如何理解"新安全格局"前置于"新发展格局"的新颖性与重要性? 如何认识"新安全格局"对保障"新发展格局"的前导性与探索性意义? 而把握"新安全格局"的理论意蕴与实践向度对回答这些问题有十分重要的意义。

一、"新安全格局"的理论意蕴

何为理论意蕴? 理论意蕴是理论的理性内核与意向性元点,它关联着理论的本体论前提、认识论基础、方法论取舍以及意义论取向。

(一)安全是非零和的"场效应"

无论是谁,无论他生活在何处,都需要一种安宁的、远离受伤害的生活环境。人们日常所体验到的安全,多是身体没有受伤害、心理没有受损害、财产没有受侵害、社会关系没有受损害、环境没有遭受灾害等等,因而人们总是直观地从突发安全事件、重大安全事故、引发关注的安全事

[作者简介]余潇枫,浙江大学非传统安全与和平发展研究中心主任、公共管理学院教授,研究方向为非传统安全与全球治理。

项中感知安全,从而导致对安全的碎片化理解。在全球化时代,世界安全不可分割。这就要求我们重新观照"安全",实现对安全理解的本体论的转向,从"场域安全"视界重新界定安全,用总体、整全、关联交织化的安全观去替代局部、离散、孤立碎片化的安全观。

"场"是一个人们熟知的常用词,在空间上指活动的位置与场所,如会场、操场、商场等;在时间上指活动的特定情景与方式,如场景、场合等;在整体时空意义上指较大范围的实践领域,如战场、市场、官场、情场等。引入"场域"范畴可以很好地揭示时空中以"关系和合度"为变量的各种安全状态,社会领域中用"场域"来替代"场"概念,表明除了场的物理特征与状态外,还叠加了人的活动所表现出来的社会关系的专有性质,因此更能反映出安全作为社会关系范畴的多重性与复杂性。

"场域"更好地表征了安全要素构成的社会关系的集合特征与和合性程度。布迪厄认为"场域"是"在各种位置之间存在的客观关系网络,或一个构型"[①]。对安全进行"场域"性考察,是安全哲学的一种抽象,也是安全研究的一种整体化努力。基于"场域"视角,关联着众多行为体的安全,不仅是一事一物的没有危险或威胁的持存状态,而且是与场域中所有事物相关联的没有危险或威胁的"关系"的持存状态。

场域安全观是一种全新的安全观。"场域安全"是指与安全相关联的、具有特定活动性质的、没有危险或威胁的关系状态。它强调的安全不是一种线性的、技术性的安全,而是非线性的、价值性的安全。从场域安全观重新审视安全,安全是一种特定的"场有"状态,是一种非零和的"场效应"。安全不再只是单列式的安全事件,也不只是碎片化的安全事故或是各自分离的安全孤岛,而是一种整体性趋势,是一种关联性结构,是不可分割的网络情境。

"新安全格局"所要建构的"安全视界"便是这样一种场域安全视界:既包含个体安全,也包含集体安全与人类安全;既包含国家安全,也包含人的安全、社会安全、全球安全,甚至还扩展至星际安全。场域安全视界是对安全在三个维度上扩展的结果:一是在指涉对象维度上的不断深化,使"国家安全"作为唯一的基本单元或中心被超越;二是在领域设定维度上的不断拓展,使低政治的非传统安全领域进入了高政治的安全议题之中,且安全是非零和的关系;三是在价值整合维度上的不断融合,使安全与发展、安全与平等、安全与正义、安全与解放、安全与自由成为相关联的复合性议题。

安全是非零和的"场效应",表明世界安全不可分割,不仅自身安全与共同安全不可分割,而且安全与发展不可分割,传统安全与非传统安全不可分割。只有坚持统筹自身安全与共同安全、统筹安全与发展、统筹维护传统领域和非传统领域安全,各国才能共同应对地区争端和恐怖主

---

① 皮埃尔·布迪厄、华康德:《实践与反思——反思社会学导引》,李猛、李康译,中央编译出版社,1998,第134页。

义、气候变化、网络安全、生物安全等全球性问题。

(二)"安全格局"是总体性的"安全图景"

场域安全强调的是安全问题的系统性特征。系统的重要含义有二:一是作为整体主义的隐喻,整体大于部分之和;二是作为功能转换的隐喻,整体异于部分之和。强调"安全格局"是不可分割的总体性"安全图景",重在反映在安全问题上社会活动的系统复杂关系,凸显多重时空关系与多种活动性质在安全问题上的叠加、复合与交织,多重时空关系包含主体、区域、层面、领域、阶段、代际等要素,多种活动性质则关涉主体、结构、要素、样式、功能、价值等不同方面。

基于此,中国提出"全球安全倡议",强调安全是发展的前提,人类是不可分割的安全共同体,倡导坚持共同、综合、合作、可持续的安全观,坚持尊重各国主权、领土完整,遵守联合国宪章宗旨和原则,重视各国合理安全关切,通过对话协商以和平方式解决国家间分歧和争端,统筹维护传统领域和非传统领域安全。[①] 这一倡议是人类命运共同体理念在全球安全治理中的具体化,是运用中国智慧为人类自救于危难、发展于和平、成就于安宁而提出的中国方案。"全球安全倡议"宣示了中国的全球安全观,弘扬了全人类共同价值,超越了国际社会的无政府状态,完好地回答了安全指涉对象、安全立场、安全原则、安全治理的目标、主体、方式、内容等问题,具有重大的理论创新性与时代价值。

基于此,中国提出总体国家安全观,明确了"以人民安全为宗旨,以政治安全为根本,以经济安全为基础,以军事、文化、社会安全为保障,以促进国际安全为依托,维护各领域国家安全,构建国家安全体系,走中国特色国家安全道路"[②]。总体国家安全观涵盖各个安全领域,全面统筹了发展与安全、传统安全与非传统安全、国外安全与国内安全、国土安全与国民安全、自身安全与共同安全,是中国特色国家安全思想发展的新阶段,也是新时代国家安全格局的新图景。

全球安全观与总体国家安全观是对当下世界"新安全格局"的全方位、体系性的把握,不仅是对国际安全与国内安全的有机统合,也是对高水平安全与高质量发展的最佳统筹。把"全球""总体"置于安全观之前,凸显了中国领导人对安全作"系统性"考察与"全景性"研判的新境界。因此,"新安全格局"必然是共同、综合、合作、可持续的安全格局,必然是体现"人民性""系统性""开放性"的安全格局,必然是统筹外部与内部、国土与国民、传统与非传统、自身与共同、维护与塑造的安全格局。

(三)"新安全格局"是和合为本、向善求治的"新安全图景"

"新安全格局"新在何处?新在安全视界的拓展、全人类价值的弘扬、以人民安全为宗旨的确

---

① 《党的二十大报告辅导读本》,人民出版社,2022,第75页。
② 《中华人民共和国国家安全法:附配套规定:大字版》,中国法制出版社,2022,第2—3页。

立、世界安全"中国方案"的提出。当下的俄乌冲突、巴以冲突表明,世界并不安宁,种种"存在性焦虑"与"前景性恐慌"一次次敲响警世之钟。在百年未有之大变局的艰难时刻,中国适时提出了全球安全观与总体国家安全观,为世界和平与发展奉献了顺应时代、凝聚共识的中国方案。

首先,中国提出的"全球安全观"以和合为本,是对国际社会的无政府状态的超越。长期以来,"国际社会的无政府状态"主导着国际安全理论和全球安全治理实践。现实主义宣称国家只为权力而奋斗,认为国家的安全目标在于追求权力和利益的最大化,要维持和平,首要也最为重要的是保持权力均衡。自由主义宣称国家只为利益而努力,但自由主义理论的前提仍然是"国际社会的无政府状态",追求本国优先、联盟靠前甚至把本国安全建立在他国不安全的基础之上,因而"当代自由主义不过是新瓶装旧酒","实则是西方帝国主义的翻版"。[①] 建构主义则强调观念建构利益,利益建构权力,国际无政府状态本身是被国家建构的,世界是"有秩序"的。[②] 但是,建构主义在某种程度上忽视了物质力量发展与国家利益对观念形成的重要诉求。

中国则以"人类命运共同体逻辑"为前提,面对唇齿相依的共同命运,向世界发出"全球安全倡议",要求人们从"对抗型安全"转向"共生型安全",强调只有达成人类命运共同体的全球共识,形成安全互助的良好态势,促成安全互保的战略环境,建成安全共享的治理体系,才能更好地维护与塑造全球安全。[③] 为此,中国在全球、地区、双边等层面,分别提出了多种类型安全共同体的建构方案,并走出了安全共同体建构之新路:结伴不结盟—真正的多边主义—共同、综合、合作、可持续安全—全球安全共同体—人类命运共同体。

其次,中国提出的"总体国家安全观"向善求治,是对传统国家安全观的超越。传统国家安全观以"国家为中心",重视军事与政治安全,把国家视为唯一的安全主体。总体国家安全观以"人民安全为宗旨",除了重视政治安全、国土安全、军事安全,还重视经济安全、文化安全、社会安全、科技安全、信息安全、环境安全、生态安全,以及生物安全等新兴领域安全,进而克服了传统国家安全观的三个盲点:一是忽略人的要素,即国民安全在国家安全中的核心地位和根本目的性;二是重视防范外部威胁,但忽视广泛吸纳外部合理因素以确保国家长治久安的重要性;三是重视以硬手段保障国家安全,而忽视制度、体制、机制等方面对国家安全的长远性、全局性、根本性的保障功能。[④]

"新安全格局"是基于和合为本、向善求治的"新安全图景"。全球安全观弘扬了全人类共同价值,超越了国际社会的无政府状态,总体国家安全观确立了以人民安全为宗旨,重视传统安全与非传统安全的统筹,这就使得"新安全格局"具有极其深邃的理论意蕴。"新安全格局"这一重

---

① 巴里·布赞、乔治·劳森:《全球转型:历史、现代性与国际关系的形成》,崔顺姬译,上海人民出版社,2020,第 268 页。
② 亚历山大·温特:《国际政治的社会理论》,秦亚青译,上海人民出版社,2000,第 383 页。
③ 余潇枫、王梦婷:《"全球安全倡议":人类安全的"前景图"》,《国际安全研究》2023 年第 1 期,第 4 页。
④ 刘跃进:《当前安全观的三个盲点》,《中央社会主义学院学报》2005 年第 3 期,第 46—49 页。

大理论范畴的提出,必然会对当今世界的全球安全治理与可持续发展产生重大影响。

二、"新安全格局"的实践取向

何为"实践取向"? 实践取向是实践路径的价值判定与方向确定。"新安全格局"以和合为本、向善求治,其实践取向则是以和平、和解、和合保障新发展格局。和平是无战争,故可以保发展;和解是不冲突,故可以稳发展;和合是共生共商共建共享,故可以促发展。

(一)以和平保发展

对一个国家的发展来说,"和平"意义上的安全就是"无战争"。任何一个国家的发展都需要以国际安全为依托,而最直接的依托就是确保国家间和平无战事。然而,人类发展的历史却是如此残酷且难以解释。美国学者康威·汉得森在《国际关系:世纪之交的冲突与合作》一书中揭示,从公元前3600年到现在的5000余年间,全世界大约发生了14500场战争,只有292年是和平的,总共有35亿人在战争中死亡。从20世纪80年代到90年代,几乎每一年,全球都有将近四分之一的国家不同程度地受到战争的影响。[1] 英国学者迈克尔·曼在《社会权力的来源》一书中指出,"欧洲列强在1494—1975年有四分之三的时间在策动战争,完全没有战争的时间不超过25年"[2]。以和平保发展着实是件不容易的大事。

21世纪,人类越来越重视可持续发展,各个国家也越来越追求以和平获得安全,以安全保障发展。然而高质量发展、高水平安全都要以"和平"为起点,以"和平"为底线。第一次世界大战后,美国作家海明威发表《永别了,武器》以表达人民的反战、厌战情绪。第二次世界大战后,《罗素—爱因斯坦宣言》发表,兴起了国际和平运动,和平主义成为世界新潮流。冷战后,世界和平有了更大的可能性,消除战争甚至消除贫困、保护环境、促进发展也成为和平运动的主要目标。但恐怖主义袭击、俄乌冲突、巴以交火,一场场毁灭生命与破坏和平的灾难仍给人类笼罩上了阴影。"以和平保发展"再度成为人类的共识。可喜的是,中国作为负责任的发展中大国,从不输出"战争",带给人类的是和平,是发展,是和合,是共享。和平是"新安全格局"的底色,正是中国给人类和平带来了希望。

中国的首要实践取向是"以和平保发展",实行维和、促和、保和的外交政策。中国在全球层面,提出了海洋命运共同体、网络空间命运共同体、核安全命运共同体、地球生命共同体、人类卫生健康共同体,以及全球发展命运共同体等;在地区层面、双边层次提出了多种命运共同体的共

---

① 康威·汉得森:《国际关系:世纪之交的冲突与合作》,金帆译,海南出版社,2004,第128页。
② 转引自田文林:《超越西方传统安全观:全球安全倡议的时代价值》,《当代世界》2022年第5期,第26—27页。

建;即使是争议较多、纷争不断、域外大国不断介入的南海问题,中国也先是以"搁置主权、共同开发"方略,继之以《南海各方行为宣言》平台,如今又以"和平之海、友谊之海、合作之海"为共同目标予以和合的方式妥善解决。在世界大变局的背景下,中国提出共建"一带一路"倡议,更是借鉴古丝绸之路,以互联互通为主线,同各国加强"五通",为世界经济增长注入新动能,为全球发展开辟新空间,为国际经济合作打造新平台。

(二)以和解稳发展

"和解"意义上的安全有着较之"和平"更高的价值排序。"和解"不仅是没有战争,还是没有军事外的冲突。"和解在人类政治生活中有着非同寻常的重要意义,尤其是对于那些曾经历过激烈冲突和战争并保留着沉重的痛苦记忆的国家来说更是一个重要的现实课题。可以说,没有和解就没有冲突之后的持久和平。"[①]

"和解"是国际安全维护的一种重要方式,也是国际安全塑造的一种典型的国家间互动样式。"和解"一词有着强烈的价值意蕴,暗示着通过道歉、赔偿、安抚而达成的宽恕与原谅;该词还有着明显的实践向度,显示着自愿让步、过度退让乃至作必要的牺牲。冷战以"非战争"方式结束,即是国际安全"和解"的一种重要方式,意味着人类不再被超级大国间"确保相互摧毁"的战略所裹挟。相应地,南非实现种族和解、德法和解为欧盟奠定基础等,"和解"越来越成为国家稳发展的前提。

和解使不稳定的"维持和平"上升到稳定的"建设和平",战争发生的可能性几乎彻底消失。但与冲突解决不同,和解是一个漫长而艰难的过程,它涉及民众心理和情感以及身份认同的改变,冲突可以快速中止,而和解以及在和解基础上的"和好"却非易事。只有较彻底地和解,从敌对的安全困境中解脱出来,发展的稳定与可持续才确有其保障。

"以和解稳发展"就必须以"竞合"取代"竞争",以"合作"取代"脱钩"。"竞合"指的是在竞争中合作,在合作中竞争,把竞争限制在一个"不对抗、不冲突"的范围内。合作与竞争既是对立的,又是统一的。竞合包括竞争与合作,通过竞合的"良性化"去消解潜在的异质性冲突。当面临冲突或竞争时,中国的做法是以"和而不同"精神"求同存异",积极寻找根本利益一致的领域,开展实质性的合作,秉持不冲突、不对抗、相互尊重、合作共赢的精神。即使美国在国家安全战略上把中国设定为"头号的竞争对手",中国也仍然强调与美国不是竞争关系而是良性的竞合关系,强调"脱钩"既不符合事实,也不符合任何一方利益,以和解的态度探索求解大国关系困境的新方略。

(三)以和合促发展

"和合"意义上的安全则是较之"和平""和解"有更高价值排序的安全。《尚书·尧典》提出了

---

① 王高阳:《理解国际关系中的"和解":一个概念性框架》,《世界经济与政治》2016 年第 2 期,第 105 页。

"协和万邦"的理念,《周易》提出了"保合太和"而"万国咸宁"的安全理想。中国的和合观源远流长,不仅体现出中国传统文化的包容性,如求同存异、多元和合、互济双赢等,也体现出中国传统文化与生俱来的协作性与平衡性,如协同合作、以和谋利、相异相补、协调统一等。可见,和合理念是中国文化的首要价值,也是中国文化的精髓,是中国文化最完美、最完善的体现形式。

"以和合促发展"就是要通过"和合算法"的选择,寻求世界普遍安全之道。从人类的历史演进,即从部落、部落联盟、国家、国家联盟、超国家共同体且正走向更大的"命运共同体"的过程来看,人类在历时态中有"共同体演进"的明显特征。根据人类冲突与合作的发展历程,可以得出的结论是:人类总体上在"战争—竞争—竞合—和合"的不同阶段越来越向和合度增加的方向发展,趋向和合是人类必然的历史走向。如果说安全算法是最简约演算原则与最具可行性操作方法之和,那么人类安全算法类型及特征可列式如下:

$$战争算法 = 独霸 + 暴力夺取$$

$$竞争算法 = 独享 + 强力夺取$$

$$竞合算法 = 兼享 + 实力获取$$

$$和合算法 = 共享 + 合力获取[1]$$

毋庸置疑,人类安全的和合算法是保障世界可持续发展的前提。人类安全算法从战争向竞争、竞合、和合"升级"的规律,在某种程度上揭示了安全问题应对与安全保障决策的普遍性特点,即不可仅有单一视角、单一时宜、单一手段,而必须全面地、发展地考量,综合施策。随着深度全球化的展开,安全领域更多地呈现出安危不可分离的"一战俱损""一和俱益"及合作共赢的时代境况,主权让渡、搁置主权、责任主权等成为跨越国家边界合作的重要价值取向。现代性文明已不是国际体系中的某个单一文明,而是多种文明交互复合的多元文明。当国家间合作代替了对抗,和合代替了竞合,世界便进入了以和合为核心价值的共生、共建、共享的新时代。

事实上,在中国走和平发展道路与努力打造人类命运共同体的示范下,和合算法越来越成为人类安全算法的主导性选项。和合算法以"共享"原则超越了战争算法的"独霸"、竞争算法的"独享"、竞合算法的"兼享";选取的维护安全的方式既非暴力夺取资源,也非强力夺取资源,更与实力获取资源不同,而是"合力共享"资源。因此,和合算法较之于其他几种安全算法更具有正向价值导向,也更能获得促进世界持久和平与普遍安全的实效。

当我们在充分强调安全算法正向价值取向重要性的同时,还需要特别认真考虑三点:第一,认可人类安全算法的历史演进趋向,在现有历史语境中追求和合算法的价值目标,并不是无条件地放弃军事武力的运用。第二,21 世纪是算法世纪,算法将改变人类自身,但新的安全算法或许

---

① 余潇枫:《人类安全算法"升级":战争—竞争—竞合—和合》,《国家安全论坛》2023 年第 2 期,第 31—48 页。

会带来新的"未知的不可知风险"可能,甚至会引发更高层次或全新的"非传统战争"(即更广意义上的"算法战")。第三,从后人类国际关系视角审视,人类安全算法的探究还需考虑未来的全新安全行为体,如基于生命的新物质体、基于物质的新生命体、基于智能的非生命体、基于与意识和感情关联的非人类行为体等,当这些新安全行为体均介入人类安全治理中时,以人类为中心的安全算法需要被迭代,"新安全格局"将被重新解读。

总之,"新安全格局"的理论意蕴和实践向度可以归结为一句话:基于场域安全视界的新安全图景是非零和的、整全的、和合为本与向善求治的,实现世界普遍安全的唯一方略是以和平保发展、以和解稳发展、以和合促发展。"以新安全格局保障新发展格局"是党的二十大报告提出的重要议题,也是新时代统筹安全与发展的深刻阐释与完好表达。我们只有深入理解"新安全格局"的理论意蕴与实践向度,才能更好地把握世界安全的大势与人类发展的前景。

Mapping the Terrain of Nontraditional Security Studies：Exploring Dimensions and Multidimensional Nature

伊姆兰·阿里·桑达诺(Imran Ali Sandano)

Abstract：The Cold War transformed the landscape of security comprehension and the nature of international security. The emergence of nontraditional security studies (NTSS) is also part of this momentum, which provides broader and varied research thinking. The main feature and objective of NTSS is to depart from traditional security theory which refers to realistic military/political scholarship of security. The theoretical logic of NTSS lies in different paradigms of international security and international relations. This study aims to discuss the notion and features of NTSS. It also deals with the current issues of NTSS methodology within the disciplines of international security and international relations. The study analyzes the position of NTSS under constructivist security studies, post-colonialist security studies, human security studies, critical security studies, feminist security studies, post-structuralist security studies and Copenhagen School, and classifies research dimensions in multidisciplinary approach. It contributes to the field of NTSS by shedding light on the interconnectedness and complexity of nontraditional security (NTS) challenges at global, regional, and national levels. The paper aims to enhance our understanding and inform the development of effective strategies to address these pressing issues in the contemporary global context. It also reflects the depth of research problems of NTSS and proposes a comprehensive methodology.

Keywords：nontraditional security; traditional security; international security; methodology

［作者简介］伊姆兰·阿里·桑达诺(Imran Ali Sandano)，巴基斯坦信德大学(University of Sindh)国际关系学系副教授，研究方向为国家安全与非传统安全。

Introduction

In the present day, globalization is taking place, and to a certain extent it has removed the veil of idealism. This has broadened the scope of security, making traditional security scholarship more diverse than it was in the past. Issues such as environmental degradation, infectious diseases, illegal drug trafficking, financial crises, natural disasters, irregular migration, energy crises, human security, cyber crime, maritime piracy, extremism and ethnic conflicts have grabbed the attention of policy makers and scholars of security studies. With this change, new terms such as nontraditional security (NTS) threats/challenges came into being.

Traditional security is considered a part of war and peace, while the NTS focuses on the development of harmony among various countries and regional cooperation. In the real sense, it is creating a healthy and harmonious international community. It is believed that the NTS refers to a wide range of security in social, scientific, cultural, environmental and economic matters, while traditional security solely deals with military and political matters.

Richard H. Ullman in his article "Redefining Security" gives the comprehensive definition of the NTS scholarship, in which he believes that security threats should not merely be perceived as external, tactical retreats or militaristic in nature because it is a mistake to ignore the internal security issues which can make a state helpless to resist against poverty and downfall. He defines an NTS threat as "an action or sequence of events that threatens drastically and over a relatively brief span of time to degrade the quality of life for the inhabitants of a state or threatens significantly to narrow the range of policy choices available to the government of a state or to private, nongovernmental entities within the state"[1].

Right after the Cold War era, the world dynamics changed. The unipolar system emphasized the international community's greater involvement in economic development. As Barry Buzan and Lene Hansen argue, "After the Cold War, 'security' becomes a concept that generated (and hence could unify) debates across perspectives previously opposed"[2]. The materialistic world did not have much time to look at the NTS issues, but the 9/11 attacks changed the entire security

---

[1] R. Ullman, "Redefining Security," *International Security* 8, no. 1(1983): 129-153.
[2] B. Buzan and L. Hansen, *The Evolution of International Security Studies* (Cambridge: Cambridge University Press, 2009), 13.

scenario of the world. Those issues that have not previously been important components of the security agenda have now become an essential part of national and international society. The NTS issues are now being added to policymaking, while the mass media, NGOs and the academic circles are making people aware of these issues.

The changing security situation has influenced both internal and external aspects of security policies. It is true that the scale of influence of any threat depends on a certain issue. The national security policy is partially being changed due to the nature of conflicts, as in the Cold War era proxy wars, enmity among the states, military fretfulness and political discords were observed. In the international arena, this era is considered to be the nuclear strategy and game theory era. The changing state of affairs has influenced the notional perspective for understanding security and its realistic response[1]. In this process several new issues have been consolidated in the security agenda.

In the past, only the limited spheres of the military and traditional defense of territorial integrity were considered to be the national security. In fact, security issues are far from limited. Presently, we are in such an era where a new class of threats has expanded and stretched the parameters of national security. Generally, states have assumed broader scholarship of security regarding societal well-being and economic independence from a diverse chain of noticeable threats. Radical ideologies and non-state actors are further adding fuel to the fire of increasing NTS threats; meanwhile there is another category of NTS threats, which are non-human, generated by nature, such as natural disasters and infectious diseases. This threat has posed a challenge to the public policymakers. It is completely up to the nation-states to marginalize such threats while considering their territoriality and sovereignty.

Nontraditional security studies (NTSS) is an amalgamation of scholarship from areas of international security and international relations (such as constructivist security studies, post-colonialist security studies, human security studies, critical security studies, feminist security studies, post-structuralist security studies and Copenhagen School). This interdisciplinary helps academicians and policymakers to formulate comprehensive approaches and fight against nontraditional security challenges. It has given a paradigm shift in the traditional scholarship of security. It sparked a debate on how long traditional security will remain the top priority of the

---

① Stephen E. Sachs, "The Changing Definition of Security International Relations," STEPHEN E. SACHS, Week 5, Michaelmas Term, 2003. http://www.stevesachs.com/papers/paper_security.html.

states, and whether the NTSS is capable of replacing the ancient traditional security threats. The debate is not much old, and it is just following the end of the bipolar system (what we call the Cold War); academicians see "security as essentially under-conceptualized"[1] and devote their attention to the NTSS. A large number of intellectuals criticize the scholarship of traditional security and emphasize that security must be dealt with from the state level to the global level, and down to the individual level.[2] But some observers are still of the view that military threats are bigger than ever.[3] The academic debate has produced several theoretical concepts in security spectrum, which will be discussed later.

This article is to notify research trends and problems within the discipline of NTSS and develop a methodological framework by analyzing different theories of international security and international relations.

Research Trends and Theories

After the Cold War, in order to meet the challenges of NTS threats, security research was bound to go beyond the scope of military security studies, strategic studies and peace studies.[4] In this regard NTSS has established and flourished its edge in the international arena. However, academicians and research scholars have established their own way to explain it, due to which they themselves are confused about its definition. Despite various opposing observations, NTSS received a boost, especially in the perspective of human security. Divergent visions on NTSS have brought a series of broad and narrow scholarship; the NTSS experts are consistent on its scope and rationality.[5]

For the development of NTSS, Chinese scholars, especially Prof. Yu Xiaofeng, Prof. Liu Jiangyong, Prof. Li Kaisheng, and Prof. Liu Yuejin, have played instrumental roles in advancing the field of nontraditional security through their groundbreaking research and academic

---

[1] P. Hough, *Understanding Global Security* (London: Routledge, 2014).

[2] Bertucci, G. and Alberti, A., "Globalization and the Role of the State: Challenges and Perspectives," in *Reinventing Government for the Twenty-First Century: State Capacity in a Globalizing Society*, eds. Dennis A. Rondinelli and G. Shabbir Cheema (Westport, Connecticut, USA: Kumarian Press Inc, 2003), 17-31.

[3] J. Avlon, *Wingnuts: Extremism in the Age of Obama* (New York: Beast Books, 2014).

[4] B. Buzan and L. Hansen, The Evolution of International Security Studies (Cambridge: Cambridge University Press, 2009).

[5] L. L. Kistersky, *New Dimensions of the International Security System After the Cold War* (Stanford: Center for International Security and Arms Control, Stanford University, 1996).

contributions. Their contributions have significantly enriched the understanding of the complexities and challenges posed by NTS threats, leading to the development of advanced approaches and policies to address these issues. Their academic efforts have significantly contributed to the development of NTSS as a multidimensional and evolving field of study. Their research has not only expanded theoretical knowledge, but has also influenced policy formulation and practical approaches in addressing NTS challenges.

Many universities, colleges, research centers, think tanks, and non-governmental organizations are engaged in NTSS research, but there is not even a single comprehensive theoretical framework for it. [1]It is a combination of different schools of thought which have come under the academic debates on traditional/international security. Constructivist security studies, post-colonialist security studies, human security studies, critical security studies, feminist security studies, post-structuralist security studies and Copenhagen School are the prominent academic theories within which NTSS stands. These theories have their own areas and understandings that lead to one and central scholarship of the NTSS.

Constructivist security studies proposed the "construction of mutual security" which provided an important theoretical expansion for international security studies. Constructivist security research was largely developed in the 1990s on the basis of the rationalist doctrine debate and was divided into two branches—conventional constructivism and critical constructivism. Generally it refers to the country as still being a referent object of security and focuses on strategic studies that emphasize the similar acts of a state. Critical constructivism is more rooted in a positivist epistemological position and focuses on the collective behavior of actors (countries) other than states. Constructivist theory-oriented security research is to go beyond traditional security research material, dominated by the concept of "factor" instead of "material factor" to analyze security. It also stresses "collective self-esteem" as an important aspect of non-national

---

① Oxford University offers a "Nontraditional Security" course in its master's program to the students of International Relations; Harvard University offers a "Nontraditional Security and Diplomacy" course to the students of International Relations and Diplomacy; Yale University offers "Political and Legal Environment"; Massachusetts Institute of Technology offers "Information Security" and "Nuclear Reactor Safety"; The University of London offers "Energy and Climate" courses. The University of California operates "Nontraditional Security Affairs Center" and "The Center for Unconventional Security Affairs (CUSA)", which work in 25 countries focusing on human security and environment security. Nanyang Technological University and Institute of Defense and Strategic Studies also have nontraditional security studies centers. Geneva Centre for Security Policy (GCSP), established in 1995, has 45 member states, and aims to research and engage in dialogue for the strengthening of world peace, security and stability. It is also working on nontraditional security issues.

security interests.[①] The concept of non-material factors, such as identity and norms, is constructed through the interaction among subjects. Therefore, constructivists think that the ultimate state lacks any security objective material factors, but there are what are known as pre-determined and domination factors, which can be referred to as agent and construction factors. Threats or security play a role in shaping how society is structured and how people interact with each other. This involves the main elements such as formation, common knowledge, actors, identities, and interests, influencing both society and the concept of threats or security itself.

The Copenhagen School successfully applies constructivism theory to security studies research, based on "inter-subjectivity" and "security" (securitization) theory, thereby expanding the field of international security studies. The Copenhagen School of security studies mainly originated in the late 1980s and early 1990s at the Copenhagen Peace Research Center. Security theory was first proposed by Ole Wæver, followed by Barry Buzan through a comprehensive exposition.[②]"Securitization" is a process, and until a public issue becomes a matter of public debate, public policy will not be involved in national security issues. When this problem appears in the government sector as a "survival threat", urgent measures need to be taken. However, if these measures, beyond the normal limits of the political process, are still deemed legitimate, then the issue becomes a security concern. For this purpose, "securitization" is not only declared or identified as a dangerous rational actor process, but it effectively explains why different countries have different security priorities, and why different historical stages have different security centers. Barry Buzan believes that the Copenhagen School mainly focuses on security research. On one hand it requires a source of threat to expand its referent object (especially social/identity) range. On the other, it calls for more attention to regional-level security analysis and the study of traditional security threats through materialistic analysis.[③] After scholars discussed constructivist perspectives in this response, society has become a referent object of social security, which will be extended to personal security at the global level, and opened recognized identity security research.[④]In fact, the Copenhagen School gathered the elements of constructivist security research theory and made "speech act". The speech act has become a

---

① A. Wendt, *Social Theory of International Politics* (vol. 67)(Cambridge:Cambridge University Press, 1999).

② B. Buzan, O. Wæver and J. De Wilde, *Security: A New Framework for Analysis* (Boulder: Lynne Rienner Publishers, 1998).

③ B. Buzan and L. Hansen, *The Evolution of International Security Studies* (Cambridge:Cambridge University Press, 2009).

④ B. Buzan and L. Hansen, *The Evolution of International Security Studies* (Cambridge:Cambridge University Press, 2009).

crucial way to build the security and create concepts such as "identity security" and "world security". ①

Post-structuralism security studies of constructivism and the Copenhagen School of security studies represent a significant advancement in theoretical perspectives on security discourse. Post-structuralism security research started in North America in the 1980s, but it became more popular in Europe in the early 1990s. Its main feature includes an emphasis on "discourse" "identity" and other specific areas of security. Post-structuralists consider that security is often the subject of the authority of the country, and this leads to all sorts of silent security issues; but in the midst of insecurity, actors often have no right to put real suffering into security issues. ② The identity of a country (or its representative body) can be recognized and mobilized through a procedure that legitimizes its foreign policy, and therefore it is decided whether the establishment of the security is behind it or not. ③ In the post-structuralist view, security can be a benign term, or a source of threat. The basic rationale is that any substance cannot be left to characterize discourse that exists independently, such as what objects will be constructed as a threat. In fact, by creating a discourse that frames danger and security threatened by self-importance, it has been placed in a special position. The current wave of electronic and print media has changed the discourse of information, constantly molding and creating terms such as "we-they" "victim-survival" "developed-developing" "civilized-uncivilized". Whenever we use terms such as "anarchy" "Cold War" "balance of power" "globalization" "humanitarian intervention" and "financial capital", we begin to engage in the conceptualization and explain the process known as "objective" and "mirror" theories, which explains inevitability. Thus, political leaders, social activists, academics and students have actively contributed to defining concepts of world and security, shaping knowledge that underpins intellectual legitimacy. ④

Traditional theories of international security studies describe security in terms of constructivism as "mutual construction security", while the Copenhagen School focuses on post-structuralist security studies. This has expanded into different features of nontraditional security

① B. Buzan and L. Hansen, *The Evolution of International Security Studies* (Cambridge: Cambridge University Press, 2009).
② B. Buzan and L. Hansen, *The Evolution of International Security Studies* (Cambridge: Cambridge University Press, 2009).
③ B. Buzan and L. Hansen, *The Evolution of International Security Studies* (Cambridge: Cambridge University Press, 2009).
④ T. Dunne, M. Kurki, and S. Smith, eds., International Relations Theories: Discipline and Diversity (Oxford: Oxford University Press, USA, 2021).

issues which have entered the realm of security research, opening the door to military, political, economic, social, and environmental security, along with other significant aspects. The dualities of international and national security, military and non-military means, and other traditional security have been gradually deconstructed. In particular, security studies such as feminist security studies, critical security studies, human security studies and post-colonialist security studies have been developed to provide a theoretical guide.

Feminist security studies evaluates the traditional security research as male-centered and consistently highlights its "gender blindness", which makes the distinctive characteristics of gender security. [1]Feminist security studies, emerging in the 20th century, has spread all over the world since the mid-1980s, starting from the United States and the United Kingdom. Its research incorporates a range of methodologies, including those from peace studies, such as post-structuralism, while generally taking a bottom-up approach to analyzing the impact of war on a smaller level. Feminism constitutes a pluralistic community, whose members have radical skeptics and Catholic opponents. They have life experience of knowledge explorers and resist the recognition of social security system; they removed the original boundary of behavior, which makes the privileged security and defense unsustainable. Feminism defines itself in the paradigm of political science; it is not simply about gender politics, but also the politics of everyday life. Thus, it especially focuses on gender-specific security issues and gender identity structure. Its research is more based on the "knowledge perspective"[2]field which basically reflects the "low politics" of nontraditional security areas with more intersection of normal crises into the vision of feminism security research, such as racial discrimination, sexual harassment, rape, abortion, domestic violence, child problems, malnutrition, inequality of opportunity, economic deprivation disorder, dangerous environment, epidemic diseases, and anxiety. It has a long-term silent security which has become an important topic of feminist security studies. [3]

Critical security studies, based on previous contributions, proposed the concept of human security which has anchored liberal security (security as emancipation). [4] It is a branch of

---

[1] B. A. Ackerly, M. Stern, and J. True, eds., *Feminist Methodologies for International Relations* (Cambridge: Cambridge University Press, 2006).

[2] B. A. Ackerly, M. Stern, and J. True, eds., *Feminist Methodologies for International Relations* (Cambridge: Cambridge University Press, 2006).

[3] Vistek Siwei, *Women and Post Modern International Relations* (Hangzhou: Zhejiang People's Publishing House, 2003).

[4] L. J. Shepherd, ed., *Critical Approaches to Security: An Introduction to Theories and Methods* (London: Routledge, 2012)

international relations, which got roots in the early 1990s. After the Cold War, it flourished in the UK and formed a base at Welsh School. The methodology of critical security studies is derived from Marxism, more precisely from the new Marxism called Frankfurt School. It is mainly used in the positivist method, which negates the three basic assumptions of positivism. The objectivity of the external world, subject and object dichotomy, as well as social and scientific value neutrality stressed that all facts reflect the interests of researchers and their values, groups, parties, classes and ethnicities. Critical security studies is an extension of security studies referent objects of security inter-subjectivity analysis. The personal security placed above the national security that describes the state is not a reliable provider of security, as individuals are the ultimate referent object of security. Traditional security research is a basic category of critical national security studies, while the positivist understanding and methodological objectivism stress more on the individual security than national security.[1] With the aim of achieving the emancipation, the core concept of people's liberation for eliminating the survival anxiety, ontological security was proposed[2], which ultimately becomes state and global security[3].

The scholarship of human security described in the Human Development Report by the United Nations Development Programme (UNDP) in 1993 set forth a comprehensive report in 1994 on human development. This scholarship was later developed by some countries, and especial attention was given to it in Canada, Norway, Japan and some other countries. Human security scholarship includes the whole of mankind and human individuals. The contribution of human security is to secure, develop and merge with the international security research agenda, which has been expanded to include poverty, underdevelopment, hunger and other threats to humanity as a whole. This shift has greatly expanded the types and threats of applicable security areas, such as food, health, environment, population growth, economic disparity, immigration, drug trafficking, and terrorism, which were eradicated through collective global efforts. Human security broke the limited pattern of national-centric security studies under traditional security

① Zheng Xianwu, "The People's Liberation and the Security Community," *Contemporary International Relations* 23, no. 1 (2004): 55-62. (郑先武:《人的解放与"安全共同体"——威尔士学派的"批判安全研究"探析》,《现代国际关系》2004 年第 6 期,第 35--61 页。)

② K. Booth, "Security and Emancipation," *Review of International Studies* 17, no. 4 (1991): 313-326.

③ A. Acharya, "The Priphery as the Core: The Third World and Security Studies," in *Critical Security Studies: Concepts and Cases*, ed. Keith Krause and Michael C. Williams(London: University College of London Press, 1997).

doctrine and assigned more importance to nontraditional security theory. Human security research is directed to the people (individuals) to determine the security of the referent object, beyond the plight of the state when its citizens may become unsecure. The traditional security establishes the referent object of security research which marks the history of the transformation and regime, with the aim of safeguarding national sovereignty and security as the core of the basic traditional security boundaries.

Post-colonial security studies is an unconventional security framework and a critique of Western-centrism, stressing non-Western studies that put forward the concept of non-Western security. Since the 1970s Western-centrism was challenged by the third world countries under the slogans of "decolonization" and "security". These issues gained attention in the 1990s, resulting in a postcolonial perspective of international security studies, forming the different non-Western understanding of security issues and challenging the Western-centric international security studies. Therefore, post-colonialism is a kind of criticism against imperialism, Western capitalism, Eurocentrism and Western hegemonic understanding, which mainly focuses on the colonial period. The cultural discourse of power between the suzerain and colonies brought new relations and issues on racism, cultural imperialism, culture rights, and identity. [1] Post-colonial security studies highlight that non-Western countries approach security differently, influenced by their unique colonial histories and experiences. Third world countries should be included in security theory formation, thus creating a kind of non-Western subject with different understandings that constructs a set of research words in this regard.

These schools of thought have their own identity, classification, and model, while they are interrelated to international relations and international security. Although the NTSS advocates the combination of these schools of thought and their efforts may be separate, their objective is the same: to further enhance the importance of NTSS. Sometimes academicians, researchers and students ask whether the combination of different schools of thought, without a solid theoretical framework, can create conceptualization in any academic field. In response, the exponents of NTSS advocate that nontraditional security issues/threats/challenges are multifaceted and the instinctive interest is to recognize the elements which need an assessment from the multidisciplinary perspective. The correlation of engineering, sciences, humanities and social

---

[1] Wang, Y.C., *Literary Theory of Post-Colonialism and New Historicism* (Jinan: Shandong Education Press, 1999). [王岳川:《后殖民主义与新历史主义文论》,山东教育出版社,1999。]

sciences will bring comprehensive perfection in our lives. [1]This wave is not only flourishing in the NTSS research but in many other disciplines of social sciences and humanities. This approach has created a cooperative set of connections between different areas of research and development.

Approach to Nontraditional Security Studies

Nontraditional security studies built up a referent object, different from traditional security, focusing on aspects such as gender, individuals, humans, non-Western countries to varying research degrees. The national-centric security studies adopted a critical doctrine; in addition to human security and individual security concerns, more attention was paid to development issues including poverty and hunger, which are considered low politics. The postcolonial critique of Western-centric discourse underscores its depth while challenging its assumptions about security. The nontraditional security theory is referred to involving objects in a safe and secure way to develop security research methods and other aspects of new theoretical innovation, especially critical security theory, human security studies, feminist security studies and post-structuralism doctrines. These doctrines are beyond the standard of traditional and national security studies and the pursuit of human security. Their orientation is very clear and strong, presenting nontraditional security theory as a new perspective, with its own scope, content and features.

In order to apply the security theory to case studies, security scholarship contributes by enabling a focus on a wide range of nontraditional security issues, which were originally regarded as part of the low politics sphere, and by incorporating them into existing security frameworks. It also explores potential approaches to addressing nontraditional security concerns within the context of emerging security challenges, thereby integrating national security, social security, human security, and global security into a unified framework of thought. [2]However, in other contexts, the securitization theory can be expanded by addressing the following questions: When are the actors not secure? How can their security be ensured? If securitization is a path of politicization, then why can internationalization and socialization not make way? Can the actors of construction security be extended to established behaviors, actions or acts? When the security

---

[1] R. Williams, "The Commons, the Major, and the First Year: The Challenge of Multidisciplinary Education for Undergraduates," *Massachusetts Institute of Technology Faculty News Letter* XIX, no. 4 (2007).

[2] S. W. Simon, ed., *The Many Faces of Asian Security* (Lanham: Rowman & Littlefield, 2001).

management becomes diversified or even when security solutions have an effect on security problems, are political goals more reasonable to pursue the path of security (de-securitization)? On the other hand, the critical security theory can be operationalized in case studies. For example, critical security studies may be unsafe at the national level, which emphasizes the open global politics and global security with safety and security of individuals. Nontraditional security provides a unique principle and perspective to achieve human and global security, encompassing concerns from individual security to national security levels.

Structuralism, following security studies, coined the term "world security" which is a unique, interesting and theoretical innovation. This is a completely different methodological path which changed the perceptions of identity and politics, knowledge and power, and the relationship of national security and cognition between states, emphasizing the security which is a (referent object) practical activity. Even though nontraditional security studies is far beyond the limitations of traditional security theory and enriches the contents of international security studies, NTSS involves the object, sources of security threats, security maintenance and other aspects, which contribute to making a gratifying research and innovation.

Nontraditional security studies also have serious defects in theory and methodology. There are three main problems: "individualism doctrine", limited and characterized in a theoretical perspective; "dualism", limited and characterized both theoretically and methodologically; and "Western-centric", which gives value to the position of the limited features. Based on the "individualism doctrine", security research thinking is very serious, united and defined, with different units of actors that constructed a system. The advantage of this way of thinking sets clear boundaries and the system is relatively distinct, which show that the security variables have a more objective basis. But the problem with this way of thinking is between the behavior of actors, conflict resolution and the disposal of the system in its heterogeneous nature. It is difficult for the unit to go beyond the position of national standards in traditional security studies. It is also difficult to exceed the conflict resolution process of actors in two opposing modes, which results in nontraditional security theory in various degrees within Western contexts beyond the traditional security dilemma into a new security dilemma.

Constructivist security studies has significantly expanded the implementation of expansion of security and refers to the object itself. However, a state is the most important security unit, which does not leap over security studies, military and political fields, nor does it become independent from traditional and nontraditional security theory. The Copenhagen School has no escape from the national standard stance on security and constructivism which have similarities. It seems that security is a negative, dangerous and political term within the School. [1] The security from a conflict and national security from multiple problems have ultra-political ways and means. The logic of security is trapped in violence, it is basically impossible to generate cooperation between states on security issues, and more efforts should be made for de-securitization. Security studies have negative understanding, and limited principles are the key weakness of Copenhagen School. Its strictness on the theoretical framework of security also raises concerns about the security definition being too broad and irremediable. It does not want to put development issues into all areas of security research, but rather to focus on promoting positive peace.

Post-structuralist theory offers a profound critique of rigid national security frameworks, emphasizing the deconstruction of binary distinctions such as "friends" and "foes". This approach seeks to move beyond simplified divisions that can lead to constructed conflicts. [2] Post-structuralist security studies fundamentally puts national behavior and other security actors in opposition. It originates from a security threat and prevents the other country from achieving its "own" security as a precondition. In addition, this is the methodological dualism that leads to a new security dilemma. The structuralist security studies is the objective of structure security in the main discourse. Subsequently, feminist security studies is also another scholarship of nontraditional security. It has a strong anti-national security color because women suffer more in war; they (feminists) question the role of the state as a security provider and ask "Doesn't the war pose a threat to its own people?" Feminists criticize gender discrimination tendency at the state level, which they believe is more serious. Corresponding to the abovementioned critical security studies, the status of national security consciousness and political identity is extended to other entities and collective insecurity, such as ethnic conflicts, terrorism, human rights restrictions, hunger, gender discrimination and environmental degradation. These are the most

---

[1] Cui Shunji, "Positive Peace: Implications for Nontraditional Security Studies-Based on Chinese Traditional Culture Perspective," *International Politics*, no. 132 (2012): 49-54. [崔顺姬:《"积极和平"对非传统安全研究的启示:基于中国传统文化的视角》,《国际政治研究》2012 年第 1 期,第 49—54 页。]

[2] B. Buzan and L. Hansen, *The Evolution of International Security Studies* (Cambridge: Cambridge University Press, 2009).

important parts of the contemporary security discussion. [1] The critical security studies has seriously criticized the national security and given excessive emphasis on the "liberal security" but it is very difficult in the real context.

Human security is considered controversial scholarship in the sphere of international security studies. It mainly focuses on human security and national security and deals with the relationship between human security and development. It has proposed a number of diametrically opposed views on different regional and global platforms, from a positive perspective. Human security studies is considered as an important aspect of nontraditional security studies and has remained successful for providing a theoretical framework for those who support the humanitarian diplomacy and development. [2] The Commission on Human Security reiterated that it does not replace the national security, but is complementary to it. It focuses on individuals, communities and society, and considers those threats that are often not viewed as national secutity concerns. It has more concerns about individuals than states and not only provides protection to the people but also empowers them. [3] It cannot be denied that many scholars do not see any unique role of human security in national security maintenance, and they even question the possibility and feasibility of the complementarity between human security and national security. They believe that human security studies only pays attention to individuals' security, while ignoring everything which takes it out from the sphere of international security studies.

Post-colonial scholarship contains many different perspectives, but opposes the hegemonic or superpower's security politics and emphasizes a small or weak country's security dilemma. It supports national and political security in order to recognize the particularities of "Third World" and access justice and peace. [4] Post-colonialism and post-structuralism doctrines are also the echo of the same words, both emphasizing more on identity construction. Academicians and politicians constructed the concepts such as "South" and "East", "developed states and underdeveloped states", and "failed states". They criticized the failure of some non-Western countries that were

---

[1] R. B. Walker, *One World, Many Worlds: Struggles for a Just World Peace* (Boulder, CO: Lynne Rienner Publishers, 1988).

[2] UNDP, "Human Development Report: New Dimensions of Human Security," *United Nations Development Programme*, 1994, https://hdr.undp.org/system/files/documents/hdr1994encompletenostats.pdf.

[3] G. Frerks and B. K. Goldewijk, "Human Security: Mapping the Challenges," in *Human Security and International Insecurity* (Wageningen: Wageningen Academic Publishers, 2007), 21-44.

[4] S. Biswas, "Post-Colonial Security Studies," in *Critical Approaches to Security* (London: Routledge, 2013, 89-99.)

suppressed by Western colonialism. ① However, the post-colonial security studies in the South opposes the problem that the existing capitalist system is an oppressor for the future of developing countries, which does not see the blending in the globalization between the two places and the promoting of each other. Post-colonial studies made an attempt to use non-Western to replace the West, thus leading to a plight into another kind of security research methodology.

Methodology of Nontraditional Security Studies

In the last few decades, international security and international relations have extended their direction into three main sections. First, intellectuals have attempted to touch new issues, such as globalization, international environmental affairs and international ethics. Second, new methods (such as spatial analysis and two-level game analysis) have emerged and the methodological scale has enlarged to contain the greater use of statistical methods and rational choice models. Third, intellectuals have become more and more specialized in both their use of various methodologies and their respective sub-fields. ② These extensions have undeniably developed the nontraditional security studies by drawing attention to other areas of study, such as constructivist security studies, post-colonialist security studies, human security studies, critical security studies, feminist security studies, post-structuralist security studies and the Copenhagen School by varied thinking.

The innovation of knowledge has given the new concept of specialization, which has divided the academic approaches into different sections. The development of new disciplines on smaller sections has created sub-disciplines to explain and predict the nature and behavior of individuals and society. ③ Additionally, knowledge innovation has also produced innovative trends for multidisciplinary research. The nontraditional security studies is one of the sections of specialization which covers the multidisciplinary research subject. The multidisciplinary research trends have motivated teamwork, bringing perspectives, theories and methodologies from various disciplines to develop a deep understanding or resolve the problems of the world. A single

---

① B. Buzan and L. Hansen, *The Evolution of International Security Studies* (Cambridge:Cambridge University Press, 2009).

② F. Sprinz and Y. Wolinsky-Nahmias, eds. , *Models, Numbers, and Cases: Methods for Studying International Relations* (Ann Arbor: University of Michigan Press, 2004).

③ J. Trewhella, "Multidisciplinary Research—An Essential Driver for Innovation," GlobalHigherEd, June 26, 2009. http://globalhighered.wordpress.com/2009/06/26/multidisciplinary-research-an-essential-driver-for-innovation/.

particular discipline within social sciences and humanities cannot resolve the miscellaneous nontraditional security issues such as environmental degradation, infectious diseases, drug trafficking, financial crises, natural disasters, irregular migration, energy crises, human security, cyber crime, piracy, terrorism, extremism and ethnic conflicts, which requires an extensive qualitative research and understanding.

There are complex links between methodology and theory which require some elaboration. Theory presents precise and clear explanations of significant phenomena. It academically focuses on the enigmas that challenge researchers and students of the subject. Theory should also propose a set of falsifiable and testable hypotheses, thus encouraging organized and logical reassessment of its most important arguments through diverse research techniques and methods. However, methodology refers to a scientifically codified or structured method for the examination of theories. It is a key tool for a progressive research framework where a hypothesis fits itself to falsification. [1] Particular collection of assumptions regarding the properties of participants and their connections as well as diverse hypotheses can be construed and preferably substantiated (or rejected) by quantitative research or empirical case studies. Methodology can also assist in increasing the depth of established theories.

The nontraditional security studies is one of the emerging fields in the multidisciplinary context which applies multiple research methods, such as (a) *descriptive research* methods that usually describe situations without making accurate predictions and do not determine cause and effect; (b) *case study research* that involves the comprehensive study of a group or an individual, which often leads to testable hypotheses and permits researchers and students to study rare phenomena; (c) *quantitative research or statistical research* that is an organized empirical analysis of observable trends by statistical and numerical data, whose main objective is to employ and develop statistical models, hypotheses or theories relating to phenomena; (d) *formal modeling* that offers an accessible and integrated action of canonical and key new formal models of domestic and international politics, which gives an overview of the economic environment with the logic of political models; and (e) *mixed-methods studies research* that allows scholars to examine and compensate for flaws in each of the abovementioned methods, as well as corroborate

---

① M. Denscombe, *The Good Research Guide: For Small-Scale Social Research Projects* (London: McGraw-Hill Education, UK, 2017), PDF e-book.

research results and alternative explanations. [①] These trends reveal significant developments of the way nontraditional security scholars carry out their research and support the idea that nontraditional security studies as a multidisciplinary field is becoming more oriented toward methods.

The scholarship in multidisciplinary and interdisciplinary research also depends on "disciplinary" itself. Valuable multidisciplinary and interdisciplinary research cannot take place without any strong disciplinary foundation. [②] "Interdisciplinary" and "multidisciplinary" are confusing terms and sometimes they may be used as synonyms. The multidisciplinary scholarship is more suitable for the research of NTSS which Jill Trewhella defines as "the conceptual and practical integration of more than one discipline to find solutions to a complex problem" [③]. This process involves the interaction and participation of diverse disciplines with a common object.

Nontraditional security studies covers the multidisciplinary academic areas of international relations and international security studies (see Figure 1). The multidisciplinary problem-oriented research is usually conducted by the combination and selection of diverse methodical disciplines and theories for making a rational understanding. In this type of research, a particular theory works well with the help of its actual methods. The general conceptual structure of NTS problem-oriented issues seems relatively probable. It would lead to the formal integration of diverse pertinent methodical concepts and perspectives. [④] The multidimensional justification of social process implies the reliability varies from case to case. In this process, NTS issues have become a distinctive combination of different descriptive components which may not play an important role in many other disciplines.

The multidisciplinary approach of NTSS has provided a new methodological understanding of the field. Meanwhile, this group of theories (constructivist security studies, post-colonialist security studies, human security studies, critical security studies, feminist security studies, post-structuralist security studies and Copenhagen School) is interconnected and develops the theory

① S. L. Jackson, *Research Methods and Statistics: A Critical Thinking Approach* (Boston: Cengage Learning, 2015).

② G. G. Kennedy, "New Directions in Interdisciplinary Teaching." (Paper presented at the 10th Biannual Conference of the International Institute of Fisheries Economics and Trade, Oregon State University, July 10-14, 2000). www.oregonstate.edu/Dept/IIFET/2000/abstracts/kennedy.html.

③ J. Trewhella, "Multidisciplinary Research-An Essential Driver for Innovation," GlobalHigherEd, June 26, 2009. http://globalhighered.wordpress.com/2009/06/26/multidisciplinary-research-an-essential-driver-for-innovation/.

④ J. Conrad, "Limitations to Interdisciplinarity in Problem Oriented Social Science Research," *The Journal of Transdisciplinary Environmental Studies* 1, no. 1(2002): 1-15.

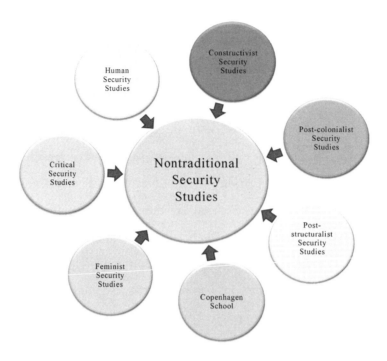

Figure 1.　The Amalgamation of Nontraditional Security Studies

of NTSS. Overall, these theories examine the nontraditional security studies but do not identify as a "group of nontraditional security theories"; instead, they represent a unique attribute with academic significance. So these theories (particularly in the security research paradigm) have become increasingly rich and helped to compare the theoretical analysis. This will help academicians, researchers and students to sort out the context of discipline development. In addition, such theories can play an important role in empirical research. At present, nontraditional security research is flourishing in a number of countries and regions. This trend may give confidence to academicians, researchers and students to address nontraditional security issues and to develop a new thinking and ideas for the formulation of the comprehensive approach.

Development of Nontraditional Security Studies

Development as a research variable in NTSS plays an important role in influencing NTS issues in various ways. As mentioned earlier, NTS refers to challenges and threats that go beyond traditional military concerns and cover a wide range of challenges disturbing human security, the environment and societal well-being. In this context, development refers to dealing with NTS issues of any country or region, as seen in:

- Socio-economic factors: Higher levels of development, including improved healthcare, education, and income distribution, can contribute to reducing certain NTS issues. For example, access to quality healthcare and education can help control the spread of pandemics and infectious diseases.

- Migration and urbanization: Development often leads to increased migration and urbanization which can pose NTS issues such as urban overcrowding, slum proliferation, and burden on essential services. Migration and urbanization require scholarly attention to understand the implications of urbanization on public health, environmental sustainability, and crime rates.

- Environmental degradation: Development can come with environmental challenges such as deforestation, pollution, and greenhouse gas emissions. Research in this area observes the impact of development practices on environmental degradation and seeks sustainable solutions to reducing its effects.

- Cyber security and technology: The world has become technologically advanced, but cyber-attacks have become one of the growing concerns. Development in digital technology and infrastructure needs more attention to cyber security research for the protection of critical information and infrastructure.

- Food and water security: Development affects access to food and water resources. NTSS research in this domain focuses on addressing issues of food security, water scarcity, and safeguarding the sustainability of resources in the long term.

- Economic gap: Unequal development may lead to economic disparities, affecting social stability and human security. NTSS research in this area aims to address challenges related to income inequality, poverty, and social inclusion.

- Disaster preparedness and response: Development determines communities to become able to withstand and recover from natural disasters and human-made crises. NTSS research in this field discovers ways to enhance disaster preparedness, resilience, and response.

- Health and pandemic preparedness: Development plays an important role in strengthening healthcare systems, pandemic preparedness, and medical research.

NTSS research efforts put the emphasis on understanding health risks and finding solutions to preventing outbreaks of pandemic diseases.

• Transnational crime and terrorism: Development disparities between countries and regions may contribute to transnational crime and terrorism. NTSS research efforts aim to understand the root causes and devise strategies to combat these threats.

The research variable of "development" in NTSS significantly influences NTS challenges. It is reshaping societies for better safety and security by addressing and managing NTS challenges effectively. It is also important for researchers and policymakers to consider the multifaceted interactions between development and NTS concerns.

Nontraditional Security Issues

The world is facing multiple challenges which have exceeded the traditional scope of security and have a tendency to be more diverse, which was never acknowledged before. Nontraditional security issues are creating very serious security implications, which have not only threatened the territorial integrity and national sovereignty but have become an obstacle for securing individuals and societies as well. The astonishing mass movements in Egypt and Syria, as well as the insurgency and wave of terrorism in Iraq, Libya, Yemen, Pakistan and Afghanistan are the new alarming signs for all; besides, environmental degradation, infectious diseases, illegal drug trafficking, financial crises, natural disasters, illegal migration, energy crises, cyber crime, piracy, extremism and separatism have also caused serious crises. These sorts of challenges are not only creating rivalry between nation states but also causing disturbance among humans. These nontraditional security issues can be divided into three categories at the global, regional and national level (see Figure 2).

Environmental degradation is considered a global issue and a main component of nontraditional security studies. [1] It has characteristics of both social and natural sciences, which evidently strengthens the methodology of nontraditional security studies by applying descriptive, case study, quantitative or statistical research. *Financial crisis* is also considered as a global

---

① H. G. Brauch et al., eds., *Coping with Global Environmental Change, Disasters and Security: Threats, Challenges, Vulnerabilities and Risks* (Vol. 5) (Berlin: Springer Science & Business Media, 2011).

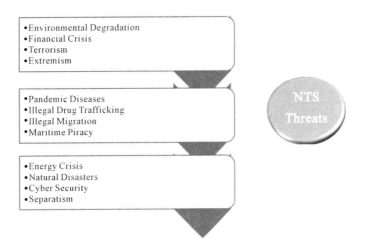

Figure 2.　The Level of NTS Issues

issue because of the interdependency of states. The financial crisis falls into the category of international political economy, economics, statistics, business management and planning disciplines. However, the methodology of nontraditional security studies covers it in quantitative research or statistical research, descriptive research, case study research and even in formal modeling techniques. Although *terrorism* and *extremism* are considered the issues of national and traditional security,[①] nontraditional security studies counts it as the nontraditional security issue at the global level. [②] This varied thinking has established strong roots in the academic arena; there are multiple research centers, think tanks and policy-making institutions which are using the methodology of nontraditional security studies by applying the techniques of descriptive research, case study research, quantitative research or statistical research, formal modeling and mixed-methods studies.

The solution to *pandemic diseases* exclusively comes under the medical sciences and research. The pandemic diseases such as Ebola, HIV/AIDs, SARS, dengue, Congo virus, bird flu, cholera and tuberculosis are challenges for medical treatment. [③] This type of nontraditional security issue falls into the category of regional level because these sorts of pandemic diseases

---

① A. Wenger and A. Wilner, eds., 2012. Deterring Terrorism: *Theory and Practice* (Redwood: Stanford University Press, 2012).

② M. Aydin, ed., *Non-Traditional Security Threats and Regional Cooperation in the Southern Caucasus* (Vol. 77) (Amsterdam: IOS Press, 2011).

③ M. Caballero-Anthony et al., eds., *Rethinking Energy Security in Asia: A Non-Traditional View of Human Security* (Berlin: Springer Berlin Heidelberg, 2012).

affect regional states first. However, it can also be considered a global-level issue. Nontraditional security studies has highlighted this threat from social and humanitarian perspectives. The approach has urged the researchers, intellectuals and students in this field to conduct research by using approaches of case study research, quantitative research, formal modeling, mixed-methods studies to solve such hazardous diseases and save human beings from them. Theoretically, *drug trafficking* comes under the psychological, anthropological and economic models. [1] This issue usually costs more regional states than the global community. *Illegal migration* is a long-standing social and economic issue affecting regions of the world, but nontraditional security studies has highlighted it as a nontraditional security issue. [2] The methodology of nontraditional security studies helps researchers to conduct research by applying case study research, quantitative research, formal modeling and mixed-methods research techniques to solve this issue. While *maritime piracy* was a nontraditional security issue with low intensity, traditional thinking and issues kept it away from the core issue. Over time it came to be regarded as a nontraditional security issue, but now many intellectuals consider it a national security issue. [3] It is no longer one or two issues; it is sometimes considered global, other times regional. The joint mechanism and cooperation between coastal and maritime countries have increased its significance in international relations and strategic studies. Now, nontraditional security studies has provided a methodology to work on this issue using descriptive research, case study research, quantitative research, formal modeling, and mixed-methods approaches.

An *energy crisis* in any sector will ultimately cause worse threats to any developed and underdeveloped state. The end of natural resources or mismanagement will not only lead to a decline but will pose such a horrible situation in which no one will be able to stabilize it for a long period. [4] In academic research, energy security consists of engineering, technology, economics and management sections, but the methodology of nontraditional security studies has provided a way for researchers and thinkers to overcome these crises by applying case study research,

---

① N. K. Singh, *Non-Traditional Security in International Relations: Illicit Drug Trafficking and Narco-Terrorism in East and South East Asia* (New Delhi: Ruby Press & Company, 2013).

② M. Caballero-Anthony, Y. Chang, and N. A. Putra, eds., 2012. *Rethinking Energy Security in Asia: A Non-Traditional View of Human Security* (Berlin: Springer Berlin Heidelberg, 2012).

③ Wu Shicun and Zou Keyuan, *Non-Traditional Security Issues and the South China Sea: Shaping a New Framework for Cooperation* (London: Routledge, 2016).

④ M. Caballero-Anthony et al., eds., *Rethinking Energy Security in Asia: A Non-Traditional View of Human Security* (Berlin: Springer Berlin Heidelberg, 2012).

quantitative research, formal modeling, and mixed-methods research techniques. *Natural disaster is all about nature, which is currently dealt with by the disciplines such as ocean sciences, water management, and earthquake engineering.* [1] These academic approaches are only able to predict disasters. However, methodological techniques of nontraditional security studies have given awareness to take preemptive measures and collaborate with affected states to enhance policy-making processes with scientific research to tackle harmful natural disasters. Information technology, software engineering, and computer sciences are specialization areas of *cyber security.* Traditionally, the cyber security was not as hyped, but the advancement of technology has created grave concerns for national security and personal privacy. After the Cold War period, these threats became a cause of tension among states. [2] The nontraditional security studies provide methodologies and academic platforms for researchers and intellectuals to formulate peaceful solutions to this issue. Although *separatism* or ethnic conflicts have had mixed responses, nontraditional security studies has provided a conceptual prospect for researchers to formulate a wide-ranging solution to such an issue. [3]

The global, regional and national nontraditional security issues are wide-ranging and directly affect human beings. These issues have diverted the traditional thinking and methodologies in international security and international relations. To fight against these issues, there is a need for a comprehensive strategy provided by the multidisciplinary methods in nontraditional security studies. This approach can produce positive results on a humanitarian basis for the well-being of individuals, groups and societies around the globe.

Conclusion

It is hard to escape the conclusion that the global transition of the security environment has changed the nature of conflicts and threats. The nontraditional security issues have opened new fronts; they are increasingly occupying the resources and time of national and international security experts. Challenges such as environmental degradation, pandemic diseases, illegal drug

---

① H. G. Brauch et al., eds., Coping with Global Environmental Change, Disasters and Security: Threats, Challenges, Vulnerabilities and Risks (Springer Science & Business Media 5, 2011).

② H. G. Brauch et al., eds., Coping with Global Environmental Change, Disasters and Security: Threats, Challenges, Vulnerabilities and Risks (Berlin: Springer Science & Business Media 5, 2011).

③ J. P. Burgess, ed., Handbook of New Security Studies (London: Routledge, 2010).

trafficking, financial crises, natural disasters, irregular migration, energy crises, cyber crime, maritime piracy, extremism, and ethnic conflicts are unpredictable and difficult to tackle. These issues are diverse and interconnected, and cannot be tackled by any single scholarship, strategy, government or organization. Collective collaboration is required in both political and academic spheres. Politically, states should coordinate with each other, while academically nontraditional security studies provides a multidisciplinary approach and methodology, offering researchers, thinkers, intellectuals, students and policymakers a platform to formulate wide-ranging policies to tackle such challenges.

Nontraditional security studies seems complex, diverse, and fraught with inherent theoretical framework problems. No one can deny that while unsystematic security research may contain many issues, nontraditional security studies will continue to exist and their contributions should not be overlooked. The approaches and academic research supporting theories (constructivist security studies, post-colonialist security studies, human security studies, critical security studies, feminist security studies, post-structuralist security studies and the Copenhagen School) have significance. These theories broke the monopoly of the traditional security paradigm and provided richer and mote diverse interpretations of international security issues.

The multidisciplinary nature of nontraditional security studies also holds important relevance with international security, international relations, international cooperation, global and regional organizations and public policy. It actually combines theoretical notions by applying different scientific research areas. This sort of amalgamation of theories is being used to engage different scientific disciplines. It needs a solid consensus on its scholarship, which may make it more effective in the academic arena. The ambiguity of academicians over the definition of NTSS could undermine the recognized value and benefits for nation states and the well-being of people.

Notes on Contributor

Dr. Imran Ali Sandano, an Associate Vice President at Saint Pierre Center for International Security (SPCIS), is an author of two books *Sufism and Peace: A Counter Strategy of Extremism* and *Separatist Movement of Balochistan: A Nontraditional Security Threat*. Dr. Sandano holds a PhD in Nontraditional Security Management from Zhejiang University. He is working as a Visiting Research Associate at the Center for Nontraditional Security and Peaceful Development Studies, Zhejiang University, Hangzhou, China, and as a permanent Assistant

Professor at the Department of International Relations, University of Sindh Jamshoro, Sindh, Pakistan. His areas of interest are nontraditional security, human security, terrorism, conflict resolution, and diplomacy. Dr. Sandano is an author of many research journals and a freelance columnist for different national and international newspapers and magazines.

统筹发展和安全:理论述评与中国实践

廖丹子[1]　金梦滢[2]

[摘　要] 发展与安全是贯穿国家治理的两大基本议题,统筹发展和安全也成为我党治国理政的基本原则,对"安全—发展联结"的国内外研究也十分丰富。国内外学者对发展和安全之关系的研究主要集中在两者的联结、区域或国别议题、统筹的中国实践等方面。本文主要对国内外已有研究的文献总量进行分析归纳,并对其理论进行评述。

[关键词] 统筹;发展和安全;发展—安全联结;理论述评;中国实践

党的十八大以来,党中央高度重视并逐步深化理解发展和安全的辩证关系,多次提出"统筹发展和安全",强调要实现高质量发展和高水平安全良性互动。党的十九大报告指出"统筹发展和安全"是党治国理政的一个重大原则。[1]2020年11月,党的十九届五中全会审议通过《中共中央关于制定国民经济和社会发展第十四个五年规划和二〇三五年远景目标的建议》,将"统筹发展和安全"作为"十四五"时期经济社会发展指导思想。[2]同年12月,习近平总书记在十九届中央政治局举行第二十六次集体学习时就贯彻总体国家安全观提出十点要求,"坚持统筹发展和安全"正是其中第四点。[3]2021年3月,《中华人民共和国国民经济和社会发展第十四个五年规划和2035年远景目标纲要》(简称"'十四五'规划")设置"统筹发展和安全 建设更高水平的平安中国"专篇,要求"把安全发展贯穿国家发展各领域和全过程,防范和化解影响我国现代化进程的各种风险,筑牢国家安全屏障"。[4]之后,党的十九届六中全会和2022年中央经济工作会议都多次强调

[作者简介] 1.廖丹子,浙江财经大学教授,博士,主要从事非传统安全、国门安全研究;2.金梦滢,浙江财经大学公共管理学院硕士研究生,研究方向为国门安全与非传统安全。

[基金项目] 国家社科基金一般项目"中国国门安全新格局塑造能力研究"(23BZZ017)阶段性研究成果。

① 《决胜全面建成小康社会 夺取新时代中国特色社会主义伟大胜利——在中国共产党第十九次全国代表大会上的报告(2017年10月18日)》,《人民日报》2017年10月28日第1版。

② 《中共中央关于制定国民经济和社会发展第十四个五年规划和二〇三五年远景目标的建议》,《人民日报》2020年11月4日第1版。

③ 《坚持系统思维构建大安全格局 为建设社会主义现代化国家提供坚强保障》,《人民日报》2020年12月13日第1版。

④ 《中华人民共和国国民经济和社会发展第十四个五年规划和2035年远景目标纲要》,《人民日报》2021年3月13日第1版。

"统筹发展和安全","坚持稳中求进工作总基调"。[①] 党的二十大报告提出"以新安全格局保障新发展格局",标志着中国共产党"统筹发展和安全"的国家治理进入新阶段。"以新安全格局保障新发展格局"是对"统筹发展和安全"重大原则的进一步深化,是中国共产党治国理政的重要战略布局。

可见,统筹发展和安全是新时代党治国理政的一项重大原则。那么,发展和安全是如何联结与互动的?对此国内外理论探索有哪些?中国是如何统筹实践的,未来又应当如何深化?本文尝试对此进行梳理与分析。

一、统筹发展和安全研究的总量与图谱分析

针对 2017 年至 2023 年 6 月发表的关于发展和安全的相关文章,本文从总量、研究学科、研究热点等角度进行分析。

第一,文献总量。本文以中国知网(CNKI)作为国内文献检索来源,以 Web of Science Core Collection(WOSCC)作为国外文献检索来源,将检索时间范围限定在 2017 年 1 月 1 日至 2023 年 6 月 30 日,中文文献以"发展和安全""安全和发展""发展—安全""安全—发展"为主题进行检索,外文文献以"development and security""security and development""development-security""security-development"为主题进行检索,检索范围包括学术期刊、学位论文、会议、报纸等,为保证所分析文献的科学性和相关性,剔除标准、专利、政府采购等与研究非直接相关的内容,检索结果如表 1 所示。2017 年 1 月 1 日至 2023 年 6 月 30 日,CNKI 和 WOSCC 分别发表相关文章 11972 篇和 36748 篇。从总量看,国外文献总量远高于国内文献总量;从变化趋势看,国内相关文献数量呈现先增加后减少再快速增加的趋势,国外相关文献数量则一直保持增长的态势。

表 1 国内外有关"发展和安全"的文献总量(2017 年 1 月 1 日—2023 年 6 月 30 日)

年份	国内文献总量/篇	国外文献总量/篇
2017 年	1635	2173
2018 年	1684	2813
2019 年	1541	4822
2020 年	1577	6044
2021 年	2170	7569
2022 年	2296	8443
2023 年 1 月 1 日至 6 月 30 日	1069	4884

---

① 《中共中央关于党的百年奋斗重大成就和历史经验的决议(2021 年 11 月 11 日中国共产党第十九届中央委员会第六次全体会议通过)》,《人民日报》2021 年 11 月 17 日第 1 版;《中央经济工作会议在北京举行》,《人民日报》2022 年 12 月 17 日第 1 版。

第二,该研究内容在各研究领域中的重要程度。(1)中文文献的数量、研究类别主要体现了研究的方向和重心。检索和统计分析结果见表2。2017年1月1日至2023年6月30日,在人文社科类文献中,工业经济和农业经济研究领域发表的有关发展和安全的文献最多,高达1529篇和1520篇,其次是中国政治与国际政治,共发表879篇。从论文数量排名前十的研究领域来看,研究主要集中在经济领域,包括工业经济、农业经济、信息经济、企业经济等。这表明经济领域的发展和安全关联极为紧密,同时也表明国家在经济增长与发展的同时越来越意识到安全的重要性,并相当注重发展和安全的统筹。另外,中国政治与国际政治领域中发展和安全的研究成果颇丰,这至少表明国家在政治、政权、主权、军事等领域十分关注发展和安全两件大事,而这些主题也成为重点研究对象。(2)外文文献数量相关统计结果见表3。2017年1月1日至2023年6月30日的国外文献中,Environmental Science(环境科学)领域的论文最多,达4946篇,其次是Computer Science & Information Systems(计算机科学和信息系统)领域的论文,有4248篇,再次是Electrical & Electronic Engineering(电机与电子工程),有3624篇。这大致表明,基于发展和安全相互关联的学术研究更加集中在环境科学、计算机科学和工程电子等领域,而环境领域的相关研究是外国学者的重点。

表2　以统筹发展和安全为主题的CNKI论文的研究领域分布前15位(2017年1月1日—2023年6月30日)

位次	研究领域分布	篇数/篇
1	工业经济	1529
2	农业经济	1520
3	中国政治与国际政治	879
4	公安	726
5	宏观经济管理与可持续发展	664
6	信息经济与邮政	637
7	经济行政学及国家行政管理	632
8	经济体制改革	475
9	行政法及地方法制	309
10	企业经济	274
11	金融	250
12	高等教育	212
13	中国共产党	192
14	贸易经济	162
15	交通运输经济	158

表3 以统筹发展和安全为主题的 WOSCC 论文的研究领域分布前 15 位（2017 年 1 月 1 日—2023 年 6 月 30 日）

位次	研究领域分布	篇数/篇
1	Environmental Science	4946
2	Computer Science and Information Systems	4248
3	Electrical & Electronic Engineering	3624
4	Environmental Studies	2894
5	Telecommunications	2800
6	Green Sustainable Science Technology	2468
7	Energy Fuels	1518
8	Economics	1451
9	International Relations	1285
10	Multidisciplinary Sciences	1164
11	Computer Science Theory Methods	1110
12	Public Environmental Occupational Healty	1108
13	Food Science Technology	1025
14	Public Science	983
15	Computer Science Software Engineering	975

第三，国内研究关键词共现分析。本文将研究领域限定在"中国政治与国际政治""宏观经济管理与可持续发展""经济行政学及国家行政管理"，将检索结果导入 citespace 6.2.4 软件进行关键词共现分析，结果见图 1。从图 1 中可以看出，食品安全、应急管理、城市安全、网络安全、质量安全、公共安全等是学界关注和研究的热点领域。其次，欧盟、中国、中美关系、"一带一路"、全球治理等关键词较多，这表明发展和安全的问题更多显现为一个跨界跨国的区域性或全球性问题，学者相关研究也更多从国际、区域和全球的视角来展开。

第四，国外研究关键词共现分析。为提高文章与公共管理专业的相关性，本文将研究领域限定在"International Relations""Area Studies""Public Administration"，将检索结果导入 citespace 6.2.4 软件进行关键词共现分析，结果见图 2。从图 2 来看，security、politics、policy、governance、growth、peace 关键词节点较大，表明外国学者对发展和安全的研究主要聚集在国家、政治、政策、治理、增长、和平等议题。其次，China、city、world、power、strategy 等关键词出现频率较高，表明发展和安全的相关研究的主要内容还集中在中国、城市、世界、权力、战略等方向上。

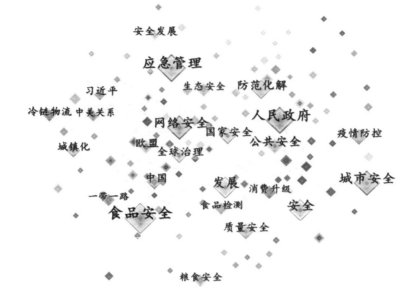

图 1　国内统筹发展和安全研究热点(2017 年 1 月 1 日—2023 年 6 月 30 日)

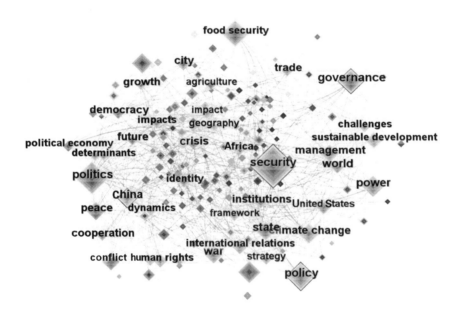

图 2　国外统筹发展和安全研究热点(2017 年 1 月 1 日—2023 年 6 月 30 日)

二、统筹发展和安全的主要议题

研究议题是指学术研究中的某一个话题或问题。统筹发展和安全的主要议题包括发展和安全关系的基本原理、国别或区域实践、措施和手段等。

（一）关于发展和安全关系的基本原理的研究

何艳玲、汪广龙指出，发展和安全的难题在于两者如何被一套体制逻辑所统筹容纳，安全与发展的治理悖论根本在于为应对外来的发展和安全压力而构建的"集体"治理体制与现代发展和安全治理逻辑本身的悖论。[①] 崔庭赫、郑先武指出，发展—安全联结可以被理解为发展与安全之间的各种联动与关系集合，这个集合不仅包括各种实践活动，更囊括实践所带来的各种制度、规范以及观念；发展和安全的关系可以是和谐积极的，也可以是紧张消极的，其具有双向性、多维性和外向性的特征。[②]

相比之下，国外学者对发展和安全两者关系的基本原理的分析明显更加系统与成熟。瑞典哥德堡大学（University of Gothenburg）的全球研究系教授玛丽亚·斯特恩（Maria Stern）和约金·奥金达（Joakim Öjendal）指出，安全和发展在空间上位于一个有特定边界的地理空间中，并且在时间上处于与其他地理空间相关的特定历史轨迹中。安全和发展是联系在一起的，是已知或者可知的过程、条件或存在状态的交叉。[③] 同时，哥德堡大学和平与发展研究所的教授比约恩·赫特纳（Björn Hettne）指出，发展概念在话语和政策中越来越多地与安全的概念联系在一起，进而形成了"安全—发展关系"，所选择的发展战略依赖于特定和必要的安全安排。[④]

（二）对发展与安全联结的国别或区域实践的研究

哥德堡大学和平与发展研究所的教授比约恩·赫特纳探讨了在不同历史时期以及历史地缘政治背景下发展和安全问题的联系，并推测了未来可能采取的形式。例如，在自由和平时期，进步（发展）具有动态变化的性质，而秩序（安全）需要一种形式来遏制这种不可阻挡的力量；而在工业化时代，关于国家军事安全和发展之间必要联系的主导概念则包含了高度的国家干预。[⑤] 欧洲在发展和安全的互动中，有其成功的经验，但也存在种族化贫困的难题。荷兰阿姆斯特丹大学（University of Amsterdam）的全球化研究中心教授（Huub van Baar）以发展—安全关系中的罗姆人为研究对象，探究他们在发展和安全中面对的各种问题，由于他们成为发展和安全的话语和实践的目标，发展计划的可行性受到严重威胁。[⑥]

[①] 何艳玲、汪广龙：《统筹的逻辑：中国兼顾发展和安全的实践分析》，《治理研究》2022年第2期，第4—14、123页。

[②] 崔庭赫、郑先武：《发展—安全互动演进的区域逻辑：以湄公河下游区域为例》，《国际安全研究》2021年第5期，第122—124页。

[③] Maria Stern and Joakim Öjendal, "Mapping the Security-Development Nexus: Conflict, Complexity, Cacophony, Convergence?" *Security Dialogue* 41, no.1(2010): 18-19.

[④] Björn Hettne, "Development and Security: Origins and Future," *Security Dialogue* 41, no.1(2010): 31-52.

[⑤] Björn Hettne, "Development and Security: Origins and Future," *Security Dialogue* 41, no.1(2010): 31-52.

[⑥] Huub van Baar, "Contained Mobility and the Racialization of Poverty in Europe: The Roma at the Development-Security Nexus," *Social Identities* 24, no.4(2018).

当前,发展和安全的关系变化在发展中国家占据重要地位,受到全球化、科技化、发展和安全的跨域性等一系列因素的影响。崔庭赫、郑先武以"区域发展—安全复合体"为框架分析湄公河下游区域的发展,而后确立大湄公河次区域合作,将发展议题与政治—安全议题紧密地联结在一起,实现了湄公河领域持续稳定的发展和安全。[①] 此外,发展和安全两大问题在非洲也尤为突出。英国布拉德福德大学(University of Bradford)非洲和平与冲突研究中心高级讲师兼主任戴维·J.弗朗西斯(David J. Francis)以非洲的和平、发展与安全为分析研究对象,研究非洲不同区域在发展与安全方面做出的行动。[②]

(三)发展与安全联结的主要议题研究

随着冷战的结束,安全的观点发生了重大变化,其概念和内涵不断延伸扩展。安全主体从国家安全延伸到人的安全、性别安全以及与发展和安全相关的措施和手段等领域。

英国南安普敦大学(University of Southampton)的政治学教授卡罗琳·托马斯(Caroline Thomas)探索了发展与人的安全(development and human security)之间的联系,认为人的安全的核心是物质充足,当前诸多国家存在贫困、不平等等一系列威胁人类安全的问题,需要通过发展来解决。[③] 同时,性别、发展与安全的关系也逐渐成为研究的主要内容。英国布里斯托大学(University of Bristol)的政治系讲师玛莎·亨利(Marsha Henry)提出,性别、安全和发展三者之间的关系是一个重要的议题,与男性相比,女性处于弱势地位,她们往往承受着不安全的负担和发展政策的不良影响。[④] 全球化带来人口的快速流动,由此将发展和安全引向了更为广阔的领域。布里斯托大学的发展政治学教授马克·达菲尔德(Mark Duffield)指出,全球范围内禁止自发或无证移民,并且将安全的重点从国家转向人民,这两个因素的变化使得安全和发展的关系与众不同。[⑤] 荷兰莱顿大学(Leiden University)区域研究中心博士施云涵(Tabitha Speelman)以国家视角研究中越劳动力移民的政策试验,其研究表明,中国以安全为导向的临时劳动力政策严重阻碍了发展目标。[⑥]

---

① 崔庭赫、郑先武:《发展—安全互动演进的区域逻辑:以湄公河下游区域为例》,《国际安全研究》2021 年第 5 期,第 119—156、160 页。

② David J. Francis, "Linking Peace, Security and Developmental Regionalism: Regional Economic and Security Integration in Africa," *Journal of Peacebuilding & Development* 2, no.3(2006): 7-20.

③ Caroline Thomas, "Global Governance, Development and Human Security: Exploring the Links," *Third World Quarterly* 22, no.2(2001): 159-175.

④ Marsha Henry, "Gender, Security and Development," *Conflict, Security & Development* 7, no.1(2007): 61-84.

⑤ Mark Duffield, "The Liberal Way of Development and the Development-Security Impasse: Exploring the Global Life-Chance Divide," *Security Dialogue* 41, no.1(2010): 56.

⑥ Speelman Tabitha, "Guest Workers and Development-Security Conflict: Managing Labour Migration at the Sino-Vietnamese Border," *China Information* 36, No.3(2022): 363-384.

（四）发展与安全联结手段的研究

1. 发展援助研究

加纳科菲·安南国际维和培训中心（Kofi Annan International Peacekeeping Training Centre）的学术与研究学院研究员奎西·阿宁（Kwesi Aning）指出，美国"9·11"恐怖袭击和反恐战争的全球化深刻影响了国际安全概念，发展援助成为国际讨论的主要内容，其概念是消除或减少受援国的贫困，进而在一定程度上防止战争，维护国家安全。[①]

2. 和平建设研究

奥利·布朗（Oli Brown）、马克·哈雷（Mark Halle）等学者认为，和平对发展至关重要，民主和繁荣依赖于安全。贸易在邻国之间创造了共同利益，促进发展中国家经济结构多样化；援助有助于善政、粮食安全、社区间的平衡发展以及冲突后的恢复，有助于维护安全，但目前的援助和贸易方法未能完全消除不安全和冲突。[②]

3. 民主机制研究

威斯敏斯特大学（University of Westminster）民主研究中心国际关系教授大卫·钱德勒（David Chandler）就安全和发展的关系分别从国际政策干预、战略思维和政策制定以及意识形态方面提出了三个相关的主张，认为安全和发展的关系反映了政策责任向各种政策行为者和干预主体本身转变，并使之制度化，而且安全和发展的关系的影响主要在"国内"，即决策责任和结果责任被广泛分散。[③]

（五）对中国政策话语中"统筹发展和安全"的学术讨论

学界对中国统筹发展和安全的政策制定与实践过程已有较为丰富的研究，主要有以下三种视角。

1. 国家发展历史视角

邬超、殷亚硕对不同发展阶段的"五个统筹"理念进行梳理，提出开放安全、发展安全、共同安全、综合安全、塑造安全相统一、相促进的原则。[④] 刘跃进对从封建社会时期到新时期发展和安全

① Kwesi Aning，"Security，the War on Terror，and Official Development Assistance，" *Critical Studies on Terrorism*，3，No. 1 (2010)：7-26.

② Oli Brown et al.，eds.，*Trade，Aid and Security：An Agenda for Peace and Development*，London：Routledge，2007.

③ David Chandler，"The Security-Development Nexus and the Rise of 'Anti-Foreign Policy'，"*Journal of International Relations and Development* 10，no.4(2007)：362-386.

④ 邬超、殷亚硕：《总体国家安全观"五个统筹"理念的历史演变、内在逻辑与实践原则》，《江南社会学院学报》2021年第4期，第37—44页。

的关系变化进行了分析,提出我国下一步的重点就是要制定出台统筹发展和安全、融国家发展和国家安全为一体的国家大战略文本。① 钟开斌通过构建出的"环境评估—战略规划—战略实施"的战略管理分析框架对新中国成立以来发展和安全关系的演进过程进行研究,认为我国在处理发展和安全的关系方面先后经历了以避免挨打为中心的生存型发展、以经济建设为中心的发展型安全、发展和安全统筹兼顾三大阶段。②

2. 整体视角

统筹发展和安全存在于与人类生活有关的方方面面,聚焦于单个领域的研究,能够使得部分推动整体的发展。任绪保指出,当前推进城市社会治理现代化需要从基层组织建设、城市运行全生命周期、强化新技术手段运用等诸多方面统筹发展和安全,为城市社会治理现代化提供实现路径。③ 毛维准探讨了基础设施建设和"发展—安全联结"的具体逻辑,认为其能塑造经济、政治和社会等相关议题的"安全化",对中国推进"一带一路"建设具有重要的启示意义。④

3. 实施政策视角

从国家政策的角度出发对发展和安全的关系进行研究,能够从顶层设计实现发展和安全的统筹。周叶中、任澎认为发展和安全都是治国理政的重大战略目标,在中国特色社会主义新时代,要以辩证思维协调两者的双向互动,以战略思维统筹发展和安全的战略目标,以底线思维来防范化解发展进程中的安全风险。⑤

三、统筹之治:中国统筹发展与安全的实践

世界范围的疫情叠加局部战争和新型非传统安全挑战,中华民族伟大复兴和人类命运共同体建设亟须更加宽广高远的视野,以着力统筹推进高质量发展和高水平安全的良性互动,不断深化和丰富人类新形态文明。

(一)统筹发展和安全的历史逻辑

中国共产党在带领中国人民奋斗的过程中,曾先后作出过两个时代主题的判定,即"战争与革命"同"和平与发展"。"统筹发展和安全""高质量发展和高水平安全良性互动"是新时代党在时代主题判定上的继承与发展。

① 刘跃进:《"统筹发展和安全"的历史演进及融发展和安全为一体的国家大战略》,《学术论坛》2022 年第 2 期,第 81—92 页。
② 钟开斌:《统筹发展和安全:概念演化与理论转化》,《政治学研究》2022 年第 3 期,第 74—87、162 页。
③ 任绪保:《统筹发展和安全深入推进城市社会治理现代化》,《上海城市管理》2022 年第 3 期,第 19—25 页。
④ 毛维准:《发展——安全互动中的全球基础设施议题》,《国际安全研究》2021 年第 5 期,第 92—118、159—160 页。
⑤ 周叶中、任澎:《新时代我国发展与安全的关系辨析》,《江苏行政学院学报》2020 年第 5 期,第 5—13 页。

1. 基于"战争与革命"的时代主题谋求民族独立

20世纪上半叶,资本主义、帝国主义全球扩张导致频繁发生军事战争,直至两次世界大战爆发。在这一历史时期,如何避免和打赢"战争"、如何通过"革命"追求民族独立,是各国和各民族求生存、谋发展的首要任务。在中国,一批共产党人先驱及志士仁人为挽救中华民族于外来武装侵略与国内军阀混战,在艰难探索中将"赢得战争与革命""民族独立""建立新中国"作为最高奋斗目标,形成了"战争与革命"时代主题的判定,极大地助推了全球范围的民族独立与民族解放运动。第二次世界大战结束后,在美苏对抗及核大战的阴霾下,我国一方面"随时准备打仗"和"解放台湾",另一方面在短暂的社会建设后又重回"革命"路线,与美、苏、欧及第三世界国家建立统一战线、和平共处、求同存异的外交方针。整体来看,在中华民族艰难寻求独立与富强的历史时期,"战争与革命"的时代主题判定是中国共产党团结和带领各方打倒军阀与驱除列强、清除封建残留、建立新中国及探索建设社会主义的基本方向指引。

2. 基于"和平与发展"的时代主题实施改革开放

20世纪70年代伊始,全球范围内的"战争"与"革命"形势明显缓和,我国改革开放的总设计师邓小平敏锐洞察到了全世界渴望和平、经济全球化与科技现代化的时代趋势,作出了一系列全新的时代局势判断。1984年邓小平指出:"国际上有两大问题非常突出,一个是和平问题,一个是南北问题。还有其他许多问题,但都不像这两个问题关系全局,带有全球性、战略性的意义。"①"当前世界上主要有两个问题,一个是和平问题,一个是发展问题。"②1985年,邓小平认为"在较长时间内不发生大规模的世界战争是有可能的,维护世界和平是有希望的"③,还作出了"贫穷不是社会主义""发展是硬道理""和平发展"等论断。1987年,"和平与发展是当代世界的主题"被写入党的十三大报告,这是在党的最高文献中,首次用"主题"一词来指代时代大势。正如邓小平后来回忆的:"1978年我们制定一心一意搞建设的方针,就是建立在这样一个判断上的。"④该判定不仅带领中国从"赢得战争与革命"历史性地转向了"一个中心、两个基本点"的建设有中国特色的社会主义全新阶段,还将中国与世界的关系以及人类与世界的命运扭转向了和平发展的新方向,具有划时代的意义。"和平与发展是当今时代的主题"被顽强保留在了党的十四大报告直至党的十九大报告及《中共中央关于党的百年奋斗重大成就和历史经验的决议》之中。

3. 基于"发展与安全"的时代主题推进人类新形态文明

改革开放初期,"战争与革命"主题明显消退,党在判定世界整体和平的前提下聚焦"发展是

---

①　邓小平:《邓小平文选(第三卷)》,人民出版社,1993,第96页。
②　邓小平:《邓小平文选(第三卷)》,人民出版社,1993,第281页。
③　邓小平:《邓小平文选(第三卷)》,人民出版社,1993,第127页。
④　邓小平:《邓小平文选(第三卷)》,人民出版社,1993,第233页。

硬道理",但现实中出现了"没有饭饱,哪来环保""发展优先,安全靠边"的发展主义现象。21世纪初,多快赶超型的发展模式带来的巨大负面问题急剧凸显,国家基调开始转向"发展与安全兼顾"以及"发展是安全的条件、安全是发展的保障",但现实中对于"安全"仍旧延续了"说起来很重要,干起来不必要"的传统惯性。党的十八大以来,随着"人类命运共同体"与"总体国家安全观"的正式提出,"十四五"规划、《中共中央关于党的百年奋斗重大成就和历史经验的决议》等重要文件反复提出要"统筹发展和安全""高质量发展""建设更高水平的平安中国"。尤其在生产、食品、医药等关键民生健康领域,"安全发展"频繁写入党中央及地方文件,"安全是发展的前提和目标",安全被定为底线、红线、高压线和生命线。当前人类面临诸多严峻挑战,在此背景下,习近平总书记多次强调"坚持统筹发展和安全,坚持发展和安全并重,实现高质量发展和高水平安全的良性互动"[①]。

统筹发展与安全、实现高质量发展和高水平安全的良性互动,继承与发展了战争与革命、和平与发展之时局判定的思想精髓,切实符合新时代我国内外新形势,构成了党不断拓展和深化中国式现代化、丰富和发展人类新形态文明的重要内容。

自21世纪初以来,国家曾在多个重要场合反复强调统筹发展和安全,详见表4。

表4 "统筹发展和安全"的国家意志表达(2006—2023年)

时间	出处/场合	关于"统筹发展与安全"的表述
2006年	《2006年中国的国防》白皮书	"中国依据发展与安全相统一的安全战略思想,……统筹发展与安全、内部安全与外部安全、传统安全与非传统安全,维护国家主权、统一和领土完整,维护国家发展利益。"
2012年	党的十八大报告	"我国面临的生存安全问题和发展安全问题、传统威胁和非传统安全威胁相互交织……"
2014年4月	中央国安委第一次全体会议	习近平总书记发表《坚持总体国家安全观 走中国特色国家安全道路》:"既重视发展问题,又重视安全问题,发展是安全的基础,安全是发展的条件,富国才能强兵,强兵才能卫国。"
2014年11月	中央外事工作会议	习近平总书记发表讲话时指出:"要统筹国内国际两个大局,统筹发展安全两件大事。"
2017年10月	党的十九大报告	"统筹发展和安全,增强忧患意识,做到居安思危,是我们党治国理政的一个重大原则。"
2020年9月	全球数据安全倡议	"我们呼吁各国秉持发展和安全并重的原则,平衡处理技术进步、经济发展与保护国家安全和社会公共利益的关系。"
2020年12月	中共中央政治局就切实做好国家安全工作举行集体学习	"坚持统筹发展和安全"是贯彻总体国家安全观的"十点要求"之一。

---

① 习近平:《习近平谈治国理政(第四卷)》,外文出版社,2022,第390页。

时间	出处/场合	关于"统筹发展与安全"的表述
2020—2022 年	面对新冠疫情挑战	习近平总书记反复强调:"坚持统筹发展和安全,坚持发展和安全并重,实现高质量发展和高水平安全的良性互动。"
2021 年	《中华人民共和国国民经济和社会发展第十四个五年规划和 2035 年远景目标纲要》	设置第十五篇"统筹发展和安全 建设更高水平的平安中国"专篇;"把安全发展贯穿国家发展各领域和全过程,防范和化解影响我国现代化进程的各种风险,筑牢国家安全屏障"。
2021 年 9 月	第七十六届联合国大会一般性辩论	习近平总书记提出"全球发展倡议":"在发展中保障和改善民生,保护和促进人权,做到发展为了人民、发展依靠人民、发展成果由人民共享,不断增强民众的幸福感、获得感、安全感,实现人的全面发展。"
2022 年 4 月	博鳌亚洲论坛年会	习近平总书记提出"全球安全倡议":"坚持统筹维护传统领域和非传统领域安全"。
2022 年	中央经济工作会议	习近平总书记发表讲话指出"坚持稳中求进工作总基调""统筹发展和安全"。
2022 年 9 月	《习近平谈治国理政(第四卷)》	"坚持统筹发展和安全,坚持发展和安全并重,实现高质量发展和高水平安全的良性互动,既通过发展提升国家安全实力,又深入推进国家安全思路、体制、手段创新,营造有利于经济社会发展的安全环境,在发展中更多考虑安全因素,努力实现发展和安全的动态平衡,全面提高国家安全工作能力和水平。"
2022 年	党的二十大报告	"统筹发展和安全,全力战胜前进道路上各种困难和挑战。"
2023 年	《习近平著作选读(第一卷)》《习近平著作选读(第二卷)》	"以新安全格局保障新发展格局""统筹发展与安全""实现高质量发展和高水平安全动态平衡"。

资料来源:《党的十九大报告学习辅导》《党的二十大报告学习辅导》《二十大党章修正案学习问答》《习近平谈治国理政(第四卷)》《习近平著作选读(第一卷)》《习近平著作选读(第二卷)》等。

(二)统筹发展与安全:新时代的中国探索

习近平总书记多次强调:"发展是解决一切问题的总钥匙"[①],"必须坚定不移把发展作为党执政兴国的第一要务"[②]。随后我国提出"全球发展倡议""全球安全倡议"和"全球文明倡议",致力于推动世界走向和平、安全、繁荣、进步的光明前景。脱离发展谈安全,则无异于建空中楼阁。要清醒认识到:我国仍处于并将长期处于社会主义初级阶段的基本国情没有变,不平衡不充分的发展无法满足人民群众高品质生活追求的社会主要矛盾十分突出,我国诸多领域与世界强国仍有

---

① 习近平:《习近平谈治国理政(第二卷)》,外文出版社,2017,第 457 页。
② 习近平:《习近平在纪念中国人民抗日战争暨世界反法西斯战争胜利六十九周年座谈会上的讲话》,人民出版社,2014,第 17 页。

明显差距仍是客观现实,全球发展差距及中国大国责任问题将更加凸显;深度全球化与逆全球化、俄乌冲突后的文明对抗、全球疫情危机及后疫情矛盾将持续交织并存,力促本国经济社会发展、世界稳定以及全球经济复苏事业,是新时代人类最重要的共同任务。

一方面,要致力于协调推进生存性质量、发展性质量和价值性质量,不断增强各国人民的获得感、幸福感和安全感。要以高质量发展统领党和国家未来重大议程,勇于认清挑战,保持战略目标定力,专心致志谋发展、谋进步。始终保持改革勇气和创新活力,不断增强经济、科技、教育、国防、文化、环境等综合实力,不仅要为实现更高水平、更高层次、更有质量的总体国家安全提供牢固的技术支撑与物质条件,同时要通过实力体现大国担当,积极为世界和平和可持续发展贡献"中国方案"与"中国智慧"。

另一方面,要以高水平安全作为中华民族伟大复兴和人类命运共同体建设的基本依托。

1. 坚定和平发展

俄乌冲突彻底击碎了自第二次世界大战以来联合国及国家间层面预防和控制战争的设置,其导致的战斗人员和平民的伤亡直接造成了大规模人道主义灾难,其带来的更加激烈的国家间对抗还将造成未来区域冲突和国际合作受阻,使得区域安全和国际安全滑向更低水平的安全状况。近代以来,中国领导人都对和平进行了系统思考,比如毛泽东关于世界永久和平、持久和平以及发挥社会主义优势推动世界和平[1]的看法,邓小平提出和平与发展是当今世界两大基本问题以及争取维护世界和平[2],习近平提出推动构建人类命运共同体[3]。"和平发展"是我国始终坚持的重要原则。我们将继续秉承自古以来的"和"文化基因特色,遵循"和为贵""和衷共济""睦邻友好""和合共生""求同存异""和平发展""人类命运共同体"等思想与行为准则,共谋人类和平。

2. 践行积极安全

当前国际社会对于大规模战争基本可控,但"整体和平"的幕后却潜藏着普遍结构性的风险与危机,从全球范围看就包括认同冲突、意识形态渗透、环境恶化、平台暴力、资源争夺、数据泄露、技术霸权等等。这些结构性危机与宗教、领土、资源、技术、话语权、政治立场、意识形态、民族认同等问题交织复合,暗藏巨大的区域冲突、大国不和甚至战争风险,极大地破坏着全人类的正当权利和公平正义,形成了"低水平安全"的困境。为此,高水平安全就需要整个安全体系实现从消极安全到积极安全的转变,要以更高更积极的视野摆正"安全"的战略地位;要更加坚定总体国家安全观,实施国家安全战略,建设更高水平的平安中国;国家安全维护手段从简单直线性的军事与政治对抗转变为综合运用实力、技术、形象、外交、谈判、舆论、规则等等的复杂博弈;把安全

---

[1] 参见李珍:《毛泽东的世界和平思想及其历史影响》,《马克思主义与现实》,2020 年第 3 期。
[2] 参见桑东华:《邓小平的和平思想及其时代意义》,《马克思主义与现实》,2020 年第 3 期。
[3] 参见修丽、李涛:《构建人类命运共同体思想的时代意义》,《红旗文稿》,2019 年第 5 期。

发展贯穿国家发展全过程,着力防范和化解现代化进程中的各种风险;从维稳、信访、治安的"被动安全"转变为维权、信法、平安的"主动安全",从单靠政府的安全管控转变为多元协同的安全治理。

3. 砥砺共同安全

确保国际和国内两个大局的高水平安全,统筹全球安全、国家安全、社会安全和个体安全;从冲突、零和的"安全对抗"转变为共建互助的"安全共享";不仅致力于自身主权与自主发展道路,还充分尊重不同文明的正当发展权利和权益,在国际冲突中发挥大国影响,彰显国际公义;不仅聚焦于纷繁复杂的国内安全问题,还积极参与人类所共同面对的跨国跨境的安全挑战;要从过往国家中心主义和人类中心主义的文明模式,升级到以更宽广的哲学与伦理观探索多生命形态的安全互保的新文明模式,即不仅注重以人类为形式的碳基生命形态的可持续发展与安全,还要观照蓬勃兴起的以人工智能为代表的硅基生命形态、以细菌为形式的微生物生命形态以及正待开发和认知的超生命形态的生存与发展。

安全和发展是一体之两翼、驱动之双轮,应根据战略目标及特定时局进行科学统筹。我们既要继续创新和升级发展理念,不断深化践行安全发展、绿色发展、"五位一体"、"绿水青山就是金山银山"的"两山"理念、高质量发展、共同富裕等新发展思路和新发展格局,又要建立健全涵盖总体国家安全的观念、组织、法治、战略、科教及政策的国家安全治理体系。同时,不仅应保持高质量发展和高水平安全的目标和战略定力,还应妥善应对两者的张力及其带来的政策执行阻力。在国际竞争的前沿高端领域,比如量子、生物、医药、航空、制造等等,我们应以更大谋略来推进创新发展,通过更大的战略资源倾斜支持颠覆性突破来赢取发展的主动权和话语权;在关乎民众基本生存、生命及健康的领域,比如粮食、卫生、教育、生态、就业、司法等等,我们应以更强有力的规制来确保安全作为底线、红线、高压线和生命线,确保基本民生的质量、效益与安全。

习近平总书记指出:"时代是出卷人,我们是答卷人,人民是阅卷人。"①对于时代和人民所出的"考题",中国共产党一直在"备考"和"答题"的路上。面对西方霸权、区域冲突、脱钩断链的"时代考题",中国既要勇于创新发展以夯实总体国家安全、提升安全文明水平,又要始终坚持高质量发展,确保经济社会发展的安全前提和安全底线来提升发展质量和效益;既要坚定共建人类命运共同体理念来稳固和平共建、合作共赢、安全共享、文明互鉴,又要通过高质量发展向世界贡献中国优质发展成果,提高世界各国各民族的安全感、获得感和幸福感,科学推进高质量发展和高水平安全良性互动,丰富和深化人类新形态文明。

---

① 习近平:《习近平谈治国理政(第三卷)》,外文出版社,2020,第70页。

总体国家安全观人民性的三重维度探析

陈 佳[1] 代佳欣[2]

[摘　要] 总体国家安全观提出"以人民安全"为宗旨,显示了"人民性"的本质特征。以人民安全为宗旨是马克思主义唯物史观的当代传承,马克思主义唯物史观是总体国家安全观形成的重要理论依据,是总体国家安全观人民性的哲学源头。马克思主义中国化时代化的系列理论成果也传承了人民性原则,以人民安全为宗旨是中国共产党宗旨的深刻诠释。以人民安全为宗旨是新时代统筹发展和安全的实践要求,国家安全工作不仅要保障广大人民群众的安全和利益,同时要动员广大人民群众,汇聚磅礴的人民力量来维护国家安全,促进更好地统筹发展和安全。

[关键词] 总体国家安全观;人民安全;宗旨;人民性

总体国家安全观是习近平新时代中国特色社会主义思想在安全领域的集中体现和思想结晶,是马克思主义理论中国化、时代化的重要成果。其围绕"人民安全"这一宗旨展开,折射出了中国国家安全理念所具有的"人民性"这一鲜明特征。习近平总书记在提出总体国家安全观的"五大要素"时,始终把人民安全放在最高位置,"人民安全"是所有其他几大要素的落脚点和目的地。他强调:"坚持总体国家安全观,以人民安全为宗旨,以政治安全为根本,以经济安全为基础,以军事、文化、社会安全为保障,以促进国际安全为依托,走出一条中国特色国家安全道路。"[1] 在论及"五对关系"时,习近平提出:"既重视国土安全,又重视国民安全,坚持以民为本,以人为本,坚持国家安全一切为了人民、一切依靠人民,真正夯实国家安全的群众基础。"[2] 本文着眼于"人民性"这一鲜明特征,从国家安全工作的理论渊源、中国共产党的初心使命和新时代发展思想这三重维度展开,以期深化我们对总体国家安全观的理解。

[作者简介] 1.陈佳,湖南师范大学马克思主义学院讲师、博士后,主要研究方向为新时代国家安全思想、核安全与国际战略;2.代佳欣,湖南现代物流职业技术学院助教,研究方向为智能物流管理与安全。

[基金项目] 湖南省高校思想政治工作质量提升工程资助项目(21E01)、湖南省教育厅资助科研项目(20B387)阶段性研究成果。

① 《坚持总体国家安全观　走中国特色国家安全道路》,《人民日报》2014 年 4 月 16 日第 1 版。
② 《坚持总体国家安全观　走中国特色国家安全道路》,《人民日报》2014 年 4 月 16 日第 1 版。

一、以人民安全为宗旨是马克思主义唯物史观的当代传承

总体国家安全观提出"以人民安全为宗旨",这是马克思主义理论中国化、时代化的国家安全理论成果对经典马克思主义唯物史观的当代传承。

(一)马克思主义唯物史观具有鲜明的人民性

马克思主义理论历经两百多年发展历程仍然具有强大的生命力,它揭示了人类社会发展的客观规律,具有鲜明的"人民性"特征。马克思主义唯物史观指出人民群众是社会历史的主体,是历史的创造者,在历史的发展中人民群众起到了根本性的推动作用。马克思主义理论指出,在创造历史的过程中,只有人民群众,首先是占人口大多数的体力劳动者和脑力劳动者,才具有决定性的作用。人民群众在创造历史过程中所起的决定作用表现在三个方面:其一,人民群众是社会物质财富的创造者。人民群众在满足自身生存发展的过程中为社会发展创造了丰富的物质财富。其二,人民群众是社会精神财富的创造者。人民群众的社会实践为文学、艺术和哲学的发展提供了重要动力来源,文学、艺术作品与哲学思想也在社会传播中逐渐成为社会共有的精神财富。其三,人民群众是社会变革的决定力量。在从事创造物质财富的实践中,当生产关系和生产力不适应时,广大人民群众就是推翻旧生产关系的主力,是推动社会进步的根本动力。

马克思主义理论指出,"历史活动是群众的活动,随着历史活动的深入,必将是群众队伍的扩大"[①]。马克思、恩格斯在经典著作《共产党宣言》中指出:"过去的一切运动,都是少数人的或者为少数人谋利益的运动。无产阶级的运动是绝大多数人的、为绝大多数人谋利益的独立的运动。"[②]这些论述不仅体现了马克思主义理论对人民群众的重视,同时也使得在马克思主义理论指导下所进行的一切革命与斗争都拥有广泛的群众基础和强大的群众力量。

马克思、恩格斯将建立共产主义社会、实现人民群众的解放作为毕生的奋斗目标。在马克思主义理论提出之前,人类社会的主流理论都是服务于统治阶级的。只有马克思主义理论,第一次站在了人民的立场上,追求建立一个没有剥削与压迫、人人平等而自由的理想社会。在《共产党宣言》中,马克思、恩格斯提出"自由人联合体"的设想:"代替那存在着阶级和阶级对立的资产阶级旧社会的,将是这样一个联合体,在那里,每个人的自由发展是一切人的自由发展的条件。"[③]在这样的理想社会中,每个作为社会成员的人民群众都能够实现完全自由地发展,在社会中发挥他们的才能和力量,却又不会危及社会存在和发展的基础。马克思主义理论是一个真正为人民群

---

① 中央编译局:《马克思恩格斯文集(第一卷)》,人民出版社,2009,第287页。
② 中央编译局:《马克思恩格斯选集(第一卷)》,人民出版社,2012,第411页。
③ 中央编译局:《马克思恩格斯选集(第四卷)》,人民出版社,2012,第647页。

众谋福祉的理论,人民性是马克思主义者所坚守的价值标准和奋斗目标。

马克思主义唯物史观是总体国家安全观形成的重要理论依据,是总体国家安全观人民性的哲学源头。立足于马克思主义理论坚定的人民立场,总体国家安全观提出"以人民安全为宗旨"的重要论述,具有鲜明的人民性,是真正为了人民、依靠人民的安全理论。

(二)马克思主义中国化、时代化的理论成果丰富了人民性的内涵

马克思主义理论在中国传播的过程中与中国的革命、建设、改革和发展实践,以及五千年源远流长的中国传统文化紧密结合,形成了毛泽东思想、邓小平理论、"三个代表"重要思想、科学发展观、习近平新时代中国特色社会主义思想等一系列重要理论成果。

毛泽东思想是马克思主义中国化的第一次历史性飞跃,具有鲜明的人民性。毛泽东思想着重强调"群众路线"的重要性,即一切为了群众,一切依靠群众。毛泽东指出,"我们这个队伍完全是为着解放人民的,是彻底地为人民的利益工作的"[1]。在 1945 年的《论联合政府》中,毛泽东强调:"我们共产党人区别于其他任何政党的又一个显著的标志,就是和最广大的人民群众取得最密切的联系。全心全意地为人民服务,一刻也不脱离群众;一切从人民的利益出发,而不是从个人或小集团的利益出发;向人民负责和向党的领导机关负责的一致性;这些就是我们的出发点。"[2]

邓小平理论形成并发展于中国特色社会主义探索发展时期,其自身鲜明的人民性与毛泽东思想一脉相承。在推进中国特色社会主义事业中,邓小平倡导要以"人民拥护不拥护、人民赞成不赞成、人民高兴不高兴、人民答应不答应"作为党中央制定一切方针政策和做出决断的出发点与归宿。[3] 邓小平指出:"中国共产党员的含意或任务,如果用概括的语言来说,只有两句话:全心全意为人民服务,一切以人民利益作为每一个党员的最高准绳。"[4]

党的十三届四中全会以来,以江泽民同志为主要代表的中国共产党人,形成了"三个代表"重要思想,指出中国共产党始终代表中国最广大人民的根本利益。他强调:"我们党始终坚持人民的利益高于一切。党除了最广大人民的利益,没有自己特殊的利益。党的一切工作,必须以最广大人民的根本利益为最高标准。"[5]党的十六大以来,以胡锦涛同志为主要代表中国共产党人,形成了"科学发展观",核心就是坚持以人为本。胡锦涛同志强调:"凡是涉及群众切身利益的决策都要充分听取群众意见,凡是损害群众利益的做法都要坚决防止和纠正。"[6]

---

① 毛泽东:《毛泽东选集(第三卷)》,人民出版社,1991,第 1004 页。
② 毛泽东:《毛泽东选集(第三卷)》,人民出版社,1991,第 1094—1095 页。
③ 朱峻峰:《一切为了人民——学习〈邓小平文选〉第三卷笔记》,《学习与研究》1994 年第 11 期,第 13 页。
④ 邓小平:《邓小平文选(第一卷)》,人民出版社,1994,第 257 页。
⑤ 江泽民:《江泽民文选(第三卷)》,人民出版社,2006,第 280 页。
⑥ 胡锦涛:《胡锦涛文选(第三卷)》,人民出版社,2016,第 636 页。

党的十八大以来,逐步成形的习近平新时代中国特色社会主义思想,成为马克思主义理论人民性这一鲜明特征的最新成果和当代传承。习近平总书记时刻把人民放在心中最高位置,坚持以人民为中心,不仅强调新时代发展和完善社会主义要增强人民群众的获得感、安全感和幸福感的总体目标,同时也强调重视和发挥人民的积极性和创造性。习近平主席强调:"中华民族迎来了从站起来、富起来到强起来的伟大飞跃。必须深刻认识人民群众是历史发展和社会进步的主体力量,紧紧依靠人民创造历史伟业。"①

总体国家安全观是习近平新时代中国特色社会主义思想的重要内容,其逻辑起点和哲学依据是马克思主义唯物史观。总体国家安全观的人民性要求我们把人民安全作为国家安全最核心的构成要素,把人民安全置于整个国家安全体系中的主导性地位。

二、以人民安全为宗旨是中国共产党宗旨的深刻诠释

总体国家安全观的人民性特征,阐明了我国国家安全工作的根本目的,体现了我国国家安全"以人民安全为宗旨"的核心价值。总体国家安全观的"人民性"与中国共产党全心全意为人民服务的宗旨密不可分,是中国共产党宗旨在国家安全领域的具体体现。

(一)中国共产党是秉承人民性的马克思主义政党

在马克思主义理论的指引下,中国共产党建立、发展和逐步壮大。无论在哪个阶段,中国共产党都始终将人民性原则贯彻到底。经过实践洗礼和考验,中国共产党已经成为当前世界上最具人民性的执政党。

1921年,中国共产党在马克思主义理论的指导下,在民族灾难深重、风雨如晦的时刻应运而生,栉风沐雨走过百年的中国共产党自诞生之日起,便把"为中国人民谋幸福、为中华民族谋复兴"作为自身的初心和使命。

中国共产党对人民性原则的实践,首先体现在中国共产党担当历史重任,领导中国人民进行了新民主主义革命并取得胜利。在革命发展的初期,中国共产党人就制定了合理的群众路线,积极地发动包括工人阶级、农民阶级、城市小资产阶级和民族资产阶级等在内的广泛的群众力量,使得革命的力量能够迅速壮大,带领人民群众推翻帝国主义、封建主义和官僚资本主义这"三座大山"。

1949年,中国共产党领导新民主主义革命取得胜利,建立了中华人民共和国,经过几年的过渡时期顺利地走上了社会主义发展道路。中华人民共和国是工人阶级领导的、以工农联盟为基

---

① 中共中央宣传部:《习近平新时代中国特色社会主义思想学习纲要(2023年版)》,学习出版社、人民出版社,2023,第67页。

础的人民民主专政的社会主义国家,以人民代表大会制度为政体。国家的一切权力属于最广大的人民群众。相较于许多西方国家的政治制度,中国共产党执政的社会主义制度从根源上消除了人民群众被剥削和压迫的可能,并且真正地使广大人民群众成为国家的主人。习近平总书记指出:"这样一套制度安排,能够有效保证人民享有更加广泛、更加充实的权利和自由,保证人民广泛参加国家治理和社会治理。"①我们维护国家主权、安全、发展利益,维护中国人民和中华民族的福祉,有坚实的制度保障。

中国共产党人在执政的过程中始终站在人民立场,坚持"权为民所用、情为民所系、利为民所谋"。进入社会主义新时代,中华民族踏上了实现"两个一百年"奋斗目标的新征程。面对历史性成就和历史性变革,中国共产党人始终坚持人民性原则,在执政中行稳致远。中国共产党人把人民比作江山,指出打江山、守江山最重要的是守住民心。在纪念马克思诞辰 200 周年大会上,习近平总书记提出:"我们要始终把人民立场作为根本立场,把为人民谋幸福作为根本使命,坚持全心全意为人民服务的根本宗旨,贯彻群众路线,尊重人民主体地位和首创精神,始终保持同人民群众的血肉联系。"②中国特色社会主义的探索、建设和发展经历了七十多年,取得了重大成就。这些成就的取得,与中国共产党在执政过程中彻底地贯彻人民性原则密不可分。

中国共产党始终同人民在一起,为了人民利益而奋斗。习近平总书记指出:"中国共产党作为马克思主义政党,党性和人民性从来都是一致的、统一的,除了国家、民族、人民的利益,没有自己特殊的利益,从来不代表任何利益集团、任何权势团体、任何特权阶层的利益。"③

(二)中国共产党将为人民服务的宗旨贯穿于国家安全各领域

当前,我国同时身处中华民族伟大复兴战略全局的关键期与世界百年未有之大变局中,我国总体安全局势异常严峻。在此背景下,我们在制定国家安全战略时需要面对更加复杂的形势和局面,克服更多的困难,需要坚持国家安全工作一切依靠人民,真正为了人民。中国共产党将全心全意为人民服务的宗旨贯穿于国家安全各领域,坚持以人民为中心,提出以人民安全为宗旨的总体国家安全观。"以人民安全为宗旨"是中国共产党为人民服务宗旨在安全领域的具体体现,总体国家安全观强调"必须既重视国家安全和国家安全工作的系统性,又重视中国特色国家安全工作的人民性"④。

在安全和发展环境复杂多变的当下,中国在国家安全工作的实践中,很好地处理了政治安全、人民安全和国家利益至上三者的关系,形成了一个有机统一体,明确"政治安全是维护人民安

---

① 习近平:《在庆祝全国人民代表大会成立 60 周年大会上的讲话》,人民出版社,2014,第 22 页。
② 中共中央宣传部:《习近平新时代中国特色社会主义思想学习纲要(2023 年版)》,学习出版社、人民出版社,2023,第 66 页。
③ 中共中央宣传部:《习近平新时代中国特色社会主义思想学习纲要(2023 年版)》,学习出版社、人民出版社,2023,第 68 页。
④ 刘跃进:《总体安全为人民——学习习近平总书记关于总体国家安全观的重要论述》,《紫光阁》2018 年第 7 期,第 16—17 页。

全和国家利益的根本保证;人民安全居于中心地位,国家安全归根到底是保障人民利益;国家利益至上是实现政治安全和人民安全的要求和原则"①。

毛泽东曾在《为人民服务》一文中指出:"我们这个队伍完全是为着解放人民的,是彻底地为人民的利益工作的。"②总体国家安全观的人民性是中国共产党的宗旨和初心使命的传承,中国共产党始终坚持人民至上,维护人民的利益,将人民放在心中最高位置。

三、以人民安全为宗旨是新时代统筹发展和安全的实践要求

"以人民安全为宗旨",强调国家安全工作不仅要保障广大人民群众的安全和利益,同时要动员广大人民群众,汇聚磅礴的人民力量来维护国家安全,推动高质量发展。"发展是硬道理,稳定也是硬道理,抓发展、抓稳定两手都要硬。"③发展是安全的基础,安全是发展的保障。习近平总书记指出:"发展和安全是一体之两翼、驱动之双轮,必须同步推进。要把国家安全同经济社会发展一起谋划、一起部署,既善于运用发展成果夯实国家安全的实力基础,又善于塑造有利于经济社会发展的安全环境。"④

(一)在统筹发展和安全中保障人民利益

统筹发展和安全,要以强烈的忧患意识来应对发展中可能面对的安全挑战和风险。总体国家安全观是服务于中华民族伟大复兴战略全局的重要思想之一,推动国家安全事业全面发展,目的是保障我国能够经受来自政治、经济和意识形态等各领域的风险和挑战,在总体安全的环境下推进国家的发展,保障人民充分享受发展成果。

首先,在确保安全的基础上促进发展,使广大人民群众的获得感、幸福感和安全感得到提高。2013 年 11 月,习近平在听取青岛输油管道破裂引发爆炸的情况汇报时强调:"各级党委和政府、各级领导干部要牢固树立安全发展理念,始终把人民群众生命安全放在第一位,牢牢树立发展不能以牺牲人的生命为代价这个观念。"⑤

党的十八大以来,全党践行以人民为中心的发展思想,始终把人民放在心中最高位置、把人民对美好生活的向往作为始终不渝的奋斗目标。从 2012 年迄今这十余年来,紧紧围绕人民群众最关心、最直接、最现实的问题,不断把为民造福事业推向前进。人民群众"看病难、看病贵"问题

① 中共中央宣传部:《习近平新时代中国特色社会主义思想学习纲要(2023 年版)》,学习出版社、人民出版社,2023,第 237 页。
② 毛泽东:《毛泽东选集(第三卷)》,人民出版社,1991,第 1004 页。
③ 中共中央党史和文献研究院:《习近平关于总体国家安全观论述摘编》,中央文献出版社,2018,第 152 页。
④ 中共中央宣传部:《习近平新时代中国特色社会主义思想学习纲要》,学习出版社、人民出版社,2023,第 241 页。
⑤ 中共中央党史和文献研究院:《习近平关于总体国家安全观论述摘编》,中央文献出版社,2018,第 131 页。

不断被破解,截至 2023 年底,全国参加基本医疗保险人数约 13.34 亿人;基本建成了中国特色社会救助体系,年均保障低保人员 4000 万人以上。同时,教育普及水平实现了历史性跨越,2023 年全国共有在校生超 2.9 亿人,2895 个县全部实现义务教育基本均衡,形成城乡义务教育均衡和一体化发展新局面。在实现精准脱贫和全面小康社会建设的基础上,我们现在已经开始踏上共同富裕建设的征程,这是以人民为中心的发展思想在发展实践中的贯彻落实。

习近平指出:"国家安全工作归根结底是保障人民利益,要坚持国家安全一切为了人民、一切依靠人民,为群众安居乐业提供坚强保障。"[①]所以在遇到重大的安全风险和挑战时,中国共产党始终坚持人民性原则,真正保障人民群众的安全和发展利益。2020 年新冠疫情在全球范围内流行,给全球人类的生命财产安全带来了严重的威胁。在抗击疫情时,我国始终坚持一切为了人民,本着人民至上的原则,用尽一切方式保障人民的生命财产安全。习近平总书记强调:"人民至上、生命至上,保护人民生命安全和身体健康可以不惜一切代价。"[②]

中国共产党的路线和方针政策一贯如此。改革开放四十多年来,在中国共产党的带领下,我国创造了经济快速发展和社会长期稳定的两大奇迹。中国社会的安定团结也得到了国际社会的普遍认同。

(二)在统筹发展和安全中汇聚人民力量

中国共产党坚持贯彻马克思主义唯物史观的精神,依靠人民创造了历史伟业。维护国家安全也需要在"以人民安全为宗旨"的总体国家安全观指导下,不断汇聚广泛的群众力量。"任何一项伟大事业要成功,都必须从人民中找到根基,从人民中集聚力量,由人民共同来完成。"[③]

国家安全是人民安全的重要保障,人民安全是国家安全的基石。只有各行各业人民的安全得到有力的保障,才会有各行各业安全发展的主体力量;只有人民群众各方面安全利益得到充分的保障,才会有坚定自觉维护和捍卫国家安全的群众基础。当人民安全受到损害时,政治安全、经济安全等各领域的国家安全都将遭受损害。

回望历史,朝代的更迭,无不是人民的安全和发展需求得不到保障,最终导致人亡政息。例如我国历史上的秦朝,秦始皇在实现大一统后实施暴政,导致人民生存和发展的安全受到损害,最终"万世而王"的追求变成了"二世而亡"。放眼全球,仍有一些国家深陷战乱与动荡之中。以叙利亚为例,2011 年 2 月叙利亚危机爆发,在全球大国和地区强国的介入下,十余年来一直处于战乱之中。叙利亚人民的生存发展条件恶劣,生命和财产等安全受到巨大威胁甚至被剥夺,造成

---

① 习近平:《习近平谈治国理政(第四卷)》,外文出版社,2022,第 9 页。
② 习近平:《习近平谈治国理政(第四卷)》,外文出版社,2022,第 390 页。
③ 习近平:《在纪念孙中山先生诞辰一百五十周年大会上的讲话》(单行本),人民出版社,2016,第 6 页。

大量难民流亡海外。人民安全得不到保障，发展的动力就会丧失，从而使叙利亚经济发展遭受损害。危机爆发前，叙利亚的 GDP 为 2525.18 亿美元，然而危机爆发使得叙利亚 GDP 出现了断崖式下降，十余年来一直处于低位，2016 年降至最低时仅为 123.57 亿美元。

人民安全得不到保障，经济发展就无从谈起。"民惟邦本，本固邦宁"。人民安全是国家安全的基石，没有人民安全，也难有国家安全。只有把国家安全建立在人民安全基础之上，国家安全才能真正固若金汤。维护国家安全必须调动人民群众的积极性、主动性，保障人民的安全利益，切实打牢国家安全的群众基础。人民群众是维护国家安全的智慧和力量源泉。只有紧紧依靠人民维护国家安全，才能打造出真正的铜墙铁壁。习近平总书记在中央政治局第二十六次集体学习时就贯彻总体国家安全观提出了坚持以人民安全为宗旨的具体要求。他强调"充分发挥广大人民群众积极性、主动性、创造性，切实维护广大人民群众安全利益，始终把人民作为国家安全的基础性力量，汇聚起维护国家安全的强大力量"①。人民群众在维护国家安全和社会稳定中发挥了重要作用，"朝阳群众""西城大妈""海淀网友""中国渔民"等已成为新时代人民群众维护国家安全、守护社会稳定的代名词。总体国家安全观强调统筹发展和安全，在实践中回应了人民在新时代对国家安全的期待，对发展利益的满足，最终形成的是国家安全为人民，维护国家安全人人有责的融洽局面。

四、结　语

习近平总书记指出："国泰民安是人民群众最基本、最普遍的愿望。实现中华民族伟大复兴的中国梦，保证人民安居乐业，国家安全是头等大事。""要坚持国家安全一切为了人民、一切依靠人民。"②总体国家安全观以其鲜明的人民性，凸显了新时代我国国家安全工作的宗旨和力量来源。

总体国家安全观之所以具有鲜明的人民性，是由马克思主义群众史观决定的，是由中国共产党的宗旨和性质决定的，也是由新时代以人民为中心统筹发展和安全的思想决定的。可以说，人民性是总体国家安全观的灵魂，是中国特色社会主义国家安全观区别于其他任何国家和民族安全观的根本所在。

---

① 《习近平主持中央政治局第二十六次集体学习并讲话》，新华社，2020 年 12 月 12 日，https://www.gov.cn/xinwen/2020-12/12/content_5569074.htm，访问日期：2023 年 12 月 21 日。
② 《汇聚起维护国家安全强大力量　不断提高人民群众安全感幸福感》，《人民日报》2016 年 4 月 15 日第 1 版。

文化安全视域下外源性政治意识形态风险的五种类型

丁　剑[1]　姜维清[2]

[摘　要] 从文化安全视角,围绕文化安全理论的规范性范畴"文化领导权"与"文化格栅",研究外源性政治意识形态风险的基本类型与特征,具有重要的理论与现实意义。在大国竞争的背景下,文化成为意识形态较量和国际政治斗争的新场域,如何识别和化解该领域的风险成为时局所提出的一个必须要正视的课题。国家在和平崛起的过程中不仅要克服各种传统安全和非传统安全的威胁,还要面临"交织安全"的挑战。外源性政治意识形态风险作为一种"交织风险"需要秉承"和合主义"的理念,坚持"底线思维"和"极限思维",从整体性出发,通过跨学科的交叉研究法予以把握,全力服务统筹发展和安全大局,夯实文化自信的基础,提升文化软实力。

[关键词] 文化安全;文化领导权;文化格栅;文化自信;交织安全

"夫存者非存,在于虑亡;乐者非乐,在于虑殃。"[1]生存是人类发展的第一要务,安全是古今中外仁人志士所共同关注的问题。在全球化时代,各类社会风险与安全威胁使得人类普遍陷入"生存性焦虑"与"前景性恐慌",人类本体不安全感加剧。身处危机常态化的时代,人类不仅要具备忧患意识,还要增强识别和应对各领域中不同类型风险的能力,传统安全威胁与非传统安全威胁相互"交织合成了新型安全威胁"[2],很多贴近"日常生活"[3]的场域已经成为安全博弈的舞台。新千年到来之际,联合国教科文组织在《世界文化报告——文化的多样性、冲突与多元共存(2000)》中指出:"文化领域已经成为国际政治斗争和意识形态较量的主战场。"[4]习近平总书记指出:"文化是一个国家、一个民族的灵魂。历史和现实都表明,一个抛弃了或者背叛了自己历史文化的民族,不仅不可能发展起来,而且很可能上演一幕幕历史悲剧。文化自信,是更基础、更广泛、更深

[作者简介] 1. 丁剑,巴黎第八大学哲学博士,山西大学马克思主义哲学研究所副教授,研究方向为意识形态安全与马克思主义哲学;2. 姜维清,北京大学战略学博士,中国国际战略学会原研究员。

[基金项目] 山西省哲学社会科学规划课题"文化安全视域下山西省市域社会治理现代化研究"(2022YJ009)的阶段性研究成果。

① 姜尚:《六韬》,陈曦译注,中华书局,2016,第 71 页。

② 姜维清:《交织:国家安全的第三种威胁》,世界知识出版社,2011,第 17 页。

③ Henri Lefebvre. *Critique de la vie quotidienne*：*Introduction*，tome Ⅰ(Paris：L'Arche,1977)，143.

④ 联合国教科文组织编:《世界文化报告——文化的多样性、冲突与多元共存(2000)》,关世杰等译,北京大学出版社,2002,第 28 页。

厚的自信,是更基本、更深沉、更持久的力量。坚定文化自信,是事关国运兴衰、事关文化安全、事关民族精神独立性的大问题。"①为此,研究者应在文化领域进行"安全化"的研究,寻求应对外源性政治意识形态风险②的方略,夯实文化自信的基础,服务统筹发展与安全大局,为中华民族伟大复兴保驾护航。

一、研究文化安全与外源性政治意识形态风险的现实意义

当今世界正处在历史转折时期,"黑天鹅"和"灰犀牛"事件频发,世界呈现出不稳定性和不确定性持续增强的特征,人类面临的各类风险挑战之大前所未有。为此,必须坚持"底线思维"和"极限思维",推动安全理论创新,完善维护国家安全手段的"工具箱",积极构建有利于国家安全生态环境,掌握安全与发展的辩证法,形成安全与发展的良性互动,为持续发展与深化开放保驾护航。在总体国家安全视域下,文化安全作为国家安全的重要内容,同总体国家安全其他领域安全密切相关,是维系总体国家安全的精神纽带。虽然目前核大国之间直接爆发大规模军事冲突的可能性不大,但外源性意识形态风险极易对国家安全构成严重威胁。外源性意识形态作为一种隐于文化、发于思想、建于话语、斗于舆论、争于民心、立于法度、显于生活的重大风险,具有意图隐匿、方式隐蔽、边界模糊、危害性大和使用门槛低等特点。为应对这一传统安全与非传统安全相互交织的新型国家安全挑战,党的坚强领导是取得胜利的根本保证,必须不断强化党在意识形态领域的领导权,夯实文化自信的物质和精神基础,博采古今中外文化之长,坚定不移地发展社会主义先进文化。

早在春秋战国时期,我国就有关于"文伐"的相关论述,到了现代,国际文化和政治意识形态博弈则呈现出更加复杂的局面,文化风险有可能会与进步的思想或观念交织在一起。如何识别人为制造的文化陷阱,超越文化领域的冲突,实现文化间真正的交流互鉴成为一个必须要解决的问题。习近平总书记提出的"能战方能止战,准备打才可能不必打,越不能打越可能挨打"③的战争与和平的辩证法同样适用于文化和政治意识形态领域。在文化安全的视域下,把外源性政治意识形态风险的类型识别与化解对策作为专门问题进行研究极具现实意义。由于外源性政治意识形态风险的隐秘性强,因此,通过源头性研究归纳出各种政治意识形态风险或"文化战"④的主要类型,不仅有利于提出更具针对性的风险化解策略为国家文化安全治理、政治意识形态风险管控提供有效决策依据,而且还有利于提升国民区分政治意识形态风险和正常的文化交流或文明

---

① 习近平:《坚定文化自信,建设社会主义文化强国》,《求是》2019 年第 12 期。
② 指来源于外部的政治意识形态风险,狭义专指来源于外部的认知作战机构所制造的政治意识形态风险。
③ 中共中央宣传部编:《习近平总书记系列重要讲话读本(2016 年版)》,学习出版社、人民出版社,2016,第 252 页。
④ 文化战现称认知作战,虽然二者在内涵上不完全一致,但出于"逆安全化"策略的考虑均以认知作战指代。

互鉴的能力。这些对于着力解决在当前历史条件下如何在交流中不迷失自我，在开放中不沦为附庸，在多元文化交流中保持自立，在威胁和挑战面前不故步自封等具有实际的应用价值。

二、文化安全理论的规范性范畴：文化领导权与文化格栅

"意大利马克思主义理论家安东尼奥·葛兰西在《狱中札记》中指出，意识形态领导权又被称为文化领导权。"[①]根据葛兰西的研究，上层建筑是由政治社会和市民社会两部分构成的；政治领导权主要指对国家机器的领导，文化领导权则是对市民社会而言，指那些非国家军政机关，如对民间的文化机构的领导。事实上，"国家与市民社会之间存在着调整了的相互关系。假使国家开始动摇，市民社会这个坚固的结构立即出面"[②]。葛兰西以阵地攻坚战作比喻："政治社会只是前面的堑壕，在它后面还有坚固的工事和地堡，猛烈的炮击只摧毁了外线工事，工事后面还有一道十分坚固的防线。"[③]这就表明单纯的武力征服并不稳固，因为它只能夺取目标国的政治领导权，难以俘获人心即取得文化领导权。唯有同时夺取政治领导权和文化领导权才能长治久安。因此，文化战的各种作战行动归根结底都是围绕争夺文化领导权这一根本目的而展开的。

"文化格栅"是一种无形的"政治意识形态滤网"，犹如细胞的半透膜在国家间的文化交流中对外来文化元素进行筛选，从而维护自身文化的主体性，为国家的文化安全提供保障。政治意识形态是一个社会的经济基础与上层建筑相互连接的有关政治关系运作过程的观念、观点、概念的总和，它可以在政治思想、法律思想、哲学、道德、文学、艺术、宗教中得以体现，对其他意识形态具有统摄作用。政治意识形态作为经济基础、政治关系、人与人的经济关系的反映，内在地规定着一个国家的文化特质和生活方式。这种特点在该国全体成员的心中得到承认就是"文化认同感"，其程度就是"文化认同度"；认同感越强，认同度越高，国家的意识形态以及派生这个意识形态的社会政治和经济基础就越稳固、越安全，反之亦然。事实上，出于不同的意识形态，人们对同一个事物的理解会有很大差异。这种差异就是由"文化格栅"塑造的，即社会意识形态滤网异质性的结果。由于每一种意识形态都是一定的社会政治经济基础和社会关系的衍生品，所以基于各自基础产生的意识形态先天具备保护自身特殊性的本能，在文化交流中对外来文化的内容进行选择，把有利于加强自身的外来文化元素吸收进来，把有害的隔离出去，从而保证原生意识形态映射下的社会基础不受侵害，这就是意识形态的自保本能，即"政治意识形态滤网"或"文化格栅"的作用。

---

① 胡惠林：《文化产业学》，高等教育出版社，2006，第110页。
② 安东尼奥·葛兰西：《狱中札记》，人民出版社，1983，第189页。
③ 安东尼奥·葛兰西：《葛兰西文选（1916—1935）》，人民出版社，1992，第418页。

政治意识形态不是固有地存在于人们头脑当中的,而是源于这个国家的历史过往,基于这个国家的社会而存在。一个人的意识形态状况除了受先天思维能力的限制以外,还更多地受后天的社会历史环境,尤其是教育和宣传等人为社会因素的影响。因此在不同文化间,通过有意识、有组织的文化战行动,来影响或者改变对方的文化基因和社会心理,从而为本国的政治经济利益服务,在理论和实践上都是具有现实性的。文化话语权与民心向往的争夺作为敌我争夺的焦点,成为国家文化安全实践和理论研究的关键。

三、外源性政治意识形态风险的五种类型及其关系

在文化安全视域下,政治意识形态风险呈现出一种传统安全与非传统安全相互交织的新样态。一方面它以非军事性的文化方式采取行动施加影响,另一方面它可能又直接受国防部等强力机关领导,即某些国家的"网军"或"笔部队"所采取的组织、管理与行动模式。事实上,政治意识形态风险的类型与文化战作战行动是一体两面的事情[①],如果不能区分或识别不同种类的文化战作战行动,就不能很好地识别各类政治意识形态风险。所谓"文化战"是指综合运用各种手段,以文化载体作为主要武器平台,为争夺文化领导权而展开的作战行动。文化战作战行动主要包括文化进攻、文化防御、文化反击、文化渗透和文化诱导五种类型,它们之间既相互区别又相互统一。而文化渗透就是解开这五种文化战行动之间复杂概念关系的钥匙。因此,准确理解和区分这五种类型是政治意识形态风险的类型识别与文化战作战行动研究的前提。

(一)文化进攻

文化进攻指一国在触响对方"文化格栅"预警的情况下,综合运用各种手段,强行灌输或改变别国的文化战行动。这是一种显性的文化输出行为,即强行夺取对方文化领导权的文化战行动。从国家与国家之间的文化博弈看,一些奉行扩张战略的国家,为了争夺世界或地区霸权,为了扩张领土、掠夺资源,推翻别国政权,实现对别国长期而有效的统治,通常会在对别国发动武装进攻前后,伴随进行文化进攻行动,通过争夺目标国的"文化领导权",实现建立地区或世界文化霸权的目的。

例如,日本在获得 1894 年甲午战争的胜利以后,开始谋求东北亚地区霸权。在取得日俄战争胜利之后,日本获得了"南满"铁路的权益。1909 年,日本以"满铁"为依托,"开启了对东北文化侵略的战车,从教育、医疗、卫生、文物、图书馆等方面无孔不入地对东北人民进行文化侵略,企图

---

① 如马克思在《资本论》中提出分工与私有制是一体两面的事情,指一种内在的因果性。同样地,文化战作战行动的不同类型制造了不同种类的政治意识形态风险,从这个意义上说,研究外源性政治意识形态风险的诸类型就是研究文化战作战行动的诸类型。

使东北人民屈服于日本的文化。'九一八事变'之后,日本变本加厉地在东北推行'皇民化'政策,强化奴化教育。'七七事变'后,日本政府图谋'对华文化事业'的新计划,如法炮制了更多的文化侵略机构,掠夺中国的文化遗产,洗劫文物珍宝,控制中国人民思想,尽侵略之能事,东亚文化协会就是众多的文化侵略机构之一。东亚文化协会以'传统之明伦亲人为本,撷西学之萃为基础';打着恢复儒家文化的旗号,极力鼓吹东亚传统文化,吹嘘对于'教育学艺及其他文教有关之重要事项施以调查及审议',被临时政府和日本称为中日文化联合机构"①。可以说,日本在侵华战争中制定和实施了文化战和军事战相结合的战略。除了运用常规的军事力量对中国人进行武力征服,日本还招募文人和学者组建了"笔部队",企图彻底泯灭中国人的民族意识和国家观念,图谋让中国永远沦为殖民地。由此可见,文化进攻行动是文化战行动中一种特殊的主动攻击的作战行动,具有自己独特的特点。

其一,非隐蔽性。在五种文化战作战行动中,只有文化进攻行动是非隐蔽性的。因为它是在触响对方文化格栅预警的情况下进行的。这是一种显性的文化输出行为,即强行夺取对方文化领导权的文化战作战类型。例如:日本在侵华战争期间,组建了"笔部队",明目张胆地占领了宣传舆论高地,在中国推行文化殖民。这些行径直接影响了中国民众尤其是占领区人民的思想观念、道德标准、价值取向和文化习惯。日本大搞法西斯主义文化专制,明目张胆地大肆焚毁中国书籍、篡改中日两国历史、移植宗教、虚假宣传、垄断教育等,在军事占领的基础上对中国进行文化规训,毫不隐讳地在中国推行"皇民化"进程。

其二,伴随性。文化进攻行动作为一种显性的文化扩张手段,能够被强制实行,凭借的就是其背后的军事力量能为其扫清障碍。如果没有协同或伴随相应的军事扩张行动,文化进攻行动是不可能的。例如,日本在伪满洲国境内奉行的政策就是"大炮刺刀开路,野蛮进行文化屠杀"②,通过文化和武力的结合恐吓和消磨中国人民的抗战决心。

其三,强迫性。文化侵略的强迫性主要体现在它是综合运用各种手段,强行对目标国进行文化灌输。例如:日本侵华的目的是把中国永远地变成其殖民地,长久地奴役中国人民。为此,日本通过各种强制的文化殖民手段,强制关闭中国学校,对占领区的年轻一代强行进行奴化教育,强制他们学习日文,弃用中文。除此之外,日本军国主义严密地监控统治区中国人的一举一动,上至伪满官吏,下到青年学生,言语稍有不慎就有牢狱之灾。

其四,破坏性。文化侵略行动是一种极具破坏性甚至是灭绝性的文化战作战样式。因为一国若想对目标国实行长期的占领和统治,就必须尽最大可能清除该国的原生文化影响。例如:"抗日战争期间,日本帝国主义妄图通过残酷的文化镇压和惨绝人寰的文化屠杀,威慑和压制中

---

① 高娟:《东亚文化协议会:日本的文化侵略机构》,《北华大学学报(社会科学版)》2019年第5期,第49—54页。
② 胡映卫:《文化侵略:无声的战争》,《中国国防报》2015年8月13日第1版。

国人民的进步思想和抗战决心。日本在伪满洲国成立时就发出通令:不准悬挂中国地图,不得使用'中华'字样。1932 年 3 月到 7 月,日本人在全东北强行焚毁带有中华民族意识的书刊 650 余万册。所有书店,凡有中华图书未交出焚毁者都要受到惩处,轻者查封书店,重者被投入监狱。伪满政府公布《出版法》明确规定:凡带有民族意识、共产主义内容的书籍报刊,一律禁止出版。与此相反,日本的报刊、图书却大量输入,充斥东北文化市场,极力宣扬鼓吹殖民主义思想。仅 1939 年一年内,日本进入东北文化市场的报纸就达 5494 余万份,杂志 827 余万份,书籍 1440 余万册,这个数字是当年中国关内进入东北报纸的 10 倍、杂志的 487 倍、书籍的 14 倍"[①]。由于这种破坏性是建立在推翻旧有的文化基础之上实现的,所以在这种新的殖民文化环境中成长起来的人们受害极深,甚至在殖民统治被推翻以后仍然被这种殖民文化的余毒摧残。

其五,虚假性。文化侵略行动作为一种非隐蔽性的文化战行动,其内容与其他几种隐蔽性较强的文化战作战行动完全不能相提并论,如果说其他几种行动样式所宣传的是建立在部分事实基础上的欺骗性内容,那么文化进攻的内容则是完全虚假性的了,因为后者可以完全不考虑"文化格栅"的影响。例如:"日本对中国近代史、古代史更是信口雌黄,荒谬地称东北原来就是日本的,在中国人尚未到达此地以前日本的神就降临了,这个神就是日本'天照大神'的儿子'素盏鸣尊'。在把'天照大神'移置到东北后,日本人编造说'天照大神'在有人类历史以前就存在,还狂妄地宣称'天照大神'不但是日本人的祖先,而且是全人类的祖先,当然也就是满洲人的祖先。日本侵略者为此制作了一个长达 1.67 米、宽 1 米的世界历史图表,上面有世界各国历史年表,排在最上面的是日本,其次是埃及,再次才是中国。这个捏造出来的历史图表配挂在各地伪满机关、学校、军营,企图混淆人们的历史常识认知"[②]。

(二)文化防御

文化防御是抗击文化侵略的作战行动,是文化战作战行动的基本类型之一。受到文化侵略的国家综合运用各种手段,通过夺取或强化本国的"文化领导权",加固或优化社会意识形态滤网即"文化格栅"进行防御。文化防御的直接目的就是保障国家的文化安全,并为文化反击做准备。在当前历史条件下,由于世界各主要大国之间在武力上都可以确保相互摧毁,所以直接采取武装行动,通过战争方式解决争端的代价将越来越高,再加上西方大国有"不战而胜"的历史经验,所以文化战就成为文化帝国主义国家维护自身霸权所热衷的手段。

国家的文化安全归根结底就是该国的文化主权问题。一个国家牢牢掌握着本国的文化领导权,那么这个国家就能够独立自主地选择适合本国国情的发展道路、政治制度、价值观念和意识

---

① 胡映卫:《文化侵略:无声的战争》,《中国国防报》2015 年 8 月 13 日第 1 版。
② 胡映卫:《文化侵略:无声的战争》,《中国国防报》2015 年 8 月 13 日第 1 版。

形态,即按照自己的生活方式生活。倘若一国丧失了对本国的文化领导权,那么它就要被迫按照外国强加的一套社会价值体系和政治意识形态去生活。政治意识形态安全、价值观念安全、生活方式安全、风俗习惯安全和语言文字安全构成了国家文化安全的主要内容。文化防御行动是文化战行动中一种特殊的作战类型,具有自己独特的特点。

其一,基础性。文化防御作为捍卫国家文化主权的重要手段,承担着抵御外部文化入侵的重要使命,对维护国家的文化安全发挥着重要作用。高度重视并确保本国文化安全,同时牢牢掌握政治意识形态和文化的领导权,事关一个民族的前途命运、国家的长治久安和每一个人的切身福祉。文化领导权本质上是一种教育关系,它构建于话语,协同于实践,表现为公信力,是一个国家软实力的集中体现。

其二,艰巨性。"当前西方国家在意识形态问题上表面淡化、内在强化的表现,其本质一方面是实施全球价值渗透,维护文化霸权;另一方面则是对非西方国家的一种战略欺骗。"① 这实际上是在对别国的"文化格栅"进行诱导,希望这些国家自动放弃政治意识形态话语权和领导权。可以说,在全球化的背景下,西方凭借政治、经济、军事、技术、信息、文化和艺术等优势,极力推行文化霸权,大肆进行文化侵略,达到了无孔不入、无所不用其极的程度。因此在严重的外部威胁下进行文化防御注定是一项十分艰巨的任务。

其三,持续性。有攻才有防,如果没有源源不断的外源性政治意识形态风险,就不会有持续的文化防御。赫伯特·马尔库塞在《单向度的人:发达工业社会意识形态研究》中揭示了外源性政治意识形态风险的主要源头国正在通过生产性的原理对世人进行意识形态教育的秘密,并指出这种教育不再只表现为一种宣传,而是变成了一种建立在持续的商品生产基础之上的单向度的生活方式的推广。而一些不能摆脱零和思维和冷战思想的保守性力量在此基础上将文化改造成一种大国博弈的手段,不断制造和输出政治意识形态风险干扰发展中国家的正常发展,这就要求文化防御在客观上是持久的,在战略上是长期的。

其四,正义性。文化防御是主体捍卫自身文化主权的自保行为。一个国家要维护自身的国家利益、国家安全和本民族的文化主体性天然具有合法性。

(三)文化反击

文化反击本质上是一种由守转攻的行动,是文化战作战行动的基本类型之一。当遭受文化侵略的国家拉响了"文化格栅"的警报,实施文化防御的一方可以通过寻找目标国文化侵略的薄弱环节和破绽进行文化反击。文化战攻防转换的枢纽在于防守方的"意识形态滤网",即"文化格栅"的疏密程度。一国如果"文化格栅"密集性强,敏感度高,那么对敌方文化侵略和敌我攻防态

---

① 涂成林:《马克思主义意识形态批判视野下的国家文化安全研究》,《马克思主义与现实》2018 年第 5 期,第 171 页。

势的感知能力就强,就越容易发现敌方文化侵略的薄弱环节和破绽,从而为组织文化反击创造条件。相反,如果一国的文化防御能力较弱,即国家没有掌握"文化领导权",且"文化格栅"构建得较弱,那么在遭受文化侵略时,一方面可能由于"意识形态滤网"感知能力差,察觉不到外部的文化侵袭;另一方面由于"文化领导权"的缺失,即使是防守方的少数文化敏感人士发觉了对方的文化侵略行动,也无法得到广泛的认可,甚至会被扣上危言耸听和神经过敏的帽子,陷入"众人皆醉我独醒"的尴尬境地。因此,实现攻防转换,进行文化反击行动的前提和基础是组织好文化防御,即获得本国的"文化领导权",构建起张弛有度的"文化格栅"。由于文化反击行动涉及文化战的攻防转换问题,所以较之于其他文化战行动具有连贯性、针对性和专业性的特点。

其一,连贯性。文化反击行动是与文化防御行动紧密联系在一起的。一方面,文化防御是文化反击的基础,因为只有通过文化防御取得一定程度的"文化领导权",才能构建起可以发挥一定效力的"意识形态滤网",即有效实施文化防御才能进行文化反击;另一方面,文化反击本身就是文化防御的结果和目的,因此文化防御和文化反击的一体同构性构成了文化防御和文化反击的连贯性。

其二,针对性。这一特点主要体现在反击行动的突破口是在敌方文化侵略的破绽和薄弱环节上。只有顺着突破口进行文化突击才是文化反击,才能发挥"以子之矛,陷子之盾"的特殊威力。事实上,文化反击最重要的功能就是使我方占据道德的制高点,因为文化反击过程本身就是揭露外部文化谎言和险恶用心的过程,反击一旦成功,反击方就占据了主动,对方就陷入了被动。

其三,专业性。若要发现外部文化侵略的薄弱环节或破绽,其前提是具备足够的专业知识、执行力量和实操工具。文化侵略表面上展现的是一种文化形式,但在内容上则是与各专业学科紧密联系在一起的,如果不懂得相关的专业知识就不可能辨别出其中的破绽,没有专门的执行力量就无法摆脱纸上谈兵,也就无法合理运用文化战工具箱中的工具。

(四)文化渗透

在自然界中,渗透是物质在透过半透膜时发生的迁移现象。例如低浓度溶液中的水通过半透膜进入较高浓度溶液中的现象。同样地,一方有意识地将本国文化元素透过另一国的文化格栅进入该国,不知不觉地对该国的文化施加影响,这就是文化领域的渗透现象。其中的"文化格栅"作为一种无形的"意识形态滤网"对国家的文化安全起着至关重要的作用。事实上,不同文化体之间的文化发展程度是有高低之分的,而这种程度的高低是由该文化本身的质和量决定的。根据马克思主义哲学的基本原理,先进文化和落后文化在质上的主要判断标准就是它是建立在何种类型的生产力与生产关系基础之上的,以及它是否符合事物发展的客观规律和前进趋势,是否具有强大的生命力和远大前途。例如,较之于一个建立在农业社会的生产力与生产关系基础上的文化体而言,一个建立在工业社会的生产力与生产关系基础上的文化体显然要比它在质上更先进。但是,在某一特定历史时期,如新旧交替的时代,后者即使在质上更具先进性,在量上也会由于发展时间较短而逊于前者。由此我们才说比较不同文化体之间文化发展程度的高低要综合考虑一个文化体的质和量。在自然状态下,当两种发展程度不同的文化相遇时,会产生两种文化体相互交流的文化现象。一方面,文化发展程度较高的一方会占优势,优势的一方较容易被落后的一方接受;另一方面,文化发展程度较低的一方也会对文化发展程度较高的一方产生一种内在的文化需求。

需要注意的是,自然状态下的文化交流和人为的文化渗透有着本质的不同。正常的文化交流或文明互鉴是建立在平等的政治地位和相互尊重的基础之上的,是以本民族的文化为主要内容的,不同文化体之间的自愿交流,目的是取长补短,相互借鉴,促进自身文化的发展,从而实现多元文化的百花齐放。而文化渗透则与此相反,虽然在形式上类似,但在目的和效果上是完全不同的。文化渗透是一种非自然状态下"单向度"的文化输出行动,是典型的外部通过量变引起内部质变的文化作战行动。在政治意识形态安全视域下,如果说对目标国"市民社会"进行的全面渗透是为了更多地增加量变;那么对目标国政治社会实施的重点渗透就是激起质变的主要诱因。因此,量变能引起质变的关键是量变要有充分的积累,待其发展到一定的程度时,事物内部主要矛盾的运动形式发生了根本性改变才能引发质变。

在文化战实践中,由于"文化格栅"的存在,一国的文化内容若想顺利地进入另一国其实并不容易。因此,就要在文化内容上下巧功夫。把本国的文化产品以非常隐晦且吸引人的方式包装起来,合法地透过对方的"文化格栅"输入目标国。"意识形态滤网"或"文化格栅"好比一块纱布,待输入的文化产品好比一根棉线,要想让棉线直接穿过纱布,显然是难以做到的。因此,就要先给这根棉线穿上一根针,让针刺透这块棉布,从而把棉线带进去。这种渗透方式的效果最持久,易深入人心,且隐蔽性强,但缺点是成本高、技巧性强,难以保证足够的量,效率低。因此,这种方式适合超长期文化渗透战略,而且很难避免"文化反噬"现象。

鉴于此,聚焦"文化渗透压"效应以获得更高效的渗透效果就成为一种重要的文化渗透方式。在自然界中,"对于两侧水溶液浓度不同的半透膜,为了阻止水从低浓度一侧渗透到高浓度一侧而在高浓度一侧施加的最小额外压强称为渗透压;且在温度一定时,稀溶液的渗透压力与溶液浓度成正比,在浓度一定时,稀溶液的渗透压力与热力学温度成正比"[①]。同样的道理,可以利用"文化渗透压"——一国为了对另一国进行文化渗透所施加的压力——来让本国的文化产品顺利进入目标国。这种压力既可以通过施展主体自身的优势文化来实现,也可以通过施加国际压力实

---

① 徐春祥:《有机化学(第二版)》,高等教育出版社,2004,第16页。

现。一方面,在外部压力恒定的情况下,文化渗透发起国的文化发展程度与被渗透国的文化发展程度的差距越大,文化渗透压的压力越强。例如,在隋唐时期,尤其是白江口一战唐军彻底粉碎日本侵华野心以后,唐朝在文化发展程度上远超日本,所以日本作为文化发展程度较低的一方表现出了很强的引进中国文化的需求。但是到了清末,形势发生了反转。其根本原因就是日本通过一系列的社会改革,提升了自身的文化发展程度,所以主观上停止引进我们的文化。另一方面,在两国文化发展程度类似的情况下,文化渗透的发起国对被渗透国施加的外部压力越强,文化渗透压越大。例如,在冷战初期,美国通过对苏联外部施压,迫使苏联于 1959 年 1 月 28 日签订《美利坚合众国和苏维埃社会主义共和国联盟关于文化、技术和教育领域交流的协议》。历史证明这个"文化协议是一个'启动的开始',为美国合法和定期地向苏联渗透美国的思想提供了条件;华盛顿提高了自己用美国的思想、符号和消费文化向铁幕背后的人民渗透的能力"[1]。因此,以文化为武器来改造世界,通过隐蔽的文化战行动来建立一种对自己有利的国际秩序成为一些国家惯用的手段。文化渗透行动作为文化战行动中一种隐性的主动进击的作战行动,较之于其他行动类型具有自己独特的特点。

其一,高效性。文化渗透行动是一种行之有效的文化战行动。从表面上看它平淡无奇,但从实际效果来看,它就像是一剂慢性毒药,可以让对方从内部瓦解。实践证明它是不战而胜的法宝,对敌人而言是致命的。正如列宁所说"堡垒最容易从内部攻破"。历史证明,俄国人没有被拿破仑和希特勒的武力所打倒,更没有被美国的核武器所吓倒,却在自己军事力量巅峰时期轰然倒下。究其原因,可以说就是美国的文化渗透起了作用。

其二,隐蔽性。文化渗透是一种隐蔽的文化战行动。它是在各种掩护和隐蔽下悄无声息地实施的,是在不触发文化格栅或意识形态滤网的预警机制的前提下发生的。

其三,长期性。文化渗透的长期性往往是和其系统性联系到一起的。任何一种文化渗透要想奏效,首先要有足够的积累。从这一点讲这种文化战行动非常重视通过量变的积累引起质变这一规律,所以文化渗透需要对目标国进行长期的系统性文化导入。在以往的历史实践中,这种长期性还表现为先期性,即在军事行动之前,率先在国内和国外进行相关配套渗透活动以达到与后续军事行动相互配合的目的。

(五)文化诱导

"文化格栅"作为一种无形的意识形态滤网,在文化交流过程中对外来文化元素进行筛选与鉴别,为维护自身文化的主体性和国家的文化安全提供保障。当一国的文化渗透行动受挫或者

---

① 张晓霞:《从进攻性的心理战到渐进性的文化渗透——评冷战初期美国对苏东宣传政策的演变》,《南京大学学报(哲学·人文科学·社会科学版)》2004 年第 5 期,第 41 页。

希望取得更好的渗透效果时,该国就可以对目标国的"文化格栅"采取诱导行动,对目标国的"意识形态滤网"进行改造或干预,从根源上削弱、麻痹该国的文化安全预警体系,从而隐蔽地撕开对方的文化防御缺口,为文化渗透行动创造条件。文化诱导本质上是对目标国民众进行的一种长期的群体性认知干预行动,通过潜移默化的方式改变其原有的认知思维模式和价值观念,从而使"意识形态滤网"即"文化格栅"发生改变。

"文化格栅"是内化在一个文化群体里的意识形态体系。它的形成与发展是一个从量变到质变的历史性演化过程。其内容是通过传承和发展、主动或被动、自觉或不自觉的方式嵌入特定文化群体内部的,这些内容表现为该文化群体的风俗、习惯或价值观等。而文化诱导就是将人为选择目标和伪装过的异质文化导入目标对象文化群体中,通过这种人为干预式的导入使目标群体的文化发生变化,从而使目标群体的"文化格栅"朝着预设方向发生改变。

文化诱导和文化渗透虽然在形态上有些类似,都表现为一种隐蔽性的文化战行动,但二者也有着较大的区别。因为,文化诱导行动本质上是一种通过隐蔽手段对目标国的"文化格栅"进行干预或改造的文化战行动,其根本目的是为文化渗透降低难度,从而为争夺目标国"市民社会"的"文化领导权"创造条件。而文化渗透行动则是在不改变目标国"文化格栅"的情况下,利用"文化渗透压"或者通过对渗透内容进行隐蔽性改造实现对目标国的文化植入(文化转基因)。当然,文化诱导是有条件的,因为各个国家的文化普遍具有抵御外来文化入侵的本能,所以文化诱导的顺利实施主要是利用人性的弱点或者将目标国政府在文化管理中的漏洞和失误作为突破口。根据诱导领域的不同,可以把文化战诱导分为思想诱导、舆论诱导、传统观念诱导、价值诱导、范式诱导、模式诱导和方式诱导等,并且通过不断地制造假象(话语)、重复假象对目标国民众进行认知干预。文化诱导行动是文化战行动中一种隐性的主动进击的作战类型,较之于其他文化战行动,有着自身独特的特点。

其一,欺骗性。从认知干预的角度来看,文化诱导就是通过不断地制造和重复假象对目标国的认知进行刺激和干扰来影响或操纵目标国"市民社会"的"文化领导权",从而诱导目标国的"文化格栅"发生改变。在实践中,文化诱导行动的内容就是综合运用各种手段使目标国民众接受假象。而制造一种假象通常需要借助模仿、创造和设置假目标三个步骤。首先,所谓"模仿"就是参照一个真的事物仿造一个类似的实体,通过偷梁换柱来误导别人。比如,东欧剧变之后,某国向东欧国家输出被改良了的市场经济,它虽然在外部特征上与西方国家的市场经济类似,但那些东欧国家没有一个获得成功,究其原因,就是外来的"老师"没有教"真东西",只是片面放大了一些市场经济的皮毛,通过模仿制造了一个市场经济的假象,最终导致东欧各国出现了严重的国有资产流失和私有化,形成了寡头经济。其次,所谓"创造"就是无中生有,凭空创造一个虚假的事物来诱导对手。如某些国家向世界其他国家鼓吹新闻媒体自由,然而由于文化领导权本身是由话语建构的,鼓吹新闻媒体自由实质上是在别国争夺占有文化领导权的自由。事实证明,凡是践行这种"新闻媒体自由"的国家,均沦为文化霸权主义国家话语霸权体系的附庸,丧失了意见表达的自主性。最后,所谓"设置假目标"就是通过抛出一个在可预见的历史时期内根本无法实现的目标来诱导对象国朝着错误的方向发展,消耗其国力。

其二,危害性。从文化诱导的动机、过程和内容上看,全部都是为了削弱目标国而实施的,因此对于被诱导的对象而言,其危害性是不言而喻的。另外,文化诱导的顺利实施主要是利用人性的弱点,通过磨灭目标国民众人性的光辉并使其沦为欲望和贪婪的奴隶来实现的。因此,对于整个人类社会而言,这都是一种严重的文化污染。

其三,隐蔽性。文化诱导是一种极其隐蔽的文化战行动,这是由其自身属性决定的。一方面,文化诱导的顺利实施是利用目标国政府在文化管理中的漏洞或失误进行的,它本身就在政府监管的盲区进行操作。另一方面,文化渗透主要是用间接的方式培植内应,通过里应外合实现的。因为从内部诱导比施战主体从外部着手更能令人信服。

综上所述,外源性政治意识形态风险的类型与文化战作战行动有着内在的因果关系,是一个事物的两个方面。其中文化渗透、文化诱导与文化进攻同属进击性的文化战作战行动,差别在于前二者是隐性的,后者是显性的,是否触发文化格栅或意识形态滤网的预警是区分隐性行动和显性行动的标准。文化防御(包括文化反击)作为抵御各类文化战进击行动的重要方式,始终以捍卫自身的文化领导权为根本任务,以优化或增强自身的文化格栅或意识形态滤网为主要途径。由此可见,外源性政治意识形态风险的防控是一项长期性的系统工程,急于求成和一劳永逸的想法不切实际,必须着眼于"一球两制"的现实,不断完善风险防范机制,在质与量的双重维度搞好精神文化生产,以人民为中心,建立科学的、可持续的政治意识形态风险防控观。

四、结　语

在文化安全视域下开展外源性政治意识形态风险的类型学研究,不仅有利于提出指征性的风险化解策略,为国家文化安全治理、政治意识形态风险管控提供有效决策依据,而且有利于提升民众区分人为制造的政治意识形态风险和自然的文化交流的能力。这些对于着力解决在大国博弈背景下各级行为体如何在交流中不迷失自我,在开放中不沦为附庸,在多元化中保持主体性,在威胁和挑战面前不故步自封等具有实际的指导意义。一是避免只从政策博弈出发研究政治意识形态的风险问题,而是依托马克思主义的精神生产和文化领导权思想在理论层面挖掘文化霸权主义国家不断输出意识形态风险背后的深层原因。二是归纳政治意识形态风险的诸类型,拓展以往以文化渗透为主考察外源性意识形态风险的局限,提出了文化诱导、文化进攻等新的政治意识形态风险的类型,以及"文化格栅""意识形态滤网"等新的文化安全理论的规范性范畴,丰富了总体国家安全和全面建设社会主义文化强国的理论知识。三是将识别与化解政治意识形态领域的风险作为中国和平崛起的一种方式进行研究,提出了文化领导权是由话语和实践双重建构的结果,公信力是衡量尺度;文化领导权作为现代主权国家的重要特征是政治领导权得以稳固的根本,因而也是一切外源性政治意识形态风险所指向的总目标。这些对于切实强化我国文化领导权具有积极的理论价值。

人工智能(AI)伦理问题及其应对

——以英国近年的举措为例

王江丽

[摘　要]人类自从进入计算机时代,对人工智能(AI)的忧虑和恐惧便相偕而生,而能够操纵和生成语言能力的大语言模型(ChatGPT)极大地加剧了这种忧虑和恐惧。人工智能技术在促进社会发展、便利人们生产生活的同时也悄然改变着人们的生产生活方式,给人类带来前所未有的社会风险和伦理挑战。对此,国际社会、各国政府以及企业、学界纷纷着力于研究和讨论如何有效管控和治理人工智能的发展和应用,出台了大量政策、法规和措施,展开 AI 的国际合作和国内治理,以形成全球 AI 监管框架。本文通过梳理当下 AI 伦理问题的实质、分类和应对现状,特别是介绍英国近年来以分权分散、轻触灵活为特点的 AI 治理对策和实践经验,以期参与到 AI 伦理问题的大讨论中,并对全球和我国的应对之策提供他山之石的一管之见。

[关键词]人工智能(AI);伦理问题;英国;治理;监管

本文的立意和讨论内容基于对两个事实的回应和考察:一是人工智能(artificial intelligence,以下简称 AI)的迅猛发展特别是大语言模型 ChatGPT 的发布和应用,颠覆了人们对 AI 的惯常认知,对人类社会及其价值伦理形成前所未有的冲击和挑战。如何在坚持科学精神,欢迎和接纳 AI 带来的技术进步和社会发展的同时关注和确保 AI 发展合乎伦理,成为当下全球各界热议的焦点问题。著名历史学家、哲学家尤瓦尔·诺亚·赫拉利(Yuval Noah Harari)甚至认为,这一问题所涉及的是关于人类历史终结的讨论,当然并不是全部历史的终结而只是人类统治时代的终结,因为当下 AI 的发展应用对人类的生存和发展模式形成了根本性的威胁或者说是一次巨大的、质性的改变,会讲故事的计算机将改变人类历史的进程,人工智能已经侵入了人类文明的操作系统。[①]二是大致从2015年开始,国际社会、各国政府、企业和学术界对AI伦理问题投入了更多、更强烈

[作者简介]王江丽,浙江大学公共管理学院副教授,研究方向为国际关系。

[基金项目]国家社科基金一般项目"中国国门安全新格局塑造能力研究"(23BZZ017)阶段性研究成果。

① Yuval Noah Harari, "Yuval Noah Harari Argues That AI Has Hacked the Operating System of Human Civilization," *Economist*, April 28, 2023, last modified May 6, 2003, accessed October 13, 2023, https://www.economist.com/by-invitation/2023/04/28/yuval-noah-harar...rgues-that-ai-has-hacked-the-operating-system-of-human-civilisation.

的关注，陆续出台相关指南、原则和规范及具体政策，对 AI 发展和应用进行必要的监管和约束。[①]其中英国政府的举措相对比较突出，表现在：政府希望采取积极措施保持和提升其在科技创新领域特别是 AI 领域的领先地位，保持英国作为世界上创新和投资的最优之选的竞争力，与全球机构和伙伴国家密切合作，促进 AI 负责任地发展和部署并有意于担当这方面的引领者，创建全球 AI 安全监管框架。[②] 英国是计算机技术早发国家，在成功历史的基础上而今拥有多家独角兽企业、大量优秀的科技人才，并在包括 AI 在内的先进科技领域保持领先地位，在创新和吸引投资方面具有独特优势，在 AI 伦理规范原则创建以及相应研究和管理机构的建设方面也在目前属于先走一步的国家。据统计，英国 2016—2021 年出台的有关 AI 伦理问题的政策、法规、文件共计 16份，仅次于美国，位列全球第二。[③] 本文希望对英国应对 AI 发展中的伦理问题的实践和经验加以考察，审视这些举措和经验是否能给全球以及其他国家的 AI 发展与合作及其伦理问题应对提供有益的参照，同时也参与到 AI 带来的社会风险和管控的大讨论中来。

本文主要分为两部分。第一部分探讨 AI 应用过程中出现的伦理问题和形成的社会风险及人类生存挑战，并对 AI 伦理问题分类的现有研究进行概述，这些是具体应对 AI 伦理问题、展开有效监管和合作的现实基础与前提依据。第二部分考察英国近年来应对 AI 伦理问题的战略部署和具体措施，总结分析其治理经验，以期有助于各国实施 AI 有效监管并展开负责任合作治理，促进全球 AI 安全监管体系的创设，确保 AI 朝着符合伦理的方向稳定、良性地发展。

一、人工智能伦理问题及带来的社会风险

（一）人工智能发展与人工智能伦理

1956 年在美国达特茅斯学院（Dartmouth College）召开"人工智能夏季研讨会"（Summer Research Project on Artificial Intelligence），第一次正式使用人工智能这个术语，与会科学家决定将像人类那样思考的机器称为"人工智能"。之后不久第一所"人工智能实验室"在美国麻省理工学院（Massachusetts Institute of Technology，MIT）建立，最早一批 AI 学者和技术开始涌现，从此 AI 走上了快速发展的道路。2016 年 3 月，谷歌（Google）公司具有"深度思维"的机器人阿尔法

---

① Changwu Huang et al. , "An Overview of Artificial Intelligence Ethics," *IEEE Transactions on Artificial Intelligence* 4：no. 4(2023)：799-819，assessed June 6，2023，https：//ieeexplore. ieee. org/xpl/RecentIssue. jsp？punumber＝9078688.

② 参见：Rishi Sunak，"PM London Tech Week Speech：12 June，2023，" GOU. UK，assessed July 14，2023，https：//www. gov. uk/government/speeches/pm-london-tech-week-speech-12-june-2023；"National AI Strategy，" GOV. UK，September 22，2021，last modified December 18，2022，accessed July 24，2023，https：// www. gov. uk/government/publications/national-ai-strategy/national-ai-strategy-html-version.

③ Changwu Huang et al. , "An Overview of Artificial Intelligence Ethics," *IEEE Transactions on Artificial Intelligence*，4，no. 4(2023)：799-819，accessed June 6，2023，https：//ieeexplore. ieee. org/xpl/RecentIssue. jsp？punumber＝9078688.

狗(AlphaGo)大胜围棋知名选手李世石,这是继 1997 年 5 月 IBM 超级计算机"深蓝"(Deep Blue)击败世界象棋冠军加里·卡斯帕罗夫之后,AI 发展的又一个里程碑的历史时刻。"深蓝"和"阿尔法狗"的取胜表明 AI 系统能够在复杂领域中与人类专家进行最高水平的智力对决,显示出计算方法的强大和 AI 拥有超越人类能力的潜力。近十年来,AI 发展突飞猛进,特别是在自动驾驶、航天、医疗、金融、传媒、通信、互联网服务等领域,在提高效率的同时还降低了成本,极大促进了经济增长、社会发展和人类福祉。例如通过图像识别技术,AI 可以自动分析和判断医学图像,帮助医生快速、准确地诊断病情;智能客服可以 24 小时接待客户的网络咨询或电话咨询,不仅服务周到,提升了企业竞争力,还缩减了人工支出。AI 显示出的巨大能量使之成为各国政府、科研机构、企业和消费市场关注和竞争的焦点。为了在新一轮国际竞争中掌握主导权,抢占 AI 发展的制高点,各国投入大量精力和资金,进行 AI 关键技术攻关推进与应用相关的研究与产品开发,纷纷推出不同的 AI 平台与产品。①

科技是一把"双刃剑",AI 在给予人类社会发展极大助益的同时,也产生了各种各样的问题,给用户、开发者、人类社会带来一系列现实挑战和伦理风险。一是人工智能技术本身发展的成熟度和可靠性带来的问题。例如 2020 年深圳南坪一辆特斯拉(Tesla)Model 3 电动汽车在自动驾驶模式下未能识别出右前方行驶的渣土车突然变道,没有减速,反而加速直接撞上了该货车。二是人工智能遭到滥用带来的社会风险和危害,特别是在深度伪造、金融诈骗、网络诈骗等方面,可以说不法分子的"与时俱进"令 AI 技术为他们的行为活动插上了科技的翅膀。相关案例屡见不鲜,真假难辨,危及正常的社会民生。根据联合国裁军研究所(United Nations Institute for Disarmament Research,UNIDIR)的研究数据,2018 年底到 2021 上半年在线识别的深度伪造视频数量每 6 个月就会翻一番。② 而因监管不力造成的 AI 滥用也是一个普遍的问题,最典型的案例就是 2018 年脸书(Facebook)5000 万用户数据被窃取事件,造成互联网时代隐私不再、人人自危的集体恐慌。三是混合了前两个问题且更为复杂而深刻的伦理问题。2016 年 3 月 24 日微软公司推出名为 Tay 的人工智能机器人,该机器人加入推特(Twitter)不到一天就因带有种族主义和性别歧视而被下架,其原因是一些推特用户利用该学习型机器人的算法缺陷,引导提问,而具有学习能力的 Tay 通过逻辑推理进行了顺应回答。2022 年底具有更强逻辑能力的大语言模型 ChatGPT 的发布和应用,表明人工智能获得了操纵和生成语言的非凡能力,让世人深切感受到一直以来人类主导的历史恐怕正在走入人机共存的时代,甚至令人更为恐慌的是:机器取代人类似乎不再是在 1976 年科幻电影《未来世界》(*Future World*)里描绘的那样在人类遥远的将来,而是

---

① 国家人工智能标准化总体组:《人工智能伦理风险分析报告》,2019 年 4 月 26 日,http://www.cesi.cn/201904/5036.html,访问日期:2023 年 7 月 6 日。

② Alisha Anand and Belén Bianco, "The 2021 Innovations Dialogue-Conference Report," UNIDIR, December 22, 2021, accessed June 23, 2023, https://unidir.org/sites/default/files/2021-12/UNIDIR_2021_Innovations_Dialogue.pdf.

我们已经面临的现实趋势。因此,如何一方面欢迎和接纳人工智能带来的技术进步和社会发展,另一方面关注和确保合乎伦理的 AI 的生成和使用,形成必要的伦理规范和监管体系,消减"双刃剑"中的负面效应,使人工智能良性发展,就成为当下紧迫且不容回避的议题。

只有能够坚持伦理规范、行为合乎伦理的 AI 才是 AI 良性发展的方向和保障。正如联合国教科文组织总干事奥黛丽·阿祖莱(Audrey Azoulay)指出的:"AI 是人类的新边界,一旦跨越这个边界,AI 将引领人类文明的新形式。AI 革命开辟了令人兴奋的新前景,但给人类社会带来的冲击也需要我们认真思考,其中一个关键问题是:我们希望明天的社会是什么样的? 这取决于是否朝向的是符合伦理的 AI,必须坚持 AI 的指导原则不是成为自主的或取代人类智能,必须确保以价值观和人权为基础,通过以人为本的方法来发展 AI。"①

那么什么是 AI 伦理呢? 伦理是指人的行为准则以及处理人与人之间关系和人对社会的义务的准则。同样,AI 伦理是要回答 AI 在发展和应用两方面的问题:应该做什么,不应该做什么。学者 Keng Siau 和 Weiyu Wang 把这两个问题具体到三个点来定义人工智能伦理——AI 应如何与其他 AI 进行伦理互动? AI 应如何与人类进行合乎伦理的互动? AI 应如何合乎道德地在社会中运行?② 英国图灵研究所将 AI 伦理定义为一套价值观、原则和技术,采用广泛接受的正确与错误标准来指导 AI 技术开发和使用中的道德行为。③ 学者陈小平提出了 AI 伦理体系的基础架构,认为 AI 伦理有三层结构:伦理使命(福祉)、伦理准则(如安全性、公平性等)和实施细则。④ 伦理使命是构建 AI 伦理的初衷也是目标,而实施细则则是对其他二者在实践中的贯彻,因此现阶段 AI 伦理的建构主要集中在伦理准则或原则的讨论和创设上。

迄今为止,世界范围内有三项比较广为接受的 AI 伦理共识:一是"阿西洛马人工智能原则"(Asilomar AI Principles,2017),在其所规定的 23 条原则中,人类利益优先、公平公正、透明度、安全可控和遵循法律法规是基本原则;二是电气与电子工程师协会(Institute of Electrical and Electronics Engineers,IEEE)近年陆续发布的 AI 伦理倡议和标准规范,特别是《人工智能设计的伦理准则》(第二版,2017)凝练的五项原则(人权原则、福祉原则、问责原则、透明原则、慎用原则)在业内得到了广泛响应;三是联合国教科文组织 2021 年发布的《人工智能伦理问题建议书》在保持基本价值观的基础上,提出了多项人工智能伦理原则,如相称性和不损害、安全和安保、公平和

① Audrey Azoulay,"Towards an Ethics of Artificial Intelligence," United Nations,December 21,2018,accessed July 25,2023,https://www.un.org/en/chronicle/article/towards-ethics-artificial-intelligence.

② Keng Siau and Weiyu Wang,"Artificial Intelligence(AI)Ethics:Ethics of AI and Ethical AI," *Journal of Database Management* 31,no.2(2020):74-87,accessed June 12,2023,https://www.researchgate.net/publication/340115931_Artificial_Intelligence_AI_Ethics_Ethics_of_AI_and_Ethical_AI.

③ David Leslie,"Understanding Artificial Intelligence Ethics and Safety:A Guide for the Responsible Design and Implementation of AI Systems in the Public Sector," The Alan Turing Institue,June 10,2019,accessed July 27,2023,https://ssrn.com/abstract=3403301 or http://dx.doi.org/10.2139/ssrn.3403301.

④ 陈小平:《人工智能伦理建设的目标、任务与路径:六个议题及其依据》,《哲学研究》2020 年第 9 期,第 84 页。

非歧视、可持续性、隐私权和数据保护、人类的监督和决定、透明度和可解释性、责任和问责、认识和素养等。[①]

（二）人工智能伦理问题的分类

有了充分的 AI 伦理（基于价值观的明确的伦理使命方向、完备和健全的伦理原则和政策以及具体而科学的实施细则），我们就可以设计和构建符合伦理的人工智能，为其良性发展提供依据、原则和监管，而要建立健全 AI 伦理，必须首先认识、了解和研究 AI 已经带来的和潜在的各种伦理问题，然后才能科学地、有针对性地制定必要的 AI 伦理准则、政策、原则和规则，从而形成有效的 AI 监管制度和体系。AI 伦理问题一般是指与 AI 相关的道德上不好的事情或负面的社会效应，或者可以说是因 AI 的开发、部署和应用而引起的道德挑战和社会风险，例如缺乏透明度、隐私和问责制、偏见和歧视、安全和安保问题、犯罪和恶意使用的可能性等等。[②]

随着技术上的日新月异，AI 在人类生产生活中的应用也开始无处不在，因此产生的伦理问题也十分庞杂多样。随着 AI 在模仿人类思维、经验、行动、对话等方面做得越来越好，特别是 ChatGPT 的出现和应用，AI 系统越来越多地承担起传统上由人类完成的任务和决策，人机互动的未来已到，更多、更基本的伦理问题日益突出，大到需要思考人类生存历史的根本性转变，如怎样与机器人和谐共处，是否应赋予机器人"人格"，部分转让一直为人类所独有的道德和法律权利，小到学校和教师是否可以接受学生利用 ChatGPT 撰写论文、完成作业。ChatGPT 的出现对教育界、学术界产生了颠覆性影响，使人们面临极大的伦理挑战和职业困惑。例如根据 2023 年 1 月对超过 1000 名美国青年学生的调查结果，超过 89% 的学生用过 ChatGPT 完成作业，48% 的学生承认利用 ChatGPT 参加考试，53% 的学生借助 ChatGPT 撰写论文，而令人惊讶的是，72% 的大学生认为，应该禁止 ChatGPT 进入他们所在大学的网络。[③]

依据不同的标准和视角，国内外机构和学者对 AI 伦理问题进行了分类研究。在 2019 年发布的《人工智能伦理风险分析报告》中，中国国家人工智能标准化总体组将 AI 伦理风险分为四类：①与 AI 算法相关的伦理风险；②与数据相关的伦理风险；③与 AI 应用相关的伦理风险；④长期和间接的伦理风险。[④] 在欧洲议会研究服务中心（European Parliamentary Research Service，

---

① UNESCO，"Recommendation on the Ethics of Artificial Intelligence"，May 16，2023，last modified September 26，2024，accessed October 10，2024，https://unesdoc.unesco.org/ark:/48223/pf0000377745.

② Changwu Huang et al.，"An Overview of Artificial Intelligence Ethics," *IEEE Transactions on Artificial Intelligence* 4，no. 4(2023)：799-819，accessed June 3，2023，https://ieeexplore.ieee.org/xpl/RecentIssue.jsp? punumber＝9078688.

③ "Productive Teaching Tool or Innovative Cheating?," Study. com，accessed July 8，2023，https://study.com/resources/perceptions-of-chatgpt-in-schools.

④ 参见国家人工智能标准化总体组：《人工智能伦理风险分析报告》，2019 年 4 月 26 日，http://www.cesi.cn/201904/5036.html，访问日期：2023 年 7 月 6 日。

EPRS)的组织下,科技未来小组(Panel for the Future of Science and Technology)于 2020 年 3 月发布了《人工智能伦理:问题与倡议》(The Ethics of Artificial Intelligence: Issues and Initiatives),基于相对宏观和前瞻的视角提出需要从以下几方面对人工智能伦理问题进行分类研究,并据此提出原则倡议:①对社会的影响(劳动力市场,不平等,隐私、人权和尊严,偏见,民主);②对人类心理的影响(人际关系,人格);③对金融体系的影响;④对法律体系的影响;⑤对环境和地球的影响;⑥对信任的影响(公平,透明度,责任,控制)。[①] 有两位学者撰文将 AI 伦理问题分为三类(也是笔者比较认同的一种分类):①因 AI 自身特点导致的伦理问题,主要体现在透明度,数据安全与隐私,自主性、意向性和责任感三个方面;②因人为因素导致的 AI 伦理问题,包括责任、伦理标准、人权法三大方面的问题;③AI 伦理问题产生的社会影响,包括因自动化程度提高而导致人工岗位被替代的问题,是否对所有人(特别是特殊人群)可及、适用以及对民主和民权的影响。[②] 廖马修(S. Matthew Liao)教授在其专著《人工智能伦理》(Ethics of Artificial Intelligence)中把 AI 伦理问题分为两大类:因 AI 的脆弱性带来的伦理问题和因人类的脆弱性带来的伦理问题。前者包括算法缺陷、数据依赖和饥渴、垃圾数据的输入输出以及深度学习(deep learning)"黑箱"特点引发的可解释性、可靠性、可信度的问题。后者指人类由于自身的弱点而产生的人工智能的滥用、工作替代焦虑、与机器人相处的伦理问题。[③] 黄长武博士研究团队从影响对象出发,归纳出个人、社会和环境三个层面的 AI 伦理问题:在个人层面,AI 对个人的安全、隐私、自主权和人类尊严产生了影响;在社会层面,AI 给世界各地区和国家的福祉带来广泛后果和深远影响,除了公平与正义、责任与问责、透明度、监控与数据化、可控性、民主与公民权利、工作替代与人际关系等问题外,AI 中蕴含的偏见和歧视可能会加大社会差距,对某些社会群体造成伤害;在环境层面,主要关注的是 AI 对环境和地球的影响,如 AI 发展过程中涉及的自然资源消耗、环境污染、能源消耗成本、可持续发展等问题。[④]

不难注意到,虽然因视角和标准不同,研究者对 AI 伦理问题的分类各有侧重,但交叠现象也比较明显,非常一致的认知是梳理和明确 AI 伦理问题是 AI 管控和治理的基础和前提,根据这些伦理问题建立健全 AI 伦理规范、原则,制定相应政策和细则,形成有效监管制度和体系已是刻不

① Panel for the Future of Science and Technology, European Parliamentary Research Service(EPRS), "The Ethics of Artificial Intelligence: Issues and Initiatives," European Pariament March 2020, accessed July 26, 2023, https://www.europarl.europa.eu/RegData/etudes/STUD/2020/634452/EPRS_STU(2020)634452_EN.pdf.

② 参见:Keng Siau and Weiyu Wang, "Artificial Intelligence (AI) Ethics: Ethics of AI and Ethical AI," *Journal of Database Management*, 31, no.2(2020): 74-87, accessed June 12, 2023, https://www.researchgate.net/publication/340115931_Artificial_Intelligence_AI_Ethics_Ethics_of_AI_and_Ethical_AI.

③ 参见:S. Matthew Liao, ed., *Ethics of Artificial Intelligence*, 1st ed. (Oxford: Oxford University Press, 2020).

④ 参见:Changwu Huang et al., "An Overview of Artificial Intelligence Ethics," *IEEE Transactions on Artificial Intelligence* 4, no.4(2023): 799-819. accessed June 6, 2023, https://ieeexplore.ieee.org/xpl/RecentIssue.jsp? punumber=9078688.

容缓，尤瓦尔甚至批评说这个行动已经滞后了（原话为："We need it yesterday."）①。目前国际社会、各国政府、企业、学界都积极致力于推进 AI 的有效治理，制定相应战略和政策，这些行动者都认识到，当务之急是找到应对 AI 伦理问题的方法，同时最大限度地发挥 AI 的优势。接下来笔者将着重探讨英国在这方面的举措和经验。

二、英国应对人工智能伦理问题的当下实践

目前，全球至少有 60 个国家出台了 800 多项 AI 政策措施，其中大部分是在 2016 年之后出台的。在发布国家级 AI 政策的数量上，英国仅次于美国（见表 1），据 AI Index 统计分析，2021 年部分国家立法程序中提及 AI 的次数西班牙、英国和美国位居榜首。2016—2021 年期间，25 个选定国家的立法会议记录中提及 AI 的次数增长了 7.7 倍，英国以 939 次提及位列第一（见图 1）。② 这些数字并不能证明英国比其他发布治理文件较少的国家取得了更好的成果，但表明了英国希望 AI 得到适当治理的强烈意愿和浓厚兴趣。③ 客观而言，无论是英国还是其他各国，在世界范围内关于 AI 治理的举措都处于摸索阶段，但各种方法已开始陆续出现，英国的 AI 治理行动已经走在各国前列，其做法和经验值得关注和探讨。

表 1　各国发布的国家级的人工智能政策文件数量（2015—2021 年）

国家	数量	国家	数量
美国	39	韩国	3
英国	16	新加坡	3
德国	7	阿联酋	2
日本	6	西班牙	2
中国	5	冰岛	1
丹麦	4	俄罗斯	1
芬兰	4	挪威	1
荷兰	4	瑞典	1
加拿大	4	瑞士	1

---

① Yuval Noah Harari，"Yuval Noah Harari Argues That AI Has Hacked the Operating System of Human Civilization"，*Economist*，April 28，2023，last modified May 6，2023，accessed October 13，2023，https：// www. economist. com/by-invitation/2023/ 04/28/yuval-noah-harar … rgues-that-ai-has-hacked-the-operating-system-of-human-civilisation.

② Daniel Zhang et al.，"The AI Index 2022 Annual Report，" May，2022，accessed July 22，2023，https：// doi. org/10. 48550/ arXiv. 2205. 03468.

③ Huw Roberts et al.，"Artificial Intelligence Regulation in the United Kingdom：A Path to Good Governance and Global Leadership?，"*Internet Policy Review* 12，no. 2（2023）：1，accessed July 27，2023，https：// ssrn. com/abstract＝4209504 or http：// dx. doi. org/10. 2139/ssrn. 4209504.

国家	数量	国家	数量
爱尔兰	3	土耳其	1
澳大利亚	3	印度	1
法国	3	越南	1

数据来源:根据以下统计数据整理:Changwu Huang et al.,"An Overview of Artificial Intelligence Ethics," *IEEE Transactions on Artificial Intelligence* 4,no. 4(2023):799-819,accessed June 6,2023,https://ieeexplore. ieee. org/xpl/RecentIssue. jsp? punumber=9078688.

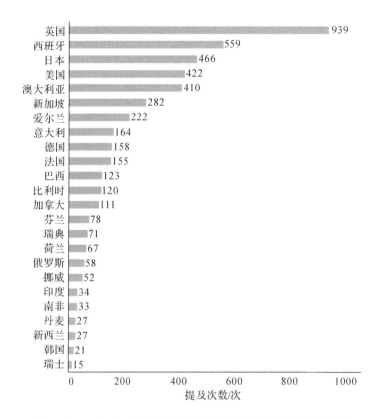

图 1　2016—2021 年部分国家立法程序中提及人工智能的次数

资料来源:Daniel Zhang et al.,"The AI Index 2022 Annual Report," May,2022,accessed July 22,2023,https://doi. org/10.48550/arXiv.2205.03468.

(一)渐次明晰的人工智能战略

英国政府较早开始关注 AI 治理问题,逐步形成了 AI 是国家战略核心的指导思想。2016 年 10 月,英国下议院科学与技术委员会(House of Commons' Science and Technology Committee)发布报告《机器人与人工智能》("Robotics and Artiicial Intelligence:Government Response to the

Committee's Fifth Report of Session 2016-2017")①,阐述了 AI 和机器人技术的潜在价值和能力，提出可能需要预防、缓解和治理的潜在问题和不利后果，向政府建议"虽然为这一新生领域制定全行业的法规还为时过早，但至关重要的是，现在就需要开始对 AI 系统的伦理、法律和社会层面进行仔细审查"。报告提醒政府英国正在落后，并有可能失去在 AI 领域的领导者地位，同时明确政府在治理过程中应发挥的作用，指出社会、政治、商业和研究利益之间存在着太多的重叠，单一行为者根本无法应对 AI 伦理问题并主导整个议程，需要政府、私营部门和学术机构合作推动建立 AI 监管框架，还提出在图灵研究所基础上建立"人工智能常设委员会"，在 AI 的伦理、法律和社会影响方面发挥领导作用。② 这种设立专职委员会和多方参与治理的思路与当时美国、欧盟类似的咨询报告相比，有突出的前瞻性和独到之处。③ 但对于如何为人工智能的未来做好准备，报告并未明确。2018 年上议院人工智能特别委员会（House of Lords Select Committee on Artificial Intelligence）的报告《英国人工智能发展的条件、能力和愿景》（"AI in the UK：Ready，Willing and Able?"）对此做出了积极回应，为英国在 AI 领域的发展提供了一套全面的设想和框架，建议政府、企业和研究机构加强在行业发展、数据获取与隐私、伦理监管、教育与人才培养、公民参与与民主监督等关键领域的合作，确保英国人工智能朝着可持续、安全和公平的方向发展。突出的两方面是提倡开展国际合作，在与其他国家和地区共享知识和资源的同时参与共同监管，以应对全球性挑战；提出人工智能伦理五原则——透明度、公平、责任、隐私和安全，建议政府制定相应的监管政策。④ 政府在回应报告中，明确提出了 AI 治理的首个国家级立场，同意委员会得出的结论：在现阶段，针对人工智能的一揽子监管是不合适的，不同的政府部门和监管机构有责任治理与其管辖范围相关的人工智能。⑤

2021 年至 2022 年 12 月，英国政府发布《国家人工智能战略》，提出制定"世界上最值得信赖、最有利于创新的 AI 治理体系"的十年计划的宏伟目标，力求保持英国作为全球 AI 超级大国的地

① House of Commons，Science and Technology Committee，"Robotics and Artificial Intelligence：Government Response to the Committee's Fifth Report of Session 2016-2017，" UK Parliament，London，UK，January 16，2017，accessed July 25，2023，http：// www. publications. parliament. uk/pa/cm201617/cmselect/cmsctech/145/145. pdf.

② House of Commons，Science and Technology Committee，The Big Data Dilemma：Government Response to the Committee's Fourth Report of Session 2015-2016，UK Parliament，April 26，2016，accessed July 25，2023，http：// www. publications. parliament. uk/pa/cm201516/cmselect/cmsctech/992/99204. htm.

③ Corinne Cath et al. ，"Artificial Intelligence and the 'Good Society'：The US，EU，and UK Approach，" December 23，2016，accessed July 24，2023，https：// ssrn. com/abstract＝2906249 or http：// dx. doi. org/10. 2139/ssrn. 2906249.

④ House of Lords Select Committee on Artificial Intelligence，"AI in the UK：Ready，Willing and Able?," UK Parliament，April 16，2017，accessed July 21，2023，https：// publications. parliament. uk/pa/ld201719/ldselect/ldai/100/100. pdf.

⑤ The Secretary of State for Business，Energy and Industrial Strategy，"Government Response to House of Lords Artificial Intelligence Select Committee's Report on AI in the UK：Ready，Willing and Able?," June 2018，accessed July 22，2023，https：// www. parliament. uk/globalassets/documents/lords-committees/Artificial-Intelligence/AI-Government-Response2. pdf.

位,在治理方法上需要考察现有的基于部门的方法是否仍然正确。① 可见 AI 发展与治理在英国国家战略中已经占据了优先位置。但英国学者批评《国家人工智能战略》除高层声明外,几乎没有更新在 AI 治理方面的国家立场。② 在 2023 年颁布的《促进创新的人工智能监管方法》("A Pro-Innovation Approach to AI Regulation")中,英国政府提出"有利于创新的人工智能监管方法",解释了政府计划如何实现这一雄心壮志。白皮书认定适应性和自主性是 AI 的核心特征,英国应继续沿着 2018 年勾勒的轨迹前进,采取部门主导、灵活轻触的方法,促进英国"引领人工智能治理方面的国际对话"③。英国前任首相里希·苏纳克在演讲中重申此项战略,表明政府为此开始实施三大策略:加强 AI 安全研究,提供资金支持;与全球 AI 实验室开展合作,创建全球安全监管框架;利用 AI 改善公共服务,明确表达出有意承担全球人工智能治理引领者的愿景。④

(二)以部门为主导的轻触灵活的方法

2016 年以来,英国政府接受报告建议,基于 AI 伦理问题庞杂和涉及广泛的特点,明确有效 AI 治理必须是综合的、多管齐下的,无论是政府还是任何一个单一行为者都无法应对 AI 伦理问题并主导整个议程,而是需要政府、企业、学界和民间机构一起参与建立 AI 监管框架,推动 AI 有效治理。为此,政府采纳了以职能部门为主导的治理方法,将管理 AI 的责任下放给现有的职能部门,这些部门因专业和职能所长可以专注于其监管范围内的 AI 发展、应用及其伦理问题。几年的治理实践表明,该方法运转顺利有效,促生了与具体情况相适应的新颖管理举措,2023 年颁布的白皮书特别强调将继续采用这种方法,并把它视为促使英国 AI 治理居于全球领先水平的重要基石。概而视之,英国以部门为主导的 AI 治理方法主要有如下三个特点。

1. 分权、分散性

英国采取权力下放、分而治之的治理方法。首先,出于 AI 自身特点,考虑到不同的 AI 技术应用及其伦理问题需要特定的监管措施,而不精确的指导或总体监管可能无法充分做到这一点。⑤ 这种分权式方法不依赖于单一或少数指定的监管机构,而是鼓励众多不同的政府机构依据

---

① "National AI Strategy," GOV. UK, September 22, 2021, last modified December 18, 2022, accessed July 24, 2023, https://www.gov.uk/government/publications/national-ai-strategy/national-ai-strategy-html-version.

② Huw Roberts et al., "Artificial Intelligence Regulation in the United Kingdom: A Path to Good Governance and Global Leadership?," *Internet Policy Review* 12, no. 2(2023):4, accessed July 27, 2023, https://ssrn.com/abstract=4209504 or http://dx.doi.org/10.2139/ssrn.4209504.

③ "A Pro-Innovation Approach to AI Regulation," GOV. UK, March 29, 2023, last modified June 22, 2023, accesed July 26, 2023, https://www.gov.uk/government/publications/ai-regulation-a-pro-innovation-approach/white-paper.

④ Rishi Sunak, "PM London Tech Week Speech: 12 June, 2023, GOV. UK, accessed June 14, 2023, https://www.gov.uk/government/speeches/pm-london-tech-week-speech-12-june-2023.

⑤ Andreas Theodorou and Virginia Dignum, "Towards Ethical and Socio-Legal Governance in AI," *Nature Machine Intelligence* 2, no. 1(2020):1-3, accessed July 25, 2013, https://www.researchgate.net/publication/338661461_Towards_ethical_and_socio-legal_governance_in_AI.

其监管职责展开治理,形成多管齐下、各自领域各自负责的治理局面,促使每个机构都能在其现有治理方法和专业知识的基础上提出新的解决方案,这反过来又促生了创新性的治理举措。例如 AI 重要监管机构信息专员办公室(Information Commissioner's Office,ICO)编制了《人工智能审计指南》(2019 年,2022 年);2020 年,ICO 与另外两个主要监管机构竞争与市场管理局(Competition and Markets Authority,CMA)、通信管理局(Office of Communication,Ofcom)共同成立了数字监管机构合作论坛(Digital Regulation Cooperation Forum,DRCF)。金融行为监管局(Financial Conduct Authority,FCA)也于 2021 年 4 月加入了这一机构,以便促进监管机构在管理数字技术方面的深层次合作。[①] 显然,既依赖既有部门,也创建新的专门的研究、监管机构,如2015 年成立图灵研究所,2019 年成立人工智能委员会(AI Council)、牛津人工智能伦理研究所(Institute for Ethics in AI,IEAI)等,使英国 AI 治理呈现出综合、多层、专业的特点。分权和分散的治理方式也存在机构之间协调合作、部门领域与总体发展连贯性、一致性等潜在问题。其次,这种分权分散的方法也顺应了英国自身的政治生态:英伦三岛四方分权而治,苏格兰、威尔士和北爱尔兰在某些领域拥有高度的政策自主权,如苏格兰于 2021 年发布的《苏格兰人工智能战略》("Scotland's Artificial Intelligence Strategy:Trustuorthy,Ethical and Inclusive")就比英国政府早了 6 个月。

2. 灵活性

灵活性是部门主导分权而治带来的 AI 治理进程中的样态,也即一种不依赖于单一机构或立法的因地制宜的治理方法,使英国在管理特定部门的 AI 风险时更具灵活性。最明显的案例是公共部门在 AI 应用上,不同职能部门和监管机构发布最佳实践或指南,引导民众遵守平等法、公共部门采购和算法透明度等方面的现有法律法规。例如,警务学院的《实时人脸识别授权专业实践》为英格兰和威尔士的警察部队如何部署实时人脸识别技术制定了非法定但具有约束力的官方国家指南,以确保遵守相关法律框架,包括数据保护和人权立法。[②] 这种轻触式的灵活性(light touch flexibility)在应对大语言模型相关风险时显示出优势,比较而言,欧盟的相关方法就被批评过于僵化,无法提供充分而持久的保护,从而面临被迫修订人工智能法案草案的压力。[③] 英国灵活性治理实践也不断向上反馈,促使国家适时调整政策方向,加强部门监管权力与相互协调,有

① Philip Schlesinger, "The Neo-Regulation of Internet Platforms in the United Kingdom," *Policy & Internet* 14, no. 1(2022):47-62, accessed July 10, 2023, https://doi.org/10.1002/poi3.288.

② Huw Roberts et al., "Artificial Intelligence Regulation in the United Kingdom:A Path to Good Governance and Global Leadership?," *Internet Policy Review* 12, no. 2 (2023):6, accessed July 27, 2023, https://ssrn.com/abstract=4209504 or http://dx.doi.org/10.2139/ssrn.4209504.

③ EDRi,"An EU Artificial Intelligence Act for Fundamental Rights:A Civil Society Statement," European Digital Rights (EDRi), November 30, 2021, accessed July 24, 2013, https://edri.org/wp-content/uploads/2021/12/Political-statement-on-AI-Act.pdf.

效帮助英国在国际上将自己定位为拥有灵活、创新的人工智能监管体系的国家。

3. 创新性

在部门主导的方法推动下,英国因地制宜的 AI 治理促进了政府部门和监管机构的实验和创新,采取创新性监管干预措施的例子不胜枚举,从医疗 APP 指导、第三方 Cookie 管控到促进隐私增强技术等不一而足。目前英国着重关注和推进两项监管创新方式,认为二者独具潜力。一项是人工智能保障(AI Assurance)系统。AI 保障是指确保 AI 系统的开发或使用符合道德、法律规定,能够如其所宣称的那样正向运行。典型的 AI 保障技术包括影响评估和偏差审计,而作为合规信号的认证计划则被视为未来的重要目标,提供此类保障旨在提高人们对 AI 的信任,并最终支持这些系统的运用。英国通过推进行业合作的方式推进 AI 保障生态系统的建构,因为这种努力,英国有机会率先建立第三方保障生态系统,利用市场机制支持监管机构创建道德和创新友好型社会,而且还支持英国在国际标准化组织(ISO)和国际电工委员会(IEC)等技术标准制定机构中发挥全球影响力的雄心,支持其在国际合作中充当引领者角色。[①] 第二项是监管沙盒(Regulatory Sandboxes)的使用。这里的监管沙盒是指在监管机构的监督下,组织可以试验创新的受控环境,通常使用真实数据。英国于 2015 年率先提出监管沙盒概念,以支持金融技术公司,之后被应用于人工智能领域,2023 年的《促进创新的人工智能监管方法》承诺建立一个专门针对 AI 的监管机构沙盒。目前政府信息专员办公室(Information Commissioner's Office,ICO)积极地将监管沙盒用于数据驱动型应用,任何受英国数据保护法管辖的组织都可以申请测试其产品,并由政府信息专员办公室沙盒团队提供法律合规方面的专家建议。此外,法律科技沙盒是一项由政府支持的私营部门倡议,旨在孵化全英国法律领域的人工智能创新应用,同时确保其符合监管规定。[②]

(三)日渐完善的监管体系

基于政府下放权力、分散管理的指导思想,目前英国人工智能监管机构主要依托既有的政府各职能部门,同时根据需要创设新的专门机构。张涛等学者从数据安全治理的视角进行研究,认为英国已经形成了一中心(核心层)一张网(治理层)的监管体系:核心层包括首相内阁和议会,主要负责顶层设计、制定审查法律政策、监督和协调各部门工作;治理层由具体的职能部门构成,形

---

① Huw Roberts et al., "Artificial Intelligence Regulation in the United Kingdom: A Path to Good Governance and Global Leadership?," *Internet Policy Review* 12, no. 2 (2023): 7, accessed July 27, 2023, https://ssrn.com/abstract=4209504 or http://dx.doi.org/10.2139/ssrn.4209504.

② Huw Roberts et al., "Artificial Intelligence Regulation in the United Kingdom: A Path to Good Governance and Global Leadership?," *Internet Policy Review* 12, no. 2 (2023): 8, accessed July 27, 2023, https://ssrn.com/abstract=4209504 or http://dx.doi.org/10.2139/ssrn.4209504.

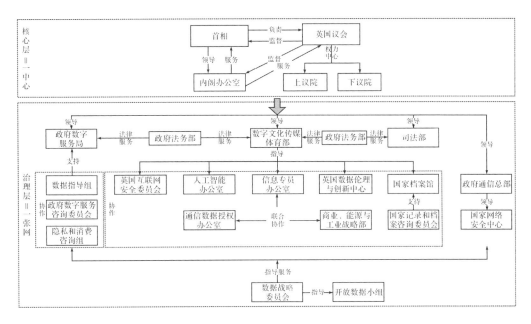

图 2　英国人工智能治理体系架构

资料来源:张涛等:《英国国家数据安全治理:制度、机构及启示》,《信息资源管理学报》2022 年第 6 期,第 51 页。

成了上下联动、左右协调、多方参与的监管机构体系(见图 2)。① 随着技术的不断发展,人工智能应用及其伦理问题已经广泛渗透,具体的职能部门有需要也有能力在管辖领域内展开人工智能伦理监管,如主要职能部门商业、能源和工业战略部(Department for Business, Energy & Industrial Strategy,BEIS)。2023 年 2 月,苏纳克政府进行了小规模内阁改组,将 BEIS 拆分为商业和贸易部(Department for Business and Trade,DBT)、能源安全和净零排放部(Department for Energy Security and Net Zero, DESNZ)和科学技术创新部(Department for Science, Innovation and Technology,DSCIT)。数字、文化、媒体和体育部(Department for Digital, Culture, Media and Sport,DCMS)、国防部(Ministry of Defense,MOD)、司法部(Ministry of Justice,MOJ)、政府法务部(Government Legal Department, GLD)、政府通信总部(Government communications Headquarters,GCHQ)等在各领域负有相应人工智能监管职责,同时参与国家人工智能战略布局,与下设的或与学界、企业以及民间共建的专门机构,如健康与安全执行局(Health and Safety Executive,HSE)、平等与人权委员会(Equality and Human Rights Commission,EHRC)、竞争与市场管理局(CMA)、通信管理局(Ofcom)、公共生活标准委员会(Committee on Standards in Public Life,CSIPL)、数据伦理与创新中心(Centre for Data Ethics and Innovation,CDEI)、中央数字与数据办公室(Central Digital and Data Office,CDDO)、人工智能委员会(AI Council)、人工智

---

① 张涛等:《英国国家数据安全治理:制度、机构及启示》,《信息资源管理学报》2022 年第 6 期,第 50—51 页。

能办公室(Office for Artificial Intelligence，OAI)、人工智能特别委员会(Select Committee on Artificial Intelligence，SCAI)、图灵研究所(Alan Turing Institute，ATI)、信息专员办公室(ICO)、互联网安全委员会(UK Council for Internet Safety，UKCIS)、国家网络安全中心(National Cyber Security Centre，NCSC)、数字监管合作论坛(DRCF)等等一起形成了英国人工智能伦理治理和监管的政府主导、各方合作、层次多样的架构体系，推动并保障 AI 在全社会的良性发展。其中，数据伦理与创新中心(CDEI)、人工智能办公室(OAI)、国家网络安全中心(NCSC)、竞争与市场管理局(CMA)、信息专员办公室(ICO)、通信管理局(Ofcom)是最核心的监管机构，有学者认为后三者很可能会主导英国下一阶段的人工智能监管进程。[①]

制定规范原则、提出咨询建议是这些监管机构进行 AI 伦理治理的一项重要工作。自 2016 年起，英国就 AI 伦理议题颁布了一系列的政策、法规、指南、报告，可以说其在规范制度建设方面走在世界前列。除了上文提到的重量级报告、政策文件，英国近年来每年都有国家级报告出台，就 AI 应用和伦理问题提出规范建议和原则倡议，例如：2016 年 11 月发布的《人工智能：未来决策的机会与影响》阐述了 AI 对个人隐私、就业的影响，以及 AI 在政府层面大规模使用的潜在可能性和影响；[②]2017 年 10 月发布的《在英国发展人工智能》分析英国当下 AI 的应用、市场和政策支持，从数据获取、人才培养、研究转化、行业发展四方面提出促进 AI 产业发展的行动建议，成为英国 AI 发展的重要指引；[③]2018 年英国政府与各界联合发布的《人工智能产业发展协议》以及 2020 年的《在公共部门使用人工智能的指南》《人工智能采购准则》《人工智能和数据保护指南》，帮助组织在开发和实施人工智能系统时遵循数据保护法规；2021 年除了《国家人工智能战略》，英国政府还发布了《人工智能路线图》，进一步明确英国 AI 发展的战略和重点，采取选择性行动来领导和占领全球市场；2023 年还发布了《促进创新的人工智能监管办法》；等等。除了这些国家级的政策文件，在不同部门和具体领域也出台了大量原则、指南，指导具体行业或领域在 AI 应用中遵循必要的伦理规范和原则。例如 2016 年 9 月英国标准协会(British Standards Institute，BSI)发布了《机器人和机器系统的伦理设计与应用指南》，[④]这是业界第一个关于机器人伦理设计的公开标

---

① Martin Kretschmer et al. ，"The Emergence of Platform Regulation in the UK：An Empirical-Legal Study，" *Weizenbaum Journal of the Digital Society*(special issue："Democracy in Flux-Order，Dynamics and Voices in Digital Public Spheres") 2，no. 2 (2022)，accessed July 30，2023，https：// ssrn. com/abstract＝3888149 or http：//dx. doi. org/10. 2139/ssrn. 3888149.

② Government Office for Science，"Artificial Intelligence：Opportunities and Implications for the Future of Decision Making，" November，2016，accessed July 14，2023，https：// assets. publishing. service. gov. uk/government/uploads/system/uploads/ attachment_data/file/566075/gs-16-19-artificial-intelligence-ai-report. pdf.

③ "Growing the Artificial Intelligence Industry in the UK，" GOV UK，October，2017，accessed July 14，2023，https：//assets. publishing. service. gov. uk/government/uploads/system/uploads/attachment_data/file/652097/Growing_the_artificial_intelligence_in-dustry_in_the_UK. pdf.

④ "Guide to the Ethical Design and Application of Robots and Robotic Systems，" BSI，September 26，2016，accessed July 30，2023，https：// standardsdevelopment. bsigroup. com/projects/9021-05777 # /section.

准,确立了"不许伤害、欺骗和令人成瘾"的基本道德原则,指导研究者和制造商如何对一个机器人做出道德风险评估。如果指南刚颁布时有人对与机器人讲伦理不以为然,那么随着ChatGPT的出现,现在更多人会感慨英国标准协会的前瞻性和专业性。公共生活标准委员会(CSIPL)2020年2月发布了报告《人工智能与公共标准》,全面审视了人工智能在公共服务中的应用并通过诺兰原则(无私、正直、客观、问责、公开、诚实和领导力)框架。① 2021年11月,数据伦理与创新中心(CDEI)与中央数字与数据办公室(CDDO)联合制定出台《算法透明度标准》,②旨在提升公共部门在使用算法工具辅助决策时的透明度,为公共部门应如何保证算法透明度提供了较为具体的指引,是全球最早制定的算法透明度国家标准之一。2022年7月,英国数字、文化、媒体和体育部(DCMS)发布《建立一种支持创新的人工智能监管方法》("Establishing a Pro-innovation Approach to Regulating AI"),强调监管的适度性,并基于AI特征提出一个促进创新的监管框架。③ 2023年3月29日发布的人工智能白皮书《人工智能监管:一种支持创新的方法》,确立了所有行业进行AI监管的五大原则:安全性、可靠性和稳健性(safety,security and robustness)、透明度和可解释性(transparency and explainability)、公平(fairness)、问责制和治理(accountability and governance)、可争议性和补救性(contestability and redress),从而为英国实施有利于创新的AI监管提供了明晰导引。④ 对AI治理的普遍性和全球合作白皮书提出的这些原则也为AI伦理基本原则共识性建构贡献了重要依据。最近几年英国频繁颁布与AI相关的政策、原则文件,在数量上位于世界前列。如前文所提到的,这些数字不一定表明英国AI治理的效果比其他国家更理想,但至少表明英国从国家意志、科技能力、资金支持到具体方案和执行上都表现出对AI治理的强烈关注和积极决心。

除了监管机构部署和建构、政策原则的制定和颁布,完善人工智能相关立法也是AI治理和监管制度化、体系化的重要方面。英国较早地意识到计算机技术带来的安全和社会问题,自20世纪80年代以来,陆续颁布相应的法律、法规和条例来约束和规范这一技术合理发展,应对其带来的社会问题。1984年英国颁布了《数据保护法》《通信法案》,明确规定个人数据隐私保护的法律原则;1992年通过了《环境信息条例》;1998年根据欧盟《个人数据保护指令》修订了《数据保护法》;此后不断有相关法律制定、修订和颁布,如《信息自由法案》(2000年)、《电子通信法案》(2000

---

① Committee on Standards in Public Life,"Artificial Intelligence and Public Standards:Report,"GOV. UK,February 10,2020,accessed July 30,2023,https://assets. publishing. service. gov. uk/government/uploads/system/uploads/attachment_data/file/868284/Web_Version_AI_and_Public_Standards. PDF.

② 参见:https://www. algorithmregister. org/standard。

③ DCMS,"Establishing a Pro-Innovation Approach to Regulating AI,"GOV. UK,July 18,2022,accessed July 30,2023,https://www. gov. uk/government/publications/establishing-a-pro-innovation-approach-to-regulating-ai/establishing-a-pro-innovation-approach-to-regula-ting-ai-policy-statement.

④ "A Pro-Innovation Approach to AI Regulation,"GOV. UK,March 29,2023,last modified June 22,2023,accessed July 26,2023,https://www. gov. uk/government/publications/ai-regulation-a-pro-innovation-approach/white-paper.

年)、《电子签名条例》(2002 年)、《隐私与电子通信条例》(2003 年)、《公共部门信息再利用条例》(2005 年)、《英国数据存留条例》(2007 年)、《公共数据公开计划》、《数字经济法》(2010 年)、《电子信息和无线电报条例》(2011 年)、《自由保护法案》(2012 年)、《开放数据宪章》(2013 年)……不难发现,这些法律文件,都是随着计算机/AI 技术的发展和应用及其带来的社会问题而与时俱进地生成,从信息安全、数据安全、个人权利和隐私多方面消减和避免技术应用中可能的危险和危害,保护研究者、开发商、使用者的权益,促进包括 AI 在内的计算机技术良性发展。近年来,围绕 AI 伦理原则和规范的立法活动得到进一步加强,2022 年 3 月 17 日,《网络安全法案》("Online Safety Bill")公布,旨在打造更加安全的网络空间,保护儿童免受有害内容的影响,同时让科技巨头承担起相应的责任。① 2017 年出台、2018 年正式通过的新版《数据保护法》("Data Protection Act",DPA),旨在重新建立英国数据保护框架以促进欧盟《通用数据保护条例》("General Data Protection Regulation",GDPR)在英国的有效落实,确保英国在脱欧之后与欧盟在个人数据保护方面保持一致,便利英国与欧盟国家间的数据流动。修订条款特别强调了加强数据主体对其个人数据的控制权和加强数据控制者义务。② 显然,关于 AI 治理法规和制度建设是一个动态开放的进程,《数据保护法》和《信息自由法案》是数据安全、AI 治理的基本法律依据,随着 AI 技术的发展及带来的社会问题的增多而不断进行修订,在英国国家 AI 治理和监管体系中起着核心作用。《数据保护法》经 1984 年制定、1998 年修订,在 2022 年和 2023 年再次有了补充完善〔Data Protection and Digital Information Bill:RPC Opinion,Data Protection and Digital Information (No.2) Bill:RPC Opinion (Green-Rated)〕③,新版法案有意努力减轻英国境内组织在遵守 GDPR 及其实施的《数据保护法》(2018 年)方面的负担。苏纳克政府的改革似乎有意于加快 AI 管制的立法进程,这引发业界和社会担心此举会打破英国一直以来部门主导、分散治理的宽松环境。

三、结　语

人机共存的时代已经来临,为 AI 社会确立原则规范、监管体系已是当务之急,一方面要秉持

---

① DSIT, "Online Safety Bill," July 19, 2023, accessed July 29, 2023, https://bills.parliament.uk/publications/52368/documents/3841.

② "Data Protection Act 2018," legislation.gov.uk, accessed July 30, 2023, https://www.legislation.gov.uk/ukpga/2018/12/contents/enacted.

③ "Data Protection and Digital Information Bill:RPC Opinion," GOV.UK, July 20, 2022, accessed July 21, 2013, https://www.gov.uk/government/publications/data-reform-bill-rpc-opinion;"Data Protection and Digital Information Bill:Supporting Documents," July 18, 2022, last modified July 18, 2024, accessed July 20, 2014, https://www.gov.uk/government/publications/data-protection-and-digital-information-no-2-bill-rpc-opinion-green-rated.

科学精神，欢迎和接纳 AI 带来的技术进步和社会发展，另一方面也要密切关注和切实保证 AI 的发展合乎伦理。了解和明确当下面临的 AI 伦理问题是制定 AI 伦理原则、展开有效监管和治理的前提和基础。

不同的视角和标准影响了关于 AI 伦理问题不同分类的认知，笔者比较赞同 Keng Siau(萧庆龙)和 Weiyu Wang(王伟宇，音译)两位学者的观点并加以补充完善，认为 AI 伦理问题分为三类：一是 AI 自身特点以及成熟度和可靠性带来的伦理问题；二是因人为因素特别是滥用 AI 导致的伦理问题；三是混合了以上两个问题带来的社会影响，是更为复杂而深刻的伦理问题。

针对日益庞杂而影响深远的 AI 伦理问题，国际社会、各国政府以及企业、学界纷纷着力于研究和讨论如何有效管控和治理 AI 的发展和应用，出台了大量政策、法规和措施，展开 AI 的国际合作和国内治理，以形成全球 AI 安全监管框架。其中，英国的做法值得关注和借鉴。

英国是计算机技术早发国家，在 AI 技术开发应用、资金支持、监管治理等资源上优势明显，正如上议院人工智能委员会前主席克莱门特·琼斯勋爵(Lord Clement Jones)所说："英国拥有领先的人工智能公司，充满活力的学术研究文化和创业生态系统，还有大量的法律、财务和语言方面的优势。我们应该充分利用这种环境，为公众的利益积极塑造 AI，并引导国际社会制定 AI 发展的道德准则。"[①]

首先，英国政府有明确的国家 AI 发展战略，也有非常明确的充当建构全球 AI 安全治理体系的引领者的意愿，有此指导思想且在拥有得天独厚的研发、投资环境的情况下，英国逐步创建了 AI 治理和伦理监管的制度体系，出台了大量 AI 管控的政策、指南、法规和原则，在治理方法上以部门主导、分而治之为主线，既依托既有职能部门，也根据需要创建新的专门监管机构，形成了具有分权分散、轻触灵活、创新性的治理特色。当然，英国的 AI 治理和监管受到其国内政治和外部环境的影响，特别是脱欧后的重新适应和调整是其当下面临的一大挑战。希望上述探讨可以为当下热烈的 AI 伦理问题大讨论提供一个有益视角，也为我国和全球应对 AI 伦理问题建构 AI 安全治理框架提供一管之见。

---

① House of Lords Select Committee on Artificial Intelligence，"AI in the UK：Ready，Willing and Able?，" April 16，2017，accessed July 21，2023，https：// publications. parliament. uk/pa/ld201719/ldselect/ldai/100/100. pdf.

澜湄安全合作:发展历程与挑战

樊守政

[摘　要] 澜沧江—湄公河流域执法安全合作机制运行 12 年来,实现了从案件合作到建立机制再至成立澜沧江—湄公河综合执法安全合作中心的重大升级转型,并在联合执法、专项打击治理、情报信息交流、打造公共安全产品、国际交流和对话等层面取得系列重要成果。然而,随着流域风险点和动荡源增多,澜湄执法安全合作中心的未来发展面临诸多现实困境与挑战。中国作为主导国,有必要从积极发挥警务外交因素作用、建立信任格局、以软政治促安全合作、主权让渡、提升中心能力建设等方面进一步明晰澜湄执法安全合作未来发展的基本思路。

[关键词] 澜湄安全合作;澜湄执法中心;跨境犯罪

2011 年 10 月 5 日"湄公河惨案"发生后,自 2011 年 12 月 10 日中老缅泰湄公河联合巡逻执法首次巡航启动,到 2023 年 7 月 1 日第 130 次联合巡逻执法行动完成,历经 12 年,澜沧江—湄公河综合执法安全合作完成了从案件合作到澜沧江—湄公河(简称"澜湄")合作机制建立再到成立澜沧江—湄公河综合执法安全中心(Lancang-Mekong Integrated Law Enforcement and Security Cooperation Center,LM-LECC,简称"澜湄执法合作中心")的升级转型,实现了湄公河江面劫持商船案件的零发生,澜湄次区域以涉恐、涉毒和人口拐卖为主的非传统安全威胁得以有效遏制。作为联合流域国家共同打击跨国犯罪、维护地区安全稳定最具活力的合作模式,澜湄执法安全合作机制为"一带一路"安全建设和中国—东盟命运共同体建设提供了范本。

需要说明的是,当前澜湄流域面临的安全威胁主要有水资源安全、公共卫生安全和跨境犯罪。水资源安全问题因上下游地理构造的客观原因而长期存在,同时也是域外势力长期炒作的政治工具;公共卫生安全形势在国际社会的共同努力下整体可控,属于突发问题;而侵扰澜湄流域最持久、最顽固的是跨境犯罪问题。本文所讨论的澜湄安全合作主要指的是打击跨境犯罪的澜湄执法安全合作。

[作者简介] 樊守政,法学博士,中国人民公安大学副教授,主要从事国际反恐怖、反骚乱等非传统安全问题研究。

一、澜湄安全合作机制发展历程

2011 年发生在湄公河金三角水域的"10·5"湄公河惨案震惊中外,13 名中国船员全部遇害。为尽快侦破案件,在中国政府积极倡导下,中老缅泰决定建立湄公河流域安全执法合作机制,该机制在案件侦破过程中发挥了决定性作用。在多方执法部门共同协作下,最终将具有泰国籍、缅甸籍和不明国籍的 4 名主犯抓捕归案,并因此催生了澜湄执法中心这一立足澜沧江、湄公河,并辐射东南亚的综合性执法安全合作国际组织。澜湄执法中心的成立是以案件驱动方式通过国际警务合作路径实现联合执法的成功案例,具体发展演变过程如下:

一是案件引发执法安全合作机制建立。湄公河惨案发生后,国务院对案件高度重视,外交部当即启动应急机制,公安部副部长亲自带队,组成有史以来规格最高的专案组,与老挝、缅甸、泰国执法部门展开联合调查。案发当月,在中国政府积极倡导下,四国发表《中老缅泰关于湄公河执法安全合作的联合声明》,强调:四国执法部门要加大联合侦破"10·5"案件力度,同意建立中老缅泰湄公河流域执法安全合作机制,开展在反恐、打击毒品犯罪、打击拐卖妇女儿童等跨国犯罪活动中的执法安全合作,并在情报交流、巡逻执法、整治治安突出问题、打击跨国犯罪、共同应对突发事件等领域积极开展合作。[①] 为进一步落实联合声明内容,同年 11 月在北京举行"中老缅泰湄公河联合巡逻执法部长级会议"并发表《中老缅泰湄公河联合巡逻执法部长级会议联合声明》,指出四国执法部门应根据本国司法管辖权,在相互尊重主权、平等互利的基础上切实打击跨国犯罪,共同维护流域安全稳定,并就尽快开展湄公河联合巡逻执法工作达成多个共识。12 月 15 日中老缅泰湄公河联合巡逻执法正式启动。

二是执法安全合作的深化催生澜湄合作机制。在澜湄执法安全合作机制框架下,专案组先后数十次会谈会晤老缅军警和泰国警方高层,整个案件侦查、证据搜集、罪犯追捕等工作均在境外进行,最终于 2012 年 4 月将主犯糯康及其同伙抓捕归案。随着四国联合执法机制建设进程的加快和多边警务合作的不断制度化,澜湄安全合作机制得到深入发展。在四国联合巡逻基础上,按照时任国务院总理李克强在第 17 次中国—东盟领导人会议上关于建立澜湄合作机制的提议,2016 年 3 月中、柬、老、缅、泰、越六国发表共同建立区域合作机制的《澜沧江—湄公河合作首次领导人会议三亚宣言》,强调澜湄合作应在协商一致、平等相待、自愿参与、共建共享基础上,加强应对恐怖主义、跨国犯罪等非传统安全威胁的合作,推动中国—东盟战略伙伴关系发展,鼓励与"一带一路"倡议对接。

---

① 《中老缅泰关于湄公河流域执法安全合作的联合声明》,中华人民共和国公安部网站,2011 年 10 月 31 日,http://www.mps.gov.cn/n2253534/n2253535/c4139980/content.html,访问日期:2023 年 6 月 23 日。

三是澜湄执法中心成立。根据澜湄合作机制倡议,经过一系列准备,2017年12月执法安全合作机制正式实体化运行,即成立"澜沧江—湄公河综合执法安全合作中心"。该机构是澜湄流域第一个区域性执法合作类政府间国际组织,总部设在云南昆明,2018年7月正式运行,创始成员国为中国、老挝、柬埔寨、缅甸,泰国、越南为观察员国。2017年9月成员国政府共同签订的《关于建立澜沧江—湄公河综合执法安全合作中心谅解备忘录》确定了澜湄执法合作中心的基本目标,即从维护流域安全稳定、服务各方边境地区执法部门、提升合作打击边境地区跨国犯罪能力着手,大力开展犯罪情报融合、联合行动和援助培训,标志着澜湄流域第一个综合性执法安全合作政府间国际组织正式启动。澜湄执法合作中心首任秘书长郑百岗在启动仪式上讲话,称:澜湄执法中心将在尊重各成员国主权和法律基础上,致力于统筹协调本地区预防、打击跨国违法犯罪,融合交流情报信息,开展专项治理联合行动,加强执法能力建设。老、柬、缅、泰、越等国代表一致肯定中方作为东道国在澜湄执法合作中心筹建过程中的贡献,表示愿与中方增强合作、沟通协调和资源投入,推动澜湄执法合作中心成为保障流域和平发展的"稳定器"。[①]

目前,澜湄执法合作中心已形成良好的运行模式:成员国执法部门积极与之对接,合作机制内涵进一步拓展,合作项目内容进一步外延,日益受到成员国肯定和支持;各国通过澜湄执法合作中心渠道求查案件数量、类型逐年增多;总结个案合作模式,固化形成案件协查流程机制,为澜湄执法合作中心未来开展多边案件协查合作奠定基础;不断开创执法安全合作新领域、新机制、新模式、新产品,为区域间国际执法安全合作树立了新的成功典范。

二、澜湄安全合作成果

澜湄流域地形复杂,毒品贩运、人口贩卖、恐怖主义活动是各国公认的危害流域安全环境的主要犯罪类型,具有跨国流窜作案、相互交织、隐蔽性强等特点。自2011年至今,在澜湄执法安全合作机制框架下携手打造的湄公河联合巡逻执法和"平安航道"联合扫毒行动已成为多国协作成就区域联合执法的新亮点。

一是湄公河联合巡逻执法活动。自2011年联合巡逻执法活动启动以来,四国执法人员在重点水域开展水陆联合查缉、处突、反恐演练、联合训练、法律宣传等行动,建立案件协作、分段巡逻、联勤驻训等系列子机制,大力加强流域安全管控力度。截至2023年7月,四国执法部门共出巡130次,出动执法船艇1090艘,执法人员17000余名,总航程73000多公里,基本实现了日常江

---

① 《澜沧江—湄公河综合执法安全合作中心启动运行》,新华社,2017年12月28日,http://www.gov.cn/xinwen/2017-12/28/centent_5251253.htm,访问日期:2023年6月23日。

面见警率 80% 以上，重要敏感节点见警率达 100%，①恶性案件"零发生"，有力遏制了流域以往各类违法犯罪猖獗的态势，有效保障了湄公河国际航运安全。

二是"平安航道"联合扫毒行动。湄公河流域毒患由来已久，流入中南半岛的毒品基本来自"金三角"地区，湄公河水域是其主要运输通道。湄公河作为一条国际河流，毒品犯罪呈现明显的跨国性质。然而，各国执法力量有限且分散，执法区域受限，跨界打击毒品犯罪受到主权约束、司法障碍等多重影响，流域毒品犯罪高发势头一直未得到有效解决。2013 年，中方倡议在执法安全合作机制框架下，联手开展整治毒品犯罪专项行动，中老缅泰四国达成共识，决定启动湄公河流域"平安航道"联合扫毒行动。经过三年合作与发展，2015 年，"平安航道"行动机制邀请柬埔寨、越南两国加入并共同研究制定了《"平安航道"联合扫毒行动三年规划（2016—2018）》。自 2016 年流域六国携手开展禁毒联合执法以来，"平安航道"联合扫毒行动指挥与运作更加成熟，情报分享更加顺畅，行动更加果断，效果更加突出。其后的六届"平安航道"联合扫毒行动共进行 123 次，共破获跨国贩毒案件 5 万余起，抓获犯罪嫌疑人近 9 万人，缴获各类毒品百余万吨，②有力打击了金三角等湄公河流域毒品犯罪活动。

澜湄执法合作中心的成立为深化澜湄执法安全合作机制提供了实体化运行平台。6 年来，在自身建设基础上，针对流域犯罪的新情况、新特点，与流域各国保持密切沟通，关注成员国需求，重视援助、援建在推进澜湄执法合作中心工作中的作用，结合联合执法开展能力建设，提供优质公共安全产品，努力提升成员国应对各类犯罪的执法能力。

一是完善并固化内部运行制度规范，提升国家间协同工作效率。根据成员国政府共同签署的谅解备忘录，澜湄执法合作中心设立决策机构和执行机构。决策机构为澜沧江—湄公河流域执法安全合作部长级会议，部长级会议可向非中心成员国授予观察员身份。执行机构为澜湄执法合作中心秘书处，秘书处设秘书长 1 名，各方轮流担任，成员国各派 1 名代表担任副秘书长。目前，秘书处下设湄公河联合巡逻执法指挥部、情报融合与案件协查部、联合行动协调部、执法能力建设部和综合保障部，由各成员国选派职员担任部主任。同时，澜湄执法合作中心制定并通过了秘书长职责、财务制度、重大项目实施办法、举办培训及经费管理办法等 31 项制度规范，编发《澜湄执法中心内部制度汇编》，实现内部规范高效运转。澜湄执法合作中心多国平等参与的组织框架为流域各国开展广泛的国际警务合作创造了条件。

二是情报信息共享平台成功搭建。情报信息安全共享是国际警务合作中有效预防、精准打击犯罪的前提，合作成果主要体现为情报信息安全共享平台开发和应用的具体落实。流域国家经济发展不均衡，基础设施参差不齐，警务信息化建设落后，成员国间缺乏安全高效的情报信息

---

① 笔者根据相关资料统计得出的数据。
② 笔者根据相关资料统计得出的数据。

交流平台。为更好地满足澜湄执法合作中心与成员国间的信息数据安全传输、查询、个案协查以及视频会议等需求,澜湄执法合作中心在充分论证基础上,在各成员国执法部门共同磋商同意的前提下设计开发了澜湄情报信息交换网络平台((LM-LECC Information Network,简称"LMIN"),完成了柬埔寨内政部、老挝国防部和缅甸的设备安装以及平台的初步搭建并正式上线投入使用,覆盖中、老、缅、柬4个成员国,共部署8个节点,开通账户60余个,其中柬埔寨内政部为对接 LMIN 还专门设立协调办公室;部署违法犯罪人员数据库、跨国案件数据库、跨国案件协查与情报信息管理系统、720P 高清加密视频会商系统。澜湄执法合作中心还向各国发布数据共享规则和方案,录入被通缉人员数据 2412 条,疑似失踪人员数据 994 条,共核查反馈各类人员数据 970 条。[①] 相关数据的充实标志着流域执法合作向便捷高效的目标迈出重要一步。疫情期间,各国职员通过 LMIN 与中心协同办公,交换共享各类执法信息;召开包括打击人口拐卖、跨境赌博、网络犯罪,以及禁毒、违法犯罪数据共享、对外援助、执法能力建设等议题的跨国视频会议;举办线上"澜湄流域打击网络犯罪论坛",协助云南省公安厅为缅方举办"打击网络赌博及电信诈骗"线上培训班。澜湄执法合作中心依托 LMIN 系统服务成员国开展案件协调和国际执法合作,实现情报信息共享、预防和精准打击犯罪,推动了澜湄执法安全合作的数字化发展。

三是专项打击治理行动成效显著。为进一步深化、创新和发展联合巡逻,中心在总结前期巡逻工作经验及分析水上查缉面临的实际困难的基础上,协调流域六国就共同开展专项打击治理行动达成积极共识,2019 年 9 月和 10 月先后启动打击跨国人口拐卖专项行动和打击易制毒化学品非法贩运联合行动。在打击跨境人口非法贩运联合执法行动中,为切实加强各国执法务实合作,形成有效打击治理合力,中心依托情报信息交换网络 LMIN 平台,通过共建、共享各国失踪人员或疑似被拐人口数据库,在实现重点侦办和有效打击治理的同时,保护合法跨国婚姻和劳务人员流动。在打击易制毒化学品非法贩运联合行动中,为对毒品犯罪实现源头治理,中心与成员国分析流域地区易制毒化学品管制体系中存在的障碍和弊端,实现对流域地区易制毒化学品生产与贩运严格管控。开通案件多边协查渠道,就重点案件开展深入合作。通过联合行动,进一步摸清易制毒化学品生产、贩运的基本情况,为各方协作建立防止易制毒化学品在流域地区流入非法渠道的长效机制打下良好基础。以 2021 年联合"扫毒"百日攻坚行动为例,四国通过双边、多边等合作方式破获涉毒案件 85 起,抓获涉毒人员 132 人,缴获各类毒品 8.436 吨、易制毒化学品75.7 千克、枪支 8 支、子弹 807 发,[②]有力打击了湄公河毒品犯罪活动。在纵深推进打击跨境犯罪方面,先后联合开展打击湄公河跨境犯罪追逃行动、"雷霆行动"、"清源断流"、"靖枪行动"等多个

---

① 笔者根据相关资料统计得出的数据。
② 笔者根据相关资料统计得出的数据。

专项行动,形成区域协同治理、联合打击作战的执法合作新局面。①

四是打造特色公共安全产品成为满足各成员国关切和需求的重要途径。围绕流域违法犯罪和治安管理突出问题,针对各成员国关切需求和实际执法合作特点,中心多措并举打造特色公共安全产品,服务各国执法部门,实现流域安全形势的可持续稳定。其一,举办研修班,提升打击涉毒、涉恐、涉拐等跨境犯罪能力。根据澜湄执法合作中心实地调研和各成员国反馈,恐怖主义、毒品贩运和人口贩卖活动是危害流域安全最突出的三大犯罪威胁。对此,澜湄执法合作中心举办了澜湄流域反恐预警研修班、缉毒侦查研修班、打拐反拐研修班、澜湄流域沿岸基层警察局长研修班、重大活动安保研修班、LMIN 情报信息研修班和汉语班等。通过培训、交流和分享打击犯罪成功经验,各国执法机关有效打击此类犯罪能力显著提升,满足了各国普遍关切,受到其执法部门一致好评。其二,搭建救援点,提升流域救援管控能力。湄公河航道复杂,事故频发,营救湄公河国际航道遇险船只和人员是各方开展合作的领域之一。考虑到老挝沿河哨所救援设施设备简陋、救援能力不足等问题,澜湄执法合作中心经与老挝国防部协商,达成援建救援点共识,先后在老挝北部波乔(又译博胶)省、南塔省、怀推、补落、敦布、敦玛奴、会栏、相果、唐奥、回丁通等建设救援点,极大改善了老挝官兵的工作条件,提升了流域救援能力。救援点投入使用后效果明显,累计抓获非法出入境人员 230 余名,查获分别装载 4000 千克咖啡因和 7375 千克含咖啡因货船 2 艘,抓获违法嫌疑人 4 名,解救湄公河流域遇险船只多艘。通过救援点建设和对相关人员培训,有效提升了救援点的防务、救援和管控等综合能力。② 其三,援建查缉点,提升毒品查缉能力。为提升老挝北部主干道的毒品管控和查缉能力,澜湄执法合作中心与老挝公安部禁毒局合作,在南塔、波乔、乌多姆塞省主要公路援建选址,援建完成南耕、固隆和波乔省班那峦、乌多姆塞省古龙查缉点,并向查缉点配备办公、现场检测和警用防护等常用装备物资。查缉点一经投入使用,即查获冰毒、摇头丸、白粉和鸦片共计 2300 多千克,缴获涉案车辆 4 辆、手枪 1 把、子弹 10 发,查获非法入境人员 130 余人和 2 辆运送汽车,③极大打压了毒品过境老挝进入中国的通道,成为开展金三角地区毒品犯罪综合治理的基础举措。其四,援助执法设备,提高执法能力。澜湄执法合作中心成立之初,向老挝"平安航道"建设援助 48 万元硬件设备,向老挝、缅甸、柬埔寨援助的 10 艘巡逻艇建成并交付使用,巡逻艇可与沿河救援点和公路查缉点相配合,有效机动地查缉湄公河上毒品、易制毒化学品、武器贩运走私等活动,对金三角地区的违法犯罪形成强力震慑和高效打

① 《2022 年度中老缅泰湄公河联合巡逻执法总结会成功召开》,中国日报网,2023 年 1 月 9 日,https:// yn. chinadaily. com. cn/a/202301/09/ws63bbde1da3102ada8b22a569,访问日期:2023 年 6 月 23 日。

② 《中心工作组赴老考察救援点建设情况》,澜湄执法合作中心,2019 年 3 月 11 日,http:// www. lm-lesc-center. org/detail? id＝112&detailId＝308,访问日期:2023 年 6 月 23 日。

③ 《澜湄执法中心援建老方毒品查缉点查获大量冰毒》,澜湄执法合作中心,2020 年 6 月 11 日,http:// www. lm-lesc-center. orgdetail? id＝112&detailId＝5670,访问日期:2023 年 6 月 23 日。

击。其五,举办论坛建设智库,发挥智力支撑作用。为听取各国执法部门、学术界及执法领域专家学者的对策建议,中心成功举办澜湄综合执法安全合作论坛、澜湄流域禁毒合作论坛、澜湄流域打击网络犯罪论坛和澜湄流域综合执法安全合作论坛等,为有关执法部门、各界专家学者建言献策,共绘流域安全发展蓝图提供平台。此外,澜湄执法合作中心于2021年启动澜湄智库建设,对更好地发挥外部资源对中心发展、战略制定和专项工作的指导、评估和建议等方面起到智力支撑作用。

五是积极参加国际交流与对话,社会关注度和影响力与日俱增。澜湄执法合作中心积极践行习近平外交思想,在对建设以和平与繁荣为目标的澜湄国家命运共同体的大框架下,积极开展外交活动,多次与流域国家执法部门、国际组织互访,并派团出席重要国际执法合作会议、论坛与学术交流等活动。首先,积极推动成员国以外流域其他国家加入澜湄执法合作中心。因流域各国政体不同,审批谅解备忘录进度不一,澜湄执法合作中心继续积极推动越、泰、缅签署备忘录加入中心事宜。澜湄执法合作中心已与越方建立高官层和工作层磋商机制并就加入事宜进行实质性磋商,泰方表示积极推进国内审批进程,缅方对谅解备忘录提出了修改意见。其次,重视国际交流,展示新生国际组织形象。2018年至今先后接待德国联邦警察驻华联络处、缅甸内政部、中国外交部涉外安全事务司、越南驻昆明总领馆、柬埔寨内政部国家警察总署、老挝公安部禁毒局、老挝人民军、澳大利亚联邦警察驻广州办事处、泰国肃毒委员会等代表团来访,达成多个积极的警务合作意向。澜湄执法合作中心参加了中国—越南警务执法合作智库论坛、中欧班列(重庆)沿线国家运输安全联合打击行动会商会、上海合作组织地区反恐怖机构第七次国际研讨会,访问了卢德法比四国警务与海关合作中心、欧洲(Europol)警察署、东盟警察组织秘书处和国际刑警组织全球创新中心。新冠疫情暴发以来,中心接待上合组织地区反恐怖机构执委会,召开中柬警方某在侦案件视频协调会,与缅甸内政部召开打击易制毒化学品非法贩运联合行动阶段性视频会议,出席柬埔寨内政部澜湄合作工作机制部长级会议,参加国际麻醉品管制局网络研讨会等。澜湄执法合作中心通过广泛国际交流与对话,达成多个建立合作伙伴关系意向,充分展示了自身开放、务实的新生国际组织形象,提高了国际社会对中心的认知度。

三、澜湄安全合作的现实挑战与应对

当前,国际社会正经历着战争与冲突、合作与对抗、开放与封闭、单边与多边的重大考验,流域风险点和动荡源增多,澜湄执法安全合作机制的未来发展面临诸多现实困境与挑战:

一是国家间政治战略互信问题制约着合作的深入开展。作为一个次区域新生国际组织,澜湄执法合作中心内部成员国之间关系复杂,实力悬殊,小国担心大国一家独大,还有个别国家希望借机削弱竞合国。

二是执法安全合作落实难。回顾澜湄流域国家双边以及多边警务执法合作历程,不难发现合作更多的是达成口头共识,很难落实在纸上和行动上,增大了执法合作难度。

三是执法活动停留在"只巡不执"状态。四国联合巡逻执法每月常态化运行,但船上各国执法人员都有很强的主权意识,不愿其他国家在本国领地执法,"只巡不执"难以实质性打击跨境犯罪活动。

四是流域整体安全形势出现新变化。随着极端组织"伊斯兰国"在中东受挫,东南亚大量回流的"伊斯兰国"恐怖分子开始本土化经营和渗透,并与流域内民族矛盾、宗教冲突遥相呼应。同时,有组织犯罪团伙加紧与恐怖势力勾连,暗中积蓄力量,设法牟取利益。

五是美国的"印太战略"对澜湄执法安全合作形成直接威胁和挑战。新冠疫情暴发以来,美国在实施"印太战略"背景下,针对湄公河流域开展一系列行动,包括建立"湄公河—美国伙伴关系",[1]通过反复炒作澜湄水资源等问题,挑拨中国与该地区国家关系。

作为澜湄执法安全合作的主导国,为全面促进该机制进一步发展,有效应对未来安全威胁与挑战,中国警方有必要进一步明晰澜湄执法安全合作未来发展的基本思路:

一是在外交层面,积极发挥警务外交在执法安全合作中的作用。结合其他外交手段,可助推中国与澜湄国家外交政策目标实现;可加大中国与流域国家的联合执法力度,拓展联合执法形式;建设积极的宣传机制,树立中国在澜湄流域正面良好的国家形象;突破国家职能主权边界,有效保护机构和公民在流域国家的海外利益。

二是在互信层面,以成果建立信任格局。澜湄次区域合作应加强相互信任与理解,从政府高层到执法人员再到民间团体,从执法安全到非传统安全再到经济技术等领域,加强交流合作,建立政府引导、多方参与、项目为本的运作模式,合力应对地区挑战。[2]

三是在合作层面,应更多依赖双边安排、法制的例外、互惠合作等方式,即中国警务外交下典型的"东盟模式",更多通过非正式方式突破西方大国施加的政治影响。

四是在主权让渡层面,澜湄执法合作机制的活力在于各国授权程度,而授权程度决定合作深度。可考虑开展以安全执法合作为主的各类务实合作,打造更多国际公共产品,逐步提高中心在流域执法合作中的公信力。随着合作深入,通过建立新机制并赋予其明确身份,将执法实践中的非正式做法转化为实质性、有约束力、可行有效的治理机制,提升机制活力。

五是在能力建设层面,细化或增设相应职能部门,实现执法的高效联动;综合、系统地评估安

---

① 《ASEAN 2020:越南主持第一届湄公河—美国伙伴关系部长级会议》,越通社,2020 年 9 月 12 日,https://cn.qdnd.vn/cid-6123/7183/nid-576989.html,访问日期:2023 年 6 月 23 日。

② 《澜沧江—湄公河合作首次领导人会议三亚宣言——打造面向和平与繁荣的澜湄国家命运共同体》,澜湄执法合作中心,2017 年 8 月 3 日,https://lm-lesc-center.org/detail? pid=7&id=37&detailId=7,访问日期:2023 年 6 月 23 日。

全新形势下流域执法常备力量,实现河面和岸边常备力量网格式搭建,转入对跨境犯罪的实质性打击阶段;加强数字装备建设,构筑湄公河流域安防网络,形成科技主导、相互嵌入、彼此依赖的共同安全格局。[1]

---

① 樊守政、张哲:《澜湄安全合作存在的问题与未来路径》,《现代国际关系》2021年第7期,第49—51、63页。

澜湄国家粮食安全合作评析

徐佳利

[摘　要]作为当前最具活力和发展潜力的亚洲多边合作机制,澜湄合作正逐渐成为地区乃至全球粮食安全治理的重要途径。澜湄粮食安全合作具有扎实的现实基础和政治基础。澜湄国家在粮食安全治理的议程设置、对外援助以及知识分享和融资等方面扮演了积极角色。澜湄粮食安全合作以"发展"为核心理念,通过深化合作、优势互补,促进了地区粮食安全状况的改善和全球粮食安全治理的发展。然而,澜湄国家在粮食安全合作的政策协调、利益诉求、潜在风险及机制层级等方面存在诸多内部挑战,制约了合作成效的提升。因此,澜湄国家如何更好地提升次区域粮食安全水平、促进 2030 年可持续发展议程中"零饥饿"目标的实现值得进一步思考。

[关键词]澜湄合作;粮食安全治理;2030 年可持续发展议程;零饥饿

粮食安全具有经济、政治、战略等多重属性,关乎民众基本生存权与国家经济安全和社会稳定,[①]是当今世界最重要的全球治理议题之一。1996 年,世界粮食峰会将粮食安全定义为"所有人在任何时候都能在物质上和经济上获得充足的、安全的和有营养的食物,以满足其积极和健康生活的膳食需要及食物偏好"[②]。近年来,受新冠疫情、气候变化和极端天气、国际不确定因素等影响,全球粮食供应链受阻,粮价和农资农产品价格上涨,粮食安全逐渐承压,[③]世界饥饿人口再度攀升,全球粮食安全形势日趋恶化。联合国世界粮食计划署发布的《全球粮食危机报告》指出,2022 年,58 个国家和地区的约 2.58 亿人处于严重粮食不安全[④]状态,远高于 2021 年的 53 个国家和地区的 1.93 亿人,全球处于严重粮食不安全状态并需要紧急粮食、营养和生计援助的人数

[作者简介]徐佳利,农业农村部对外经济合作中心助理研究员,主要从事全球粮食安全、国际发展研究。

① 安春英:《非洲粮食安全困局及其治理》,《当代世界》2023 年第 2 期,第 49 页。

② FAO,"Report of the World Food Summit," November 13-17, 1996, accessed April 2, 2023, https://www.fao.org/3/w3548e/w3548e00.htm.

③ 《关于在澜沧江—湄公河合作框架下深化农业合作和保障粮食安全的联合声明》,外交部,2022 年 7 月 6 日,https://www.mfa.gov.cn/web/ziliao_674904/1179_674909/202207/t20220706_10716044.shtml,访问日期:2023 年 7 月 9 日。

④ "严重粮食不安全"是指生命因无法摄入足够食物而面临直接危险的状态。

已连续四年增加。[①] 在此背景下,如何破解全球粮食安全治理困境成为各国广泛关注的议题。

中国既是全球粮食体系中的受益者,也是全球粮食安全治理的重要参与者和引领者,保障国内粮食安全和加强国际粮食安全合作是中国历届政府对内谋发展、对外促合作的重要关切。[②] 2016 年,在中国倡导下,澜湄合作机制正式建立,该机制把农业与减贫列为五大优先发展领域之一,成员国聚焦粮食安全开展了广泛合作,成效显著。本文基于 2016 年以来澜湄国家在全球粮食安全治理领域开展的实际行动和所发布的有关粮食安全合作的文件,对澜湄粮食安全合作的动因、路径和比较优势进行探究,并对澜湄粮食安全合作所面临的风险挑战及应对策略进行分析。

一、澜湄国家推进次区域粮食安全合作的动因

由于世界经济复苏乏力、全球气候变化加剧、地缘政治冲突频发,粮食安全问题已成为各国面临的共同挑战。作为当前最具活力和发展潜力的亚洲地区性多边合作机制,澜湄合作逐渐成为地区乃至全球粮食安全治理的重要途径。2014 年 11 月,在第 17 次中国—东盟领导人会议上,中国提出建立澜沧江—湄公河合作(简称"澜湄合作")机制。2016 年 3 月,澜湄合作首次领导人会议在海南三亚举行,全面启动澜湄合作进程,旨在深化澜湄六国睦邻友好和务实合作,促进沿岸各国经济社会发展,打造澜湄流域经济发展带,建设澜湄国家命运共同体,助力东盟共同体建设和地区一体化进程,为推进南南合作和落实联合国 2030 年可持续发展议程作出贡献,共同维护和促进地区持续和平和发展繁荣。澜湄合作明确将农业和减贫列为五大优先合作领域,从而标志着澜湄国家参与全球粮食安全治理的正式开启。[③] 概言之,澜湄国家积极参与全球粮食安全治理主要是基于以下历史背景和动因。

(一)促进澜湄国家粮食安全状况改善

粮食作为一种战略资源,其稳定的供应和可及性决定着国家的社会稳定和主权独立,因此粮食安全在国家安全战略中被视为基础要素。[④] 澜湄国家积极参与全球粮食治理,其重要原因之一在于澜湄国家面临着共同的粮食安全挑战,迫切需要改善地区的粮食安全状况。这种挑战主要包括全球气候变化持续、俄乌冲突溢出效应、全球粮食价格高企等。

---

① WFP, and FAO, "Global Report on Food Crises 2023," p. 7, accessed June 23, 2023, https://www.fsinplatform.org/sites/default/files/resources/files/GRFC2023-hi-res.pdf.

② 张帅:《风险叠加背景下的全球粮食体系转型与中国粮食安全韧性建设》,《社会主义研究》2023 年第 3 期,第 168 页。

③ 《澜沧江—湄公河合作》,外交部,2025 年 4 月更新,https://www.fmprc.gov.cn/wjb_673085/zzjg_673183/yzs_673193/dqzz_673197/lcjmghhz_692228/gk_692230/,访问日期:2024 年 11 月 27 日。

④ 王箫轲、朱一宁:《新冠疫情背景下中日韩粮食安全合作的空间与战略》,《当代韩国》2021 年第 1 期,第 67 页。

1. 澜湄国家粮食安全水平有待提高

经济学人智库发布的全球粮食安全指数显示,2022 年澜湄六国中只有中国和越南位于全球粮食安全指数得分的平均数之上(见表 1),泰国得分接近全球平均数水平(第 64 名),缅甸(第 72 名)和柬埔寨(第 78 名)情况相近,而老挝的粮食安全状况最差,其得分排名在澜湄国家中最低(第 81 名)。中国、泰国和越南在粮食价格可负担性方面基础较好,公众购买粮食的经济压力不大,但是缅甸、老挝、柬埔寨国内的粮食价格相对较高,公众购买粮食的压力偏大,这也正是影响其粮食安全总体状况的重要因素。在粮食可及性方面,中国的成效格外突出,排名居世界第二。但与此同时,其他澜湄国家的状况都不容乐观,除越南外,都处于全球平均数之下。[①] 总体而言,澜湄国家粮食安全水平有待提高。

表 1　澜湄国家在 2022 年全球粮食安全指数(GFSI)中的排名

国家	全球排名	总分(100)	价格可负担性(排名)	可及性(排名)	质量与安全(排名)	可持续性及适应性(排名)
中国	25	74.2	86.4(33)	79.2(2)	72(46)	54.5(55)
缅甸	72	57.6	62.1(72)	53.5(76)	64.4(65)	49(76)
老挝	81	53.1	59.7(79)	51.8(81)	51.7(91)	47(80)
泰国	64	60.1	83.7(39)	52.9(77)	45.4(102)	51.6(69)
柬埔寨	78	55.7	74.3(55)	54.5(72)	54(85)	33.9(111)
越南	46	67.9	84(38)	60.7(49)	70.2(53)	52.2(67)
全球中位数	—	63	73.4	59.3	69	53.7
全球平均数	—	62.2	69	57.8	65.9	54.1

来源:"Global Food Security Index 2022," *Economist Impact*, October 13, 2021, accessed May 20, 2023, https://impact.economist.com/sustainability/project/food-security-index/.

2. 气候变化威胁澜湄国家粮食生产

气候变化是长期时间尺度上地球气候系统的持续变化。气候变化通常涉及长期平均气候要素的变化,如平均温度、降水量和风向。这些变化可能表现为气候系统的整体变暖或变冷、极端天气事件的增加、降水模式的改变、海平面上升、冰川和冰层消融等。[②] 由于农业是一个高度依赖天气的行业,干旱、洪水、野火和风暴等极端事件的发生可能对农作物、牲畜、农业基础设施甚至农业社区构成巨大威胁。粮食供应是粮食安全框架的基础,粮食生产是确保粮食供应的核心。

---

① "Global Food Security Index 2022," *Economist Impact*, October 13, 2021, accessed May 20, 2023, https://impact.economist.com/sustainability/project/food-security-index/.

② M. E. Brown et al., "Climate Change, Global Food Security, and the U.S. Food System," December, 2015, p.1, accessed May 20, 2023, https://www.usda.gov/sites/default/files/documents/FullAssessment.pdf.

气候变化在一定程度上或将改变作物品种、季节条件和大气条件(如二氧化碳浓度),这些都将给粮食作物生产带来负面影响,削弱粮食生产能力。而粮食生产能力下降将导致粮食短缺,引发国内粮食价格上涨,从而破坏粮食供应和食物获取机制体系。[1] 毋庸置疑,气候变化不可避免地会对粮食安全产生重大影响。根据德国观察组织发布的2021年全球气候风险指数报告,从2000年至2019年,东南亚的许多国家(如缅甸、泰国和越南)都有极高的气候变化风险。[2] 在解决地区粮食安全问题时,气候变化已成为一个关键因素。例如,受气候变化影响,自2019年底东南亚已经面临严重的干旱问题。根据湄公河委员会的统计数据,湄公河的水位在2019年创下了近60年来的最低纪录,再加上厄尔尼诺现象的出现,东南亚湄公河下游的亚洲国家(包括柬埔寨、老挝、泰国和越南)都面临着严重的干旱,导致越南和泰国两个主要大米出口国的大米出口价格上涨。[3] 此外,气候变化风险的影响不局限于农业生产,还延伸到粮食系统中对粮食安全至关重要的其他要素,覆盖了加工、储存、运输和食物消费等环节。[4]

3. 俄乌冲突的溢出效应冲击澜湄国家粮食安全

俄罗斯和乌克兰这两个农业强国合计占世界小麦出口的25%至30%,占世界玉米出口的15%。俄乌战争严重扰乱了两国对世界其他地区的谷物(和化肥)供应,其对全球粮食系统造成的冲击使许多依赖它们粮食进口的国家饥饿形势进一步加剧。[5] 一方面是对粮食价格的影响。由于新冠疫情叠加俄乌冲突双重因素影响,全球食品价格指数从2020年的98.1飙升至2022年的143.7,涨幅高达46.5%。其中,谷物价格指数从2020年的103.1飙升至2022年的154.7,在两年时间内增长过半,创下自1990年该指数设立以来的最高纪录。[6] 在经济全球化的大背景下,全球粮食价格的高涨,会逐步传导至澜湄国家的粮食市场,从而削弱澜湄国家公众的粮食购买力,尤其是对缅甸、老挝和柬埔寨等国内粮食系统脆弱的澜湄国家来说影响格外严重。另一方面是对粮食生产的影响。俄乌冲突的外溢效应冲击了澜湄国家的粮食产能。俄罗斯是全球最大的化肥出口国,也是全球化肥市场的重要供应来源——2021年俄罗斯氮肥出口量居全球第一,市场

① Hen-I Lin et al., "Status of Food Security in East and Southeast Asia and Challenges of Climate Change," *Climate* 10, no. 3 (2022):16, accessed April 1, 2023, https://doi.org/10.3390/cli10030040.

② David Eckstein et al., Global Climate Risk Index 2021: Who Suffers Most from Extreme Weather Events? Weather-Related Loss Events in 2019 and 2000—2019; Germanwatch: Bonn, Germany, 2021, accessed April 1, 2023, https://germanwatch.org/sites/germanwatch.org/files/Global%20Climate%20Risk%20Index%202021_1.pdf.

③ Mekong River Commission, "Mekong River Monitoring," 2021, accessed April 1, 2023, https://www.mrcmekong.org/.

④ M. E. Brown et al., "Climate Change, Global Food Security,and the U.S. Food System," December, 2015, p. 3, accessed May 20, 2023, https://www.usda.gov/sites/default/files/documents/FullAssessment.pdf.

⑤ Genevieve Donnellon-May and Paul Teng, "Southeast Asian Food Security One Year Into the Ukraine War," March, 2023, accessed April 1, 2023, https://www.researchgate.net/publication/369413630_Southeast_Asian_Food_Security_One_Year_Into_the_Ukraine_War#:~:text=Southeast%20Asia%20has%20weathered%20the%20overall%20impact%20of,food%20insecurity%20nor%20mass%20hunger%20has%20visibly%20increased.

⑥ FAO, "FAO Food Price Index," accessed April 1, 2023, https://www.fao.org/worldfoodsituation/foodpricesindex/en/.

份额占比约为 16%；钾肥出口量居全球第二，占比约为 22%；磷肥出口量居全球第三，占比约为 14%。[1] 中国、泰国、越南、缅甸等澜湄国家每年都需要从俄罗斯进口化肥，其中中国进口额达 10 亿美元，泰国 1.72 亿美元，越南 1.41 亿美元，缅甸 657 万美元。[2] 无论是物流受阻，还是俄罗斯遭受金融制裁，均对全球化肥市场产生严重冲击。不仅如此，俄乌冲突导致化肥主要原料天然气价格高企，从而推高了化肥价格，甚至造成化肥生产中断。根据联合国粮农组织的评估，肥料价格每上涨 10%，粮食成本将会上涨 2%，同时由于贫困人口在粮食方面的支出占比更大，他们将承受最为沉重的负担，[3] 进而直接影响该地区粮食安全。

(二)发挥澜湄粮食安全合作的良好基础作用

澜湄国家丰富的农业资源是其开展粮食安全合作的重要基础。澜湄次区域是全球水稻、热带经济作物、糖料作物的主产区，也是亚洲乃至全球农业极具发展潜力的地区之一。农业在澜湄国家的经济发展中占有突出地位，农业人口占比相对较高，且地理和气候条件优良，自然资源丰富，为澜湄国家开展粮食安全合作提供了良好的物质性条件。根据美国农业部的统计数据，在 2021—2022 年度，全球大米总产量约为 5.13 亿吨。其中，中国大米产量以 1.49 亿吨位居世界首位，越南和泰国分别以 2680 万吨和 1990 万吨位列世界第五和第六位。此外，缅甸、柬埔寨、老挝大米产量分别为 1240 万吨、577 万吨、195 万吨。[4] 澜湄国家的大米产量占到了世界总产量的 41.98%（见表 2）。此外，玉米也是澜湄地区两种比较重要的主粮作物。中国、越南、泰国是重要的玉米产地，其中中国是世界上玉米种植面积最大的国家，2021—2022 年度种植面积达 4332 公顷，产量达 2.73 亿吨，居世界第二位。同年，泰国产量为 530 万吨，越南产量为 445 万吨。[5] 农产品贸易方面，2022 年，中国与湄公河国家贸易额达 318 亿美元，同比增长 12.8%，较 2017 年增长 100%。农资贸易方面，2022 年，中国与湄公河国家肥料进出口贸易额达 1.7 亿美元，同比增长 10.3%，较 2017 年增长 39.18%。

总体而言，澜湄国家农业资源禀赋优良，农业合作历史悠久，是共建"一带一路"农业国际合作的重点区域，具有良好的合作基础。

---

① Statista Research, "Export Volume of Fertilizers from Russia in 2021, by Type," September 21, 2023, accessed July 1, 2023, https://www.statista.com/statistics/1298717/russia-fertilizer-export-volume-by-type/.

② https://tradingeconomics.com/, Trading Economics, accessed July 1, 2023.

③ FAO, "OECD-FAO Agricultural Outlook 2023—2032", July 6, 2023, accessed July 8, 2023, https://www.fao.org/markets-and-trade/publications/detail/en/c/1644018/.

④ "World Agricultural Production," USDA, November, 2024, p. 38, accessed December 8, 2024, https://apps.fas.usda.gov/psdonline/circulars/production.pdf.

⑤ "World Agricultural Production," USDA, November, 2024, p. 33, accessed December 8, 2024, https://apps.fas.usda.gov/psdonline/circulars/production.pdf.

表 2 2021—2022 年度澜湄国家水稻种植面积与产量情况

国家	种植面积/百万公顷	单位面积产量/(吨·公顷⁻¹)	大米总产量/百万吨
中国	29.92	7.11	148.99
柬埔寨	3.27	2.89	5.77
老挝	0.94	3.28	1.95
缅甸	7	2.77	12.40
泰国	10.70	2.81	19.88
越南	7.19	5.96	26.77
澜湄国家合计	59.02	—	215.76
世界总计	165.51	4.64	513.95

注:单位面积产量指的是去壳之前的数值,大米产量指的是去壳加工后的数值。

(三)有利于提升澜湄国家的外交软实力

约瑟夫·奈认为,软实力"源自对议程设置以及对辩论框架的决定"[①]。在当今时代,如何通过参与国际机制建设促进全球治理已经成为各国打造自身外交软实力的重要路径。[②] 首先,通过积极参与国际机制,国家展示了其履行国际责任和承诺的意愿,国家的参与表明其在全球事务中的可信度和可靠性,有助于建立良好的国家声誉;[③]其次,参与国际机制可以使国家在特定领域展示其领导力。通过在国际机制中推进议程设置、塑造规范、制定规则、倡议动员以及提供制度性理念,一个国家可以树立自身具有权威和领导力的形象,进而提高国家影响力,并获得其他国家的尊重和支持;[④]最后,国际机制提供了一个平台,使国家能够表达和推动其核心价值观和利益。通过参与国际机制的讨论和决策过程,一个国家可以明确并强调其在全球事务中的立场和优先事项。这有助于国际社会对该国的理解,并使国家形象更加准确和清晰。[⑤] 因此,参与澜湄这一国际机制性合作,对于澜湄国家提升在全球粮食安全治理中的话语权和影响力,从而促进其外交软实力的塑造至关重要。

粮食安全不仅关乎食物和人类生存,还涉及经济和社会的几乎所有方面,[⑥]这一特点也使其成为塑造国家外交软实力的重点领域。澜湄国家通过粮食安全合作来提升其国际形象的努力主

---

① Joseph Nye,"The Changing Nature of World Power",Political Science Quarterly105,No.2(1990):181.
② 晋继勇、贺楷:《金砖国家参与全球卫生治理的动因、路径与挑战》,《国际观察》2019 年第 4 期,第 125 页。
③ 胡春艳:《中国对国际机制的参与与国家形象的建构》,《国际问题研究》2011 年第 1 期,第 11—14 页。
④ 韩雪晴:《全球视野下的制度性话语权:内涵、类型与构建路径》,《新疆师范大学学报(哲学社会科学版)》2019 年第 3 期,第 18—19 页。
⑤ 江忆恩:《简论国际机制对国家行为体的影响》,《世界经济与政治》2002 年第 12 期,第 22—27 页。
⑥ "This is Why Food Security Matters Now more than Ever,"World Economic Forum,Nov 23,2020,accessed July 1,2023,https://www.weforum.org/agenda/2020/11/food-security-why-it-matters/.

要表现在两个维度:其一是通过发挥议程设置能力,将粮食安全议题置于国际发展的核心议程之中,推动改善发展中国家的粮食安全状况。澜湄国家尽管面临严峻挑战,但是仍然采取具体而有效的措施来改善次区域的粮食安全状况,同时促进 2030 年可持续发展目标的实现。其二是通过发挥日益增长的政治和经济影响力,促进全球粮食公平,提供粮食和农业技术援助。虽然近年来农业现代科技的发展促进了全球粮食生产能力的进步,但是南北粮食安全水平的差距仍在不断拉大。作为新兴次区域合作机制,澜湄国家在全球粮食安全治理中务实合作,努力提升"全球南方"在粮食安全治理事务中的话语权。例如,中国积极提供力所能及的多双边紧急粮食援助,对缓解有关国家人道主义危机、促进世界消除饥饿目标的实现发挥了积极作用,得到国际社会和有关国家的高度评价。[①] 2023 年 2 月,中国正式公布《全球安全倡议概念文件》,强调要维护全球粮食安全,加强行动协调,维护国际农产品贸易平稳运行,保障粮食生产和供应链畅通,避免将粮食安全问题政治化、武器化。[②] 澜湄国家在全球粮食安全治理中的新理念以及其系列行动、国际公共产品等无疑提升了自身的外交软实力。

二、澜湄粮食安全合作的实践路径

作为新兴的区域性多边合作机制和发展最为迅速的经济合作组织,澜湄国家已成为全球粮食安全治理领域中的积极行为体,并且正发挥着日益重要的作用。澜湄国家主要通过澜湄粮食安全合作机制、深化澜湄次区域粮食安全项目合作、强化知识分享与能力建设等三个路径深化粮食安全合作。

(一)建立健全澜湄粮食安全合作机制

一是建立常态化的领导人会议机制。2016 年 3 月,澜沧江—湄公河合作首次领导人会议在海南三亚举行,澜湄合作正式启动。在六国各部门、各地方的共同努力下,澜湄合作现已发展成为最具活力和发展潜力的次区域合作机制,为区域发展持续注入"源头活水"。

二是建立农业联合合作组/中心机制。2017 年,澜湄合作农业联合工作组成立。2018 年,中国在澜湄合作第二次领导人会议上提议"共同设立澜湄农业合作中心"。经中国农业农村部批准,2019 年 1 月,澜湄农业合作中心正式设立,围绕共建"一带一路"倡议和澜湄合作机制,聚焦重点领域,打造澜湄次区域农业技术交流、联合研究及投资贸易合作平台,促进澜湄次区域国家农

---

① 《〈中国的粮食安全〉白皮书(全文)》,中华人民共和国国务院新闻办公室,2019 年 10 月 14 日,http://www.scio.gov.cn/zfbps/ndhf/2019n/202207/t20220704_130643.html,访问日期:2023 年 7 月 9 日。

② 《全球安全倡议概念文件(全文)》,中国政府网,2023 年 2 月 21 日,https://www.gov.cn/xinwen/2023-02/21/content_5742481.htm,访问日期:2023 年 7 月 9 日。

业与粮食领域的经验分享、立场协调与务实合作,发挥区域性协调支持机构的作用。

三是设置中长期行动计划。2020年1月,澜湄六国农业部门正式通过《澜湄农业合作三年行动计划(2020—2022)》,作为澜沧江—湄公河合作第五次外长会会议成果正式发布,就加强农业政策对话、农业产业发展、农产品贸易与农业私营部门投资合作、能力建设与知识分享及其他优先领域合作达成广泛共识。[①] 2022年7月,在澜沧江—湄公河合作第七次外长会上,六国共同发布《关于在澜沧江—湄公河合作框架下深化农业合作和保障粮食安全的联合声明》,明确要"加强粮食安全合作、促进经贸合作、开展农业科技合作和人才交流等"[②]。2023年12月,澜湄六国共同发布《澜沧江—湄公河合作五年行动计划(2023—2027)》,提出"加强澜湄国家农业战略对接、政策沟通和经验分享,发挥好澜湄合作农业联合工作组和澜湄农业合作中心的核心作用,促进区域绿色、可持续及创新性农业发展",以及落实"丰收澜湄"项目集群,加强农业科技合作,举办农业贸易和投资促进活动,深化粮食安全和农业食品体系合作,等等。[③]

四是澜湄相关成员国积极出台国内配套政策对接澜湄粮食安全合作,为推进机制化合作提供动力。例如,柬埔寨农林渔业部制定《农业战略发展规划(2019—2023年)》,提高农业生产力增长水平和扩大农业出口;[④]泰国坚持"农民稳定、农业富余、农业资源可持续发展"理念,制定《20年农业发展规划(2017—2036年)》,纳入国家20年发展战略;[⑤]越南在制定的《2021—2030年和远期展望至2050年的农业与农村可持续发展战略》中强调农业是国家可持续发展的基础,并提出到2030年农林水产品出口额年均增长5%～6%等具体目标。[⑥] 澜湄粮食安全合作机制不断完善,覆盖领域日趋广泛。

(二)深化澜湄次区域粮食安全项目合作

合作项目是澜湄粮食安全合作机制从概念走向实践的关键一步。2016年,在澜湄合作首次

---

① 农业农村部对外经济合作中心:《澜湄农业合作进展与前景》,2019年12月24日,http://www.fecc.agri.cn/gjhz/201912/t20191224_344307.html,访问日期:2023年7月9日。

② 《关于在澜沧江—湄公河合作框架下深化农业合作和保障粮食安全的联合声明》,外交部,2022年7月6日,http://www.fmprc.gov.cn/ziliao_674904/1179_674909/202207/t20220706_10716044.shtml,访问日期:2023年7月6日。

③ 《澜沧江—湄公河合作五年行动计划(2023—2027)》,中国政府网,2023年12月26日,https://www.gov.cn/yaowen/liebiao/202312/content_6922341.htm,访问日期:2024年4月9日。

④ The Ministry of Agriculture, Forestry, and Fisheries of Cambodia, "Five-Year Strategic Plan 2019-2023 for Agriculture Sector," Policy Pulse, January 2, 2020, accessed July 9, 2023, https://policypulse.org/policy-inventory/ministry-of-agriculture-forestry-and-fisheries/five-year-strategic-plan-2019-2023-for-agriculture-sector/#:~:text = Five-Year% 20Strategic% 20Plan% 202019-2023%20for%20Agriculture%20Sector%20The,change%20and%20to%20move%20from%20labor-intensive%20traditional%20practices.

⑤ The Ministry of Agriculture and Cooperatives, "The Twenty-Year Agricultural and Cooperative Strategy (2017—2036) Thailand," 2017, accessed July 6, 2023, https://www.moac.go.th/moaceng-magazine-files-422991791792.

⑥ "Vietnam Issues Sustainable Agriculture and Rural Development Strategy 2021—2030 Vision to 2050," Foreign Agricultural Service, March 2, 2022, accessed July 9, 2023, https://apps.fas.usda.gov/newgainapi/api/Report/DownloadReportByFileName?fileName = Vietnam% 20Issues% 20Sustainable% 20Agriculture% 20and% 20Rural% 20Development% 20Strategy% 2020212030% 20Vision%20to%202050_Hanoi_Vietnam_VM2022-0010.pdf.

领导人会议上,中方提出设立澜湄合作专项基金,支持六国提出的中小型合作项目。2017—2021年,澜湄合作专项基金拟在 5 年时间内提供 3 亿美元资金以支持澜湄六国的中小型合作项目。2017—2020 年,澜湄基金陆续支持了近 400 个项目;农业是澜湄合作五大优先领域之一,各国累计实施农业项目 100 余个,涉及水稻、果蔬等种植,病虫害防治,畜牧养殖,渔业生态养护,农产品加工,贸易促进,农村发展与减贫,能力建设等多个领域。[①] 2020 年,在澜湄合作第三次领导人会议上,中国提出的实施好"丰收澜湄"项目集群的要求,推广分享农作物和农产品加工、存储技术,提升农产品质量安全体系,建设农业产业合作园区,增强次区域农业竞争力。[②] 此外,2022 年 7 月 4 日,在澜沧江—湄公河合作第七次外长会期间,中国再次提出"六大惠湄举措",其中"澜湄农业合作百千万行动计划"位居首位,即为湄公河国家开展 100 个农技推广项目,培训 1000 名农业致富带头人,建设 10000 公顷示范良田。[③] 中国发起的"促进粮食生产专项行动"已经形成 17 个务实合作项目,聚焦水稻、木薯、设施农业、渔业、热带果蔬等,与数十国分享知识、信息、技术、经验等,如在湄公河五国开展的"澜湄国家热带果蔬加工与检测合作平台建设"和"湄公河次区域胡椒和草果等特色香辛料作物产业技术示范"项目。[④] 项目正成为推进澜湄粮食安全合作的有力抓手。

(三)强化知识分享和能力建设

充分发挥比较优势,通过农业技术合作扩大农业知识和技术的受益范围是澜湄粮食安全合作的重要路径。在农业领域,中国与其他澜湄国家的农业生产自然环境相近、农业生产起步相似。但新中国成立后,中国农业发展取得了显著成就,湄公河国家的农业发展却依然滞后,中国与湄公河国家之间农业发展差距逐渐拉大,这主要是因为中国历届政府都将农业视为治国理政的重要领域和关系国家发展与稳定的头等大事,并在实践中不断调整农业顶层设计和发展政策。[⑤] 而湄公河国家由于经济发展长期滞后,资金投入不到位,再加上缺乏先进的农业技术和知识,农业现代化程度长期偏低。因此,中国的粮农发展经验对于其他澜湄国家而言具有良好的借鉴意义。

无论是澜湄合作领导人会议,还是澜沧江—湄公河合作外长会,都强调了农业技术合作的重

① 农业农村部对外经济合作中心:《澜沧江—湄公河农业合作发展报告 2020》,中国农业出版社,2021,第 3 页。
② 《李克强在澜沧江—湄公河合作第三次领导人会议上的讲话》,中国政府网,2020 年 8 月 24 日,www.gov.cn/xinwen/2020-08/24/cntent_5537041,访问日期:2023 年 7 月 8 日。
③ 《王毅谈中方下阶段六大惠湄举措》,新华网,2022 年 7 月 5 日,www.xinhuanet.com/2022-07/05/c_1128803591.htm,访问日期:2023 年 7 月 9 日。
④ 中国国际知识发展中心:《全球发展倡议落实进展报告 2023》,2023 年 6 月 21 日,第 17 页,https://www.cikd.org/ms/file/getimage/1673878316910813186,访问日期:2023 年 7 月 9 日。
⑤ 张帅:《中阿合作论坛框架下的农业合作:特征、动因与挑战》,《西亚非洲》2020 年第 6 期,第 91 页。

要性和必要性。2016 年发布的《澜沧江—湄公河合作首次领导人会议三亚宣言》强调,"开展农业技术交流与农业能力建设合作,在湄公河国家合作建立更多的农业技术促进中心,建设优质高产农作物推广站(基地),加强渔业、畜牧业和粮食安全合作,提高农业发展水平"①。2020 年澜沧江—湄公河合作第三次领导人会议通过的《万象宣言》也强调"密切各国农业交流与合作,促进区域绿色、可持续及创新型农业发展。继续发挥在中国建立的澜湄农业合作中心的平台作用,加强澜湄国家在农业科技合作和技术转移、能力建设、知识共享、联合研究、投资贸易等方面合作,推动农业可持续发展,支持提升澜湄区域绿色农产品产能"②。

澜湄国家力图通过技术合作,促进广大发展中国家在粮食安全治理领域的能力建设。例如,为进一步推进澜湄次区域的科技惠农,澜湄国家不断加大农业科技的机制建设和资金投入力度。2019 年,"澜湄合作农业科技交流协作组"正式成立,在更高层次上打造澜湄国家农业科技交流与联合研究合作平台,通过建立植物病虫害防控合作机制、动物疫病防控合作机制和渔业生态养护合作机制,促进澜湄次区域的农业可持续发展。③ 2021 年,中国围绕农产品质量安全、蔬菜种植、畜牧养殖等领域举办各类澜湄农业培训班 40 余期,培训来自湄公河国家的学员 2000 多人次。同时,利用丰收澜湄云课堂、农业示范园区等多种平台,开展优良品种与技术示范推广,为各国农业发展提供了借鉴性经验,提升了湄公河国家应对粮农挑战的能力。

中国与其他澜湄国家分享农业生产经验,其目的是使澜湄国家探索出一条适合自身的农业发展之路,并能够结合本国自然环境对中国农业技术再创造,以实现自主型农业发展,从而确保粮食安全和维护粮食主权。在澜湄合作机制下,中国以粮食安全合作为载体与其他澜湄国家分享治国理政经验,也提升了中国在全球粮食安全治理中的话语权和影响力,并促使中国在经验分享的过程中不断创新农业技术,有助于形成以"共享"促"共赢"的澜湄粮食安全合作模式。

三、澜湄粮食安全合作面临的现实挑战

作为新兴的区域性多边机制,澜湄国家坚持以发展为先,以多边主义为路径,在机制设计、理念引领和物质援助等全球粮食安全公共产品的提供方面彰显了其在全球粮食安全治理中的重要性。尽管如此,澜湄粮食安全合作依然面临诸多挑战。

---

① 《澜沧江—湄公河合作首次领导人会议三亚宣言(全文)》,新华社,2016 年 3 月 24 日,https://www.gov.cn/xinwen/2016-03/24/content_5057018.htm,访问日期:2023 年 7 月 9 日。

② 《澜沧江—湄公河合作第三次领导人会议万象宣言(全文)》,新华社,2020 年 8 月 24 日,http://www.gov.cn/xinwen/2020-08/24/content_5537090.htm,访问日期:2023 年 7 月 9 日。

③ 《澜湄合作农业科技交流协作组成立——农业科技合作 道路越走越宽》,《云南日报》,2019 年 9 月 5 日,https://www.yn.gov.cn/ywdt/bmdt/201909/t20190905_182162.html,访问日期:2023 年 7 月 9 日。

(一)澜湄国家的农业发展利益诉求多元且积极性不同

整体来看,澜湄国家在粮食生产水平上存在较大差异。一些国家粮食生产水平和科技水平较为发达,而另一些国家则相对滞后。这种不平衡导致农业合作中的资源分配和利益分配存在一定困难。例如,泰国是一个农业大国,拥有广泛的农业产业链,涵盖了粮食、养殖、渔业、果蔬等多个领域。相比之下,柬埔寨和老挝等国的农业产业相对较为简单,主要依赖于传统的农耕和种植业。因此,在农业合作中,各国对于农业产业结构的调整和升级可能存在不同的需求和优先级。澜湄国家在农产品出口方面的利益诉求也不尽相同。一些国家具有出口农产品的优势,希望通过扩大出口来增加农业收入和国际竞争力。例如,泰国的水果、缅甸的稻米等农产品在国际市场上具有一定的竞争力,而其他国家则更关注如何满足国内市场需求和解决粮食安全的问题。因此,在粮食安全合作中,各国对于开拓国际市场和满足国内需求的重视程度有较大差异,而这种差异则直接导致各国对不同的合作活动表现出截然不同的积极性。总之,澜湄国家在农业发展领域的利益诉求不尽相同,这主要受到各国农业产业结构、市场需求、资源分配以及农业技术和创新等方面的影响。在推进澜湄农业合作时,需要审慎考虑和协调各国的利益诉求,通过平等合作和协商达成共识,实现共赢和可持续的农业发展。

(二)在农业合作风险层面,合作对象国投资风险较高

中国在澜湄国家开展粮食安全合作面临的风险有:政权更迭、社会动荡、战争冲突和文化差异等因素引起的社会政治风险,以及合作对象国金融贸易政策调整所带来的经济风险。具体而言:首先,湄公河国家政治体系的不稳定性可能导致投资者面临政策不确定性和政治动荡的风险。农业合作是投资长、见效慢的领域,政府变革、法规变化以及政府对农业部门的干预都可能会对投资者的利益产生负面影响。例如,2021年缅甸政治动荡使农业状况恶化,一系列农业国际合作项目被迫搁置,合作对象国前期投资遭受损失。其次,湄公河国家的法律和法规环境存在诸多不确定性和执行挑战。投资者可能面临合同执行困难、土地所有权争议、知识产权保护不力等问题,同时,法律透明度和司法独立性的缺乏也可能增大投资的法律风险;此外,湄公河国家的社会和文化背景具有复杂多样的特点,当地社会文化环境和语言差异也可能成为粮食安全国际合作的一大阻碍。[1]

(三)澜湄粮食安全合作对话机制层级有待进一步提升

当前澜湄粮食安全合作专门机制为澜湄农业合作联合工作组,属于司局级合作机制,尚未建

---

[1] 源自笔者于2023年7月2日与中国在湄公河国家投资农业企业中工作人员的访谈。

立部长级对话机制。首先，高层对话机制通常需要高级别的政治支持和承诺，由于在澜湄农业合作中未能建立部长级对话机制，或降低成员国合作的政治意愿和优先级，限制了合作的深度和范围。其次，高层对话机制能为各国农业部门间的直接沟通和协调提供重要的平台。高层对话机制的缺失，会增加信息传递和合作协调的障碍，导致信息不对称、协作困难和决策延迟，或可导致澜湄国家间的意见分歧和利益冲突无法得到及时解决，从而影响农业合作的进展和成果。最后，高层对话机制通常可为农业合作提供更多的资金和资源支持。高层对话机制缺失可能会影响各国在澜湄农业合作中的投入和支持程度，或将制约农业合作绩效的提升。

随着全球粮食安全形势愈发严峻，粮食安全合作已经成为澜湄合作的首要议题。在澜湄粮食安全合作的机制化时期，中国需积极引领澜湄粮食安全合作，尤其是在风险防范、合作机制、合作领域、合作模式等维度加强统筹谋划、系统施策，通过务实行动，加大粮食安全合作力度，提升澜湄粮食安全状况。其一，加强政策沟通，聚焦各方利益关切。在合作进程中，统筹考量各成员国的农业发展现状，以各国农业发展与合作需求为导向，科学设定合作议程，积极搭建对话平台，畅通各方诉求表达渠道，满足各方需求。其二，建立风险防范机制。开展合作前，应了解目标国家的政治、法律、经济和社会环境，评估农业部门的潜力和风险，建立健全的风险管理和监测机制，定期评估项目进展并监测市场和政策变化，及时应对风险并采取必要的调整措施。与当地合作伙伴建立密切的合作关系，同时要保持与合作伙伴和当地利益相关者的沟通，及时了解动态情况，以便事前有效化解风险。其三，探索升级澜湄粮食安全对话机制。在农业合作机制层面，澜湄农业高层需积极塑造澜湄农业部长级对话机制，以机制建设为路径为澜湄农业合作注入动能。

四、结　语

共同的粮食安全挑战、提升农业话语权的政治诉求以及优势互补的农业技术条件，使得澜湄国家携起手来，成为推动全球粮食安全发展的新力量。通过提升粮食安全治理在全球发展议程中的地位、推动国际粮农系统等全球粮食安全治理机制的变革以及开展农业知识分享和能力建设来扩大科技惠农的范围，澜湄国家成为全球粮食安全治理活动的积极推动者。与此同时，澜湄国家由于农业发展水平、经济投入、饥饿负担以及各自通过粮食议题所追求的外交利益诉求不同，难免在政策协调方面存在集体行动困境。尽管澜湄合作领导人会议和澜湄外长会都以共同声明的形式就澜湄粮食安全合作政策发出同一个声音，但是这些声明的落实程度还有待提高，因此对全球粮食安全治理产生的影响依然有限。作为亚洲区域合作的"金色样板"，澜湄国家在全球粮食安全合作方面更多是通过与不同的成员国开展合作，提供粮食和技术援助，但是在联合国粮农组织等全球粮食安全治理机制的经济投入方面存在一定局限性。作为澜湄合作的倡导者和引领者,中国通过澜湄合作以及联合国粮农组织、世界粮食计划署等多边机制扩大对全球粮食安全的投入,将是一个互利的战略选择,因为中国全球粮食安全战略的投资和规模不但会拓展全球粮食安全利益,而且会增强中国的外交影响力。

生物安全的"叠掩"性风险识别及
对中国生物安全能力提升的启示

刘天阳[1]　何诗雨[2]

[摘　要]生物安全是总体国家安全的重要组成部分。本文在生物安全研究"微生物转向"的背景下,分析了现代生物安全风险的"叠掩"特性。现代生物安全风险的"叠掩"特性在很大程度上挑战了国家对生物安全风险的识别和有效应对能力。生物安全的"叠掩"性风险具体呈现出三种形态:一是涌现性风险的呈现与遮蔽,二是生物安全与地缘政治的风险叠加与掩护,三是源于时空"折叠"的风险生成。对生物安全"叠掩"性风险的及时识别与有效应对,对我国国家安全体系与能力建设具有积极意义。

[关键词]微生物转向;生物安全;叠掩性;涌现性;地缘政治风险;时空折叠;风险识别

党的二十大报告指出,要推进国家安全体系和能力现代化,为中国式现代化奠定基础。生物安全是国家安全的重要内容,生物安全治理体系与能力建设对维护总体国家安全意义重大。2019年新冠疫情的"突袭",严重威胁了人民群众的生命安全与经济发展。从2019年底新冠疫情暴发至2024年3月13日,全球已有7亿多例确诊病例,累计死亡人数超过680万。[①]面对严峻的生物安全挑战,我们需要进一步提升认知、整合资源、加强预测,提高多系统合作的综合治理能力。本文在生物安全研究"微生物转向"的背景下,分析了现代生物安全风险的"叠掩"(layover)性特征,以及现代生物安全风险的"叠掩"特性为国家识别和应对生物安全风险带来的挑战及其能力启示。

一、生物安全风险与"微生物转向"

(一)生物安全风险

生物安全风险包含对物质安全的可能威胁和对本体安全的可能威胁两个维度。在物质安全

[作者简介] 1.刘天阳,武汉大学政治与公共管理学院副教授;2.何诗雨,武汉大学国际问题研究院硕士生。

[基金项目] 国家社会科学基金青年项目"总体国家安全观理论基础的构建路径研究"(20CZZ014)阶段性研究成果。

① "Coronavirus Disease (COVID-19) Pandemic," World Health Organization, accessed March 13, 2024, https://www.who.int/emergencies/diseases/novel-coronavirus-2019.

维度,由于微生物具有危害人体安全、动植物和生态环境安全的潜在能力和可能性,因而生物安全既可以指生物因子对人类的侵害,也可以指人类社会活动对自然生物的侵害。因此,生物安全的定义有广义的生物防控与狭义的生物防护之分。[①] 根据 2021 年起施行的《中华人民共和国生物安全法》,生物安全是指国家有效防范和应对危险生物因子及相关因素威胁,生物技术能够稳定健康发展,人民生命健康和生态系统相对处于没有危险和不受威胁的状态,生物领域具备维护国家安全和持续发展的能力。[②] 据此,生物安全风险指对人类、植物与非人类动物的全方位的生物性风险,以及国家或非国家行为体有效应对此多形态威胁的能力。[③] 生物威胁会干扰甚至中断社会的正常运行,因此,维护生物安全以保护人们免受病原微生物带来的威胁是社会的集体责任。[④]

在本体安全维度,恐惧不只是对某个存在着的明确对象的害怕,更重要的是对难以预防的、不可控制的、灾难性的、不对等的、非自愿的风险所产生的焦虑和厌恶。[⑤] 生物安全风险引发的本体不安全可能受到两个方面的影响:一是人们对某一生物安全风险的熟知程度,熟知程度的影响因素包括人们已掌握的相关知识或信息,以及风险的可识别性;二是人们接触和暴露于这一生物安全威胁的程度。[⑥] 当个体可以判断自身是否正在接触和暴露于生物安全威胁之中,进而能够加以预防之时,威胁感知会减弱;反之,当个体既无法预测和控制病毒和疾病的涌现,也无法判断和控制自身的接触和暴露情况时,威胁感知就会增强。因此,本体安全视角下的生物安全风险是一种深嵌于存在性焦虑之中的风险。这种焦虑与实际威胁可能不成比例,甚至可能独立于实际威胁而存在,它威胁到人的本体安全,甚至可能引发过度应激的行为反应。

事实上,生物安全风险不同于它所造成的实质性损害,而更多地指一种潜在性、可能性和不确定性,比如"不知道"病毒会在何时何地涌现,"不确定"疫情持续的时间和蔓延的范围,以及"不确定"其可能造成的后果及其严重程度。这些"未知的未知"共同构成了一种"场景",在这一场景中,生物安全风险不可能被完全消除,而只能被尽可能地识别和应对。

---

① 于文轩:《生物安全立法研究》,清华大学出版社,2009;王小理:《生物安全时代:新生物技术变革与国家安全治理》,《国际安全研究》2020 年第 4 期,第 109—135 页。

② 余潇枫:《论生物安全与国家治理现代化》,《人民论坛·学术前沿》2020 年第 20 期,第 6 页。

③ G. D. Koblentz, "From Biodefence to Biosecurity: The Obama Administration's Strategy for Countering Biological Threats," *International Affairs* 88, no. 1(2012): 131-148; Zhou D. et al., "Biosafety and Biosecurity," *Journal of Biosafety and Biosecurity*, 1, no. 1(2019): 15-18.

④ Lawrence O. Gostin and David P. Fidler, "Biosecurity under the Rule of Law," *Case Western Reserve Journal of International Law* 38, no. 3/4(2006-2007).

⑤ Paul Slovic et al., *Facts and Fears: Understanding Perceived Risk* (Spring, Besten, MA, 1980), 181-216.

⑥ Sonja Kittelsen, "Conceptualizing Biorisk: Dread Risk and the Threat of Bioterrorism in Europe," *Security Dialogue* 40, no. 1(2009): 51-71.

(二)生物安全的"微生物转向"

第二次世界大战之后,许多公共健康机构认为人类与微生物处于休战状态,人类能够控制甚至消除传染病。[1] 然而现实情况却是新的疾病不断出现,旧的疾病以更强的形式重新出现。这在以新冠疫情为代表的大流行病中表现得尤为明显。在自然科学领域,微生物研究正在经历概念性革命。[2] 生物学家正在探索人类与微生物在相互依存中的共同进化问题。有学者认为,作为微生物宿主的人的身体和生命力为微生物提供了空间和动力。而且,由于微生物突变深刻影响了公共健康和国家安全,社会科学领域也开始关注微生物层次。

2014 年,人类学家希瑟·帕克森(Heather Paxson)和斯特凡·赫尔姆赖希(Stefan Helmreich)提出了"微生物转向"(microbial turn)[3]这一概念。微生物转向标志着一个新的自然模式的出现:在低于人类日常感知的精微尺度上,有大量的有机体涌现并运作,它们独立于其他生命形式的同时又与之互嵌共构。微生物转向同时蕴含着科学和政治内涵:既要允许微生物繁衍,又要保证作为宿主与"消费者"的人类的安全。[4] 微生物转向一方面意味着人类必须重新思考"自我"的概念,即人类与微生物是同一等级的共构生命体。这种人微共构的关系本体使得内源性疾病威胁无法预测和难以改变。

米歇尔·塞尔(Michel Serres)和布鲁诺·拉图尔(Bruno Latour)用"折叠后的手帕"类比病原体所处的拓扑空间:原本平滑的手帕表面代表固定的距离和确定的边界,一旦折叠,曾经位于不同末端的布料发生接触,曾经紧密相连的布料变得遥远。[5] 同理,以前被认为距离我们非常遥远的病原体可能突然近在咫尺,持续地、直接地威胁着我们的健康。即使病原体所处的拓扑空间出现折叠,它们仍然能够通过重新组合来保持某些特质,如致病性。这提示我们不能再用"近"和"远"的感觉来思考存在和距离,也不能将病原体视为离散的、不变的物体,而是要从"边界"(borderline)这一地理概念脱离出来,建立关于"边域"(borderland)的拓扑空间想象。[6] "边域"概念可以用来描述正在形成的空间:一些元素近在咫尺,另一些元素则从远处折入,它们按照不同

---

① Melinda Cooper, "Pre-empting Emergence: The Biological Turn in the War on Terror," *Theory, Culture & Society* 23, no. 4(2006):113-135.

② Melinda Cooper, "Pre-empting Emergence: The Biological Turn in the War on Terror," *Theory, Culture & Society* 23, no. 4(2006): 113-135.

③ Heather Paxson and Stefan Helmreich, "The Perils and Promises of Microbial Abundance: Novel Natures and Model Ecosystems, from Artisanal Cheese to Alien Seas," *Social Studies of Science* 44, no. 2 (2014): 165-193.

④ Steve Hinchliffe et al., "Biosecurity and the Topologies of Infected Life: From Borderlines to Borderlands," *Transactions of the Institute of British Geographers* 38, no. 4(2013): 531-543.

⑤ Steve Hinchliffe et al., "Biosecurity and the Topologies of Infected Life: From Borderlines to Borderlands," *Transactions of the Institute of British Geographers* 38, no. 4(2013): 531-543.

⑥ Steve Hinchliffe et al., "Biosecurity and the Topologies of Infected Life: From Borderlines to Borderlands," *Transactions of the Institute of British Geographers* 38, no. 4(2013): 531-543.

的逻辑进行不同类型的接触,由此产生新的嵌入和脱嵌。这种空间想象捕捉到了人类与病原体互动的激烈景观[1],疾病不是通过空间延伸的方式,而是通过内部互动的强度和密度,来获得传播效力。因此,实现生物安全的方式与其说是建立安全边界,不如说是应对疾病的关系性特征。[2]

在这一理论背景的引导下,学术界开始通过"涌现性"(emergence)来探讨突变性危机出现之前的风险识别和应对。如果说涌现性描述的是同一时空背景下关键性生物安全情报可能被无意识地或关注或忽视(即涌现性地呈现和遮蔽),那么生物安全风险与其他类型的风险(主要是地缘政治风险)的叠加、掩护与混合则可能在原本的风险之上追加新的风险,可能造成更深层次的破坏效应。

二、"叠掩"性风险的三种形态

"叠掩"具有"折叠""叠加""掩护""遮蔽"等多重含义,依据时空背景和目的性质可以划分为以下三种形态:一是无意识地对涌现性风险进行呈现与遮蔽;二是有意识地使生物安全风险与地缘政治风险相互叠加与掩护;三是时空折叠,即不同时空之间的"遭遇",如气候变化导致更高纬度的古老病毒被重新释放,与人类遭遇。与前两种形态相比,第三种"叠掩"形态指的则是不同时空的折叠和相遇,即沉寂的古老病毒以新的形式再次涌现。

(一)涌现性的呈现与遮蔽

涌现性这一概念最早出现在微生物学领域,用于描述生物系统内复杂多元体共同作用的灾难性突变[3],这一突变现象反映了生物界迭代优化的"安全算法"之争,微生物的耐药性又给予其无限延异的潜在可能。[4] 因此,在生物安全场域中,人类面临的是难以完全隔离的"内部"敌人,一种无法绝对控制的内生性威胁;它既是人类生存所必需的,却又因此而"背叛"人类,并能够根据人类给出的"治疗方法"自我进化。[5] 因此,面对生物安全风险的涌现性,人们难以从单一突变中

① Saskia Sassen, *Territory, Authority, Rights: From Medieval to Global Assemblages princeton* (Princeton: University Press, 2006), 31-73.

② Steve Hinchliffe et al., "Biosecurity and the Topologies of Infected Life: From Borderlines to Borderlands," *Transactions of the Institute of British Geographers* 38, no.4 (2013): 531-543.

③ René Dubos, *Mirage of Health: Utopias, Progress, and Biological Change* (New Brunswick: Rutgers University Press, 1987), 25-29.

④ 余潇枫:《论生物安全与国家治理现代化》,《人民论坛·学术前沿》2020 年第 20 期,第 6 页;René Dubos, *Mirage of Health: Utopias, Progress, and Biological Change* (New Brunswick: Rutgers University Press, 1987), 264-266.

⑤ Melinda Cooper, "Pre-empting Emergence: The Biological Turn in the War on Terror," *Theory, Culture & Society* 23, no.4 (2006): 113-135.

进行线性预测。"在某个不可预知的时刻,大自然将以某种不可预知的方式展开反击"[1],这意味着涌现性在通向未来的潜在危机之中,在灾难的酝酿之中展开自身。人们需要识别当下的线索,从而将未来的灾难呈现于现时。一些生物安全的涌现性风险可能被呈现也可能被遮蔽。本文以第一次世界大战期间和冷战期间人们对甲型 H1N1 流感病毒的识别和应对为例。

对于甲型 H1N1 流感病毒的第一次大流行,美国当地媒体《费城问询报》(*Philadelphia Inquirer*)的本地病例报道始于 1918 年 9 月 19 日。根据学者统计,在此之前,《费城问询报》中有关疫情的内容可以追溯到同年 7 月 3 日,当时疫情在德国已经出现。[2] 8 月 11 日,这一传染病被定名为"西班牙流感"。[3] 9 月 18 日,迪克斯营地(Camp Dix)公布了第一例感染病例。从政府态度来看,从本地病例被第一次报道至 10 月 4 日,费城政府公共卫生部门与军方都对疫情控制保持乐观态度。[4] 也就是说,直到 10 月 4 日,美国官方才公布了疫情状况,而此时已有 7.5 万病例,且有 189 例死亡病例。随后,美国政府的代理卫生专员才颁布立即实施社交距离管控的政令。需要指出的是,《费城问询报》早在 7 月、8 月时就有提及"流感""肺炎"或"流行性感冒"等词语的报道,至 9 月则更加频繁。[5] 因为美国的常规流感季节是在 12 月,且多是老人和小孩受影响,而 1918 年甲型 H1N1 流感受影响的主体却是成年人。因此,媒体信息已显示这次流感属于未知的新型传染病。虽然媒体信息已发出对涌现性风险的预警,但公共卫生部门未予重视,错过了对疫情的早期预防和控制时机,最终导致甲型 HINI 流感疫情在全城暴发。

相比之下,当甲型 H1N1 流感疫情在冷战期间再次暴发时,对涌现性风险的识别增强了政府的疫情治理能力。《费城问询报》最早开始报道 1977—1978 年甲型 H1N1 病毒疫情是在 1977 年 2 月 11 日。[6] 而从 1976 年 12 月 17 日开始,费城本地媒体就对苏联的甲型 H1N1 流感(被美国贴标签为"俄罗斯流感")、甲型 H3N2 流感以及 1976 年猪流感在全球范围内的流行状态、疫情控制情况以及疫苗研发和接种进度进行报道。美国本土疫情暴发被报道之后,《费城问询报》的报道就聚焦于美国国内各州感染甲型 H1N1 病毒的人数,以及政府官员的态度。[7] 在 1977—1978 年的疫情中,媒体的开源信息促使疫情应对有序化与可控化。首先,本地媒体报道了苏联向国际社

---

① René Dubos, *Mirage of Health*: *Utopias*, *Progress*, *and Biological Change* (New Brunswick, Rutgers University Press, 1987), 267.

② James M. Wilson et al., "Powell Influenza Pandemic Warning Signals: Philadelphia in 1918 and 1977-1978," *Intelligence and National Security* 35, no. 4(2020): 502-518.

③ Anonymous, "It's a Trying Malady," *Philadelphia Inquirer*, August 11,1918.

④ James M. Wilson et al., "Powell Influenza Pandemic Warning Signals: Philadelphia in 1918 and 1977-1978," *Intelligence and National Security* 35, no. 4(2020): 502-518.

⑤ James M. Wilson et al., "Powell Influenza Pandemic Warning Signals: Philadelphia in 1918 and 1977-1978," *Intelligence and National Security* 35, no. 4(2020): 502-518.

⑥ James M. Wilson et al., "Powell Influenza Pandemic Warning Signals: Philadelphia in 1918 and 1977-1978," *Intelligence and National Security* 35, no. 4(2020): 502-518.

⑦ Anonymous, "The Carter Administration," *Philadelphia Inquirer*, February 24,1977.

会通报甲型 H1N1 流感的暴发,并分享了流行病学数据和病毒样本。这一关键外交信息,为美国与公众沟通并做好早期的预防准备争取了较充裕的时间。其次,媒体对于 1976 年猪流感疫苗接种运动的报道引发了政府官员及民众对即将到来的甲型 H1N1 流感的重视和担忧,使他们不再如 1918 年那样对疫情毫无准备。最后,美国公共卫生官员在国家媒体上进行了有效沟通,强调了甲型 H1N1 流感的轻微影响和低死亡率,减轻了社会恐慌,减缓了疫情暴发后的资源挤兑压力。

通过比较第一次世界大战期间和冷战期间美国对甲型 H1N1 流感疫情涌现信息的态度,可以发现生物安全的涌现性风险信息可能因为一些客观因素而被呈现或被遮蔽,比如国内社会或国际社会中是否有战争与冲突、国际制度是否有助于国家之间交换信息与开展合作、政府的态度和能力等。1918 年美国费城的甲型 H1N1 流感发生于第一次世界大战行将结束之际,虽然当地媒体发出了早期预警,但是由于疫情信息被不断封锁,各国之间缺乏紧密有效的配合,战乱期间的政府组织能力以及医疗条件都比较差,公共卫生系统不健全和战时公共服务的缺乏与崩溃,以及战争导致生态环境破坏等多种因素相互交织,大批人员伤亡,且流感疫情不断扩散。[1] 因此,美国费城当局并没有认真对待疫情,未及时采取有效的预防和隔离措施,后期的措施也并没有达到降低感染率和死亡率的成效。反观 1977—1978 年甲型 H1N1 流感的暴发,虽然处于冷战时期,但是美苏之间的公共卫生安全合作、国际健康信息的共享为缓解疫情发挥了巨大作用。同时,政府与民众之间平等透明的沟通不可忽视,这种沟通不仅能够减轻政治经济和社会的恐慌与不稳定,进而推动相关预防政策的有效实施,还能增强和稳固卫生与安全部门发布信息的可信度与措施的合法性。

基于上述分析,涌现性风险是社会因素(比如意识形态、战争等政治事件、国际关系、大众传播媒介、公共卫生体系等等)与自然因素(比如病毒的致病性、传染性、变异性、气候变化、生态系统等等)交织的产物。这种风险生成根源的复杂性使得其核心促使因素或关键施动者变得模糊不清。这种模糊性既是现有分析技术的局限性所致,也是生物安全风险生成根源的固有特征。甚至于就大流行病而言,社会元素与自然元素的流动性与交织性本身就是风险呈现与遮蔽的促使因素。

具体而言,在自然层面,人与非人类生物(比如病毒、病原体等等)本身不应作为施动性的绝对主体,是他们之间"缠绕而生"的关系构成了对人类社会的非敌意生物威胁。随着人类全球化程度的加深以及人类现代生产体系对自然界的深度重构,人与非人类生物之间的接触频率与关联深度都在不断增加,进而导致原有物种关系变易与病原体变异的可能性大幅上升。因此,就风

---

① 王叶英:《1918 年大流感对第一次世界大战的影响》,《学习月刊》2011 年第 2 期,第 9—10 页。

险的自然性而言,我们难以也不应假设某种"根本"原因或者"原初"促使因素,而应更多关注不同元素之间的组合与变易态势,从而避免对风险根源充分对象化与实体化所产生的阐释假象。

尽管自然根源难以辨识,但从信息层面来审视风险的呈现与遮蔽的话,我们可以有一个较为清晰的发现。从甲型 H1N1 流感疫情暴发的案例中可以看出,相关新闻报道的增多与关联反映了未知病毒的出现,暗示了某种新型威胁态势的形成。有利的社会环境因素(如美苏在甲型 H1N1 流感疫情方面的罕见合作)可以帮助政府与专家对这些呈现中的生物情报作进一步识别与研判;不利的社会环境(如战争等重大事件造成媒体报道焦点的偏移)会影响大众媒介的疫情叙事,或转移受众对这部分信息的关注,从而造成关键信息的遮蔽与情报价值的压抑。因此,虽然媒体平台提供的开源情报是生物安全风险的重要呈现途径之一,但是由于人类认知能力的有限性以及对于认知定势与外部权威的依赖性,政治事件、意识形态与政府态度都可能构成对开源情报的认知遮蔽。

生物安全风险对国家安全能力的挑战不仅在于其形成原因与构成主体的模糊性,还在于这一呈现与遮蔽过程受到政治活动的深刻影响。对此,政府需要协调安全部门、卫生部门、信管部门与大型媒体机构对国内外媒体报道中存在的生物安全开源情报(特别是流行病相关情报)及时识别与进行专业研判,并建立专业追踪小组跟踪分析潜在线索,避免社会焦点转移、环境热点变化导致的对关键信息的遮蔽。

(二)生物风险与地缘政治风险的叠加和遮蔽

对各种安全风险,国家可能根据政治利益给予权重并进行排序。处于次级考量的安全风险可能成为更重要政治利益的实现工具,以细菌和病毒等微生物为载体拓展国家权力,造成生物安全风险的"工具化"现象。在这一过程中,生物安全风险可能与地缘政治风险相互叠加,从而掩盖其背后更大的政治意图。[①] 一些医疗卫生援助项目和生物安全研究可能被用于采集其他国家公民的健康信息和群体特征,这些生物安全信息若被进一步武器化,服务于一些国家的政治意图,将引发更为严重的地缘政治风险,从而造成风险的叠加、转化与扩大。

例如,在反恐战争中,美国就曾通过海外(如巴基斯坦)传染病医疗救助来获取救助国的健康情报,用于达到其猎杀本·拉登的政治目的。美国将其国家医疗情报中心设在国防情报局内,为了捕杀本·拉登,美国在巴基斯坦阿伯塔巴德创建了一个以儿童乙肝疫苗接种机构为伪装的情报收集机构,以确认该地区是否存在本·拉登的家人。DNA 样本从该市的儿童身上采集,并与美国情报机构持有的本·拉登已故妹妹的 DNA 进行比对。美国试图通过疾控援助形式将其海外情报活动合法化与正当化。这一情报行为遵循如下逻辑:根据军事安全情报(本·拉登的行

---

① 刘天阳、何诗雨:《微生物转向背景下的生物安全治理》,《长沙理工大学学报(社会科学版)》2023 年第 3 期,第 120—131 页。

踪)制定海外行动策略——通过选定某种健康风险(乙肝)作为遮掩,对此健康风险进行安全化处理(乙肝对当地社会的公共卫生威胁)——进而推动隐匿的健康安全情报收集——达成政治目标(发现并消灭本·拉登)。虽然这一计划帮助美军击毙了本·拉登,但就社会后果而言,巴基斯坦当地民众对公共卫生措施的信任进一步下降。该行动还严重冲击了国际卫生援助的伦理原则。

生物安全风险与地缘政治风险的相互叠加与掩护本质上是因为病毒或疾病的涌现性打破了传统的国家边界(主权和领土),导致生物安全风险背后必然隐含着国家对政治安全的担忧。2000年,世界各地的传染病科学家、生物实验室、疾控中心与世卫组织合作,建立了"全球疫情警报和反应网络"(Global Outbreak Alert and Response Network)。该网络通过数据挖掘等形式系统地从各种正式和非正式渠道收集疫情数据,包括网络媒体和社交平台的开源情报。为进一步完善全球疫情监测系统,世卫组织于2005年制定《国际卫生条例》("International Health Regulations",IHR),要求签署国制定国家疾病监测方案,并报告任何对国际公共健康安全产生潜在威胁的传染病事件。这一国际条约为世卫组织与签署国建立了疫情监测的合作机制,但全球疫情监测和预警能力并未得到显著增强。例如,现有体系并未及时监测到2009年墨西哥甲型H1N1流感的暴发[①]、2012年在约旦扎尔卡暴发的MERS疫情[②],以及2014年西非埃博拉危机[③]等等。全球传染病监测和预警系统的失效主要在于其无法迅速、直接且准确地获取疑似病源地及受疫情影响国的实验室和流行病学数据。可见,出于对主权与信息安全等方面的考虑,国家仍有权力保留国内大流行病疫情的相关数据。

(三)"边域性"的时空折叠

近年来,随着气候变化的加剧,一些古老病毒由于全球变暖而被释放出来,通过新的时空连接与人类重新遭遇,这表明病毒并不都是通过平面的、线性的领土边界从一国侵入另一国,而是病毒本身就隐匿于"新边疆"[④]之中,进而在我们"附近"涌现出来。

在过去的十年时间里,气候变化对理解大流行病至关重要,尤其是全球变暖本身被视为一种健康威胁——它对病毒的催化具有倍增效应,并产生一系列导致疾病(重新)出现的生物和非生

[①] James M. Wilson, "Signal Recognition During the Emergence of Pandemic Influenza Type A/H1N1: A Commercial Disease Intelligence Unit's Perspective," *Intelligence and National Security* 32, no. 2 (2017): 222-230.

[②] Alimuddin Zumla, David S. Hui, and Stanley Perlman, "Middle East Respiratory Syndrome," *Lancet Respiratory Medicine*, 386, (2015): 995-1007.

[③] Funk et al., "Assessing the Performance of Real-Time Epidemic Forecasts: A Case Study of Ebola in the Western Area Region of Sierra Leone, 2014-2015," *PLoS Computational Biology* 15, no. 2(2019): 1-17.

[④] "新边疆"("高边疆")最初源于美国太空战略,在信息化时代,"新边疆"("高边疆")旨在区别于传统的、平面的、线性的主权和领土边界,而更多地指超出这一传统的"低边疆"之外的新兴的立体空间,比如更大的空域,更大的海疆(公海及大洋洋底)、更远的陆地板块(南极),又如非器物层面的新领域、新技术、新业态(如电子网络、大数据、云计算、人工智能等)。详见王逸舟:《重视全球"高边疆"的信息及数据安全问题》,《中国信息安全》2022年第7期,第75—78页。

物因素。这些影响主要是通过直接的、以生态系统为媒介的和以人类机构为媒介的途径产生的。近年来,人类向大气中排放了大量的二氧化碳气体,由此产生的温室效应正在加剧全球变暖。如此一来,两极地区和高纬度地区的冰川、冰盖和永久冻土都会融化,一些原本冰封已久的病毒可能会再次涌现。一些科学家认为,2016年俄罗斯暴发的炭疽病很可能是西伯利亚永久冻土层融化而使永久冻土层覆盖的感染炭疽病菌的鹿的尸体解冻造成的。因此,全球变暖,不仅会在气候方面给人类生活带来一些不利影响,还可能会释放出一些不为人知的新病毒,给人类带来困扰。美国俄亥俄州立大学的一项研究在青藏高原的冰核样本中发现了古老病毒存在的证据,其中28种是未知病毒。全球变暖引起的世界各地冰川的萎缩可能会增强这些15000年前的病毒的生存能力。

因而,我们可以假设存在一个边域(borderland)时—空上的"同步性",即气候变化、空气污染、野生动物贸易监管不力、全球健康风险防范系统受到侵蚀等因素之间的共同作用,加速了病毒的转换、传导和转化,达到了大流行规模的"临界点"。

这种"同步性"同样体现在2003年的非典(SARS)疫情之中。长期以来,果子狸被认为是SARS冠状病毒的携带者。随着全球气候变暖,果子狸缩短了冬眠的时间,从而增加了活动的范围和时间段,进而增加了SARS冠状病毒传播扩散的机会。随着过去30年中国零度等温线的北移,一些原本只出现在热带和亚热带的传染病也向北移动。2002年前,SARS冠状病毒从我国南部的广东暴发;20年后,另一种冠状病毒蔓延到我国中部的湖北。这一变化趋势意味着全球变暖和病毒涌现的纬度升高(包括古老病毒再次出现)可能存在一定关联。

目前,已有许多证据表明气候条件和传染病之间存在关联,但应该注意的是,现有研究并没有发现全球气候变化是传染病的普遍驱动因素,并且全球变暖和传染病的增加之间不必然存在正相关关系。我们反而更应当注意病毒以及微生物的关系性或相对性特征。换言之,病毒是在(微)生物世界内多元主体共同进化的关系性背景下出现或被激活的;这种"唤醒"或者生成的过程离不开全球化的流动性系统,离不开在一定程度上混乱、复杂和不可预测的分子和大气环境,离不开这一环境中人类和非人类因素的共同作用。疾病通过这个高度复杂的关系系统获得其致病和传播的效力,而全球气候变化可能提高了这个系统中突发性事件的频率。

三、生物安全的"叠掩"性风险对中国生物安全能力提升的启示

"叠掩"的三种形态意味着生物安全风险的分布模式已经从棋盘状过渡到褶皱状,这对于我国更好地理解和把握生物安全风险的复杂性,进而转变治理思维和应对方式具有重要的启示作用。

大气和海洋将全球各个角落、人种和物种都联系起来成为一个球体，[1]地球生态系统使得任何人为划定的边界(比如主权和领土边界、封锁区、隔离点等)失去其原本设定的场景性作用，即无法再以传统的安全边界区分健康和患病，进而将患病群体转运、隔离，并对两类群体分别进行相应的管控。大气和海洋主要由分子构成，微生物亦由分子生物组成，这些物质的流动不以个体的人的身体为基本单位，也不以主权国家的领土边界为极限。不仅如此，在某种程度上，生命正在分子层次上被塑造和重新塑造，[2]人的身体本身也是分子化的。美国 2008 年启动的人类微生物研究组计划显示，在健康成人体内，微生物细胞数量约是人体细胞数量的十倍；[3]生物学家多里昂·萨根(Dorion Sagan)在《宇宙学徒：来自科学边缘的报道》(*Cosmic Apprentice：Dispatches from the Fdges of Science*)一书中提出，我们人类不仅是早期类人动物、类人猿、哺乳动物、脊索动物的直系后裔，而且是由一系列微小的微生物"朋友"和"敌人"共同构成的，微生物的痕迹已经渗透和嵌入我们的基因组和细胞，微生物关系正在我们体内生成和延续。[4] 因此，我们需要从分子层次来重新理解和概念化人类这一物种，与其说人体是"一个自成一体的实体"或"一个重要的生命系统"，不如说人体是一个流通和交换的场所，是一个在分子水平上被微生物操纵的空间。

如果说大气和海洋的流动性、病毒和疾病的涌现性，以及人体的分子化给国家安全特别是生物安全治理带来了巨大挑战，那么气候变化则加剧并凸显了这一问题的紧迫性。它将国家这一人类社会的产物置于宏大的、大自然的全球图景之下——全球变暖导致高纬度地区乃至两极的冰川和冻土融化，海平面上升，一些冰层和海底的古老病毒被释放出来并以新的形式再次涌现。气候变化引发的连锁反应是全球性的。它超越了传统的安全边界，使我们的视线不得不从平面的、线性的领土边界向上空、向海底望去，并在此过程中重新思考国家的主权、领土和边疆，以便更好地维护人民安全，实现国家、人民和微生物之间的良性平衡与互动。气候变化构成了生物安全风险的全球图景，而涌现性则是微观的、微生物学视角下生物安全风险的自然属性，这可能使初期信号被呈现或被遮蔽。因此，处于不同环境中的人们可能忽视、低估，也可能关注、重视甚至夸大这一生物安全风险。涌现性一旦被有意识地利用，即一国以帮助解决另一国生物安全风险的方式掩盖其背后更大的政治意图，就可能给另一国带来更为严重的地缘政治风险。

生物安全具有国家安全性质，生物安全的"场景性"与"紧迫性"使其成为具有"特别优先权"的安全议题，并由此打破了"高政治—军事途径—国家层次"与"低政治—非军事途径—非国家层

---

① Jaroslav Weinfurter, "Security Beyond Biopolitics：The Spheropolitics, Co-immunity, and Atmospheres of the Coronavirus Pandemic," *International Political Sociology* 17, no. 1(2003)：1-22.

② Nikolas Rose, "The Politics of Life Itself," *Theory, Culture & Society* 18, no. 6(2001)：1-30.

③ "Human Microbiome Project(HMP)", National Institutes of Health, June 4, 2024, accessed December 2, 2014, https://commonfund. nih. gov/hum.

④ Dorion Sagan, *Cosmic Apprentice：Dispatches from the Edges of Science* (Minneapolis：University of Minnesota Press, 2013), 17-32.

次"的传统分野。习近平总书记在 2014 年提出了总体国家安全观,明确了以人民安全为宗旨的中国特色国家安全道路:"生物安全关乎人民生命健康,关乎国家长治久安,关乎中华民族永续发展,是国家总体安全的重要组成部分,也是影响乃至重塑世界格局的重要力量。"[①]新冠疫情暴发以来,我国加快了构建生物安全治理法制体系的步伐,《中华人民共和国生物安全法》应运而生并于 2021 年 4 月 15 日正式实施。党的二十大报告进一步指出,要推进国家安全体系和能力现代化,坚决维护国家安全和社会稳定。因此,如何应对生物安全的"叠掩"性风险及其给我国带来的挑战,对于推进国家安全体系和能力现代化具有重要意义。基于基本国情和总体国家安全观,我国可以主要从以下三个方面来思考和应对生物安全的"叠掩"性风险。

第一,强化总体国家安全观。从总体上看,大气和海洋的流动性、病毒和疾病的涌现性,以及人体的分子化正在打破传统的安全边界,国家、人的身体和微生物之间的新型互构关系正在生成,这三个层面的辩证互动构成了微生物转向背景下生物安全治理的根本性关系。国家能够基于主权,通过地理限制,对作为微生物载体的人体进行管控,此时,人被简化为仅处于生物阈值状态的生命或人体,而国家治理能力的衡量标准表现为:在何种程度上可以控制"不受欢迎"事物(包括病原体和携带病原体的人体)的流动性。[②] 然而,治理效果不能简单等同于国家对流动性的管控程度,且国家建立安全边界对人体进行管控的单一举措并非一劳永逸,这是因为微生物突变已经介入和打破了国家边界和身体边界的传统关系,并推动两者的互构。其一,国家依据主权所建立的安全边界,本质上并不是安全与不安全实体的简单隔离线,而是接触点——一方面,疾病的不可预测性和激变性在一定程度上破坏了安全边界的地理分布;另一方面,边界的渗透性是生命生存的必要条件。因此,边界有助于管理流动性,但不能彻底阻断微生物"越界"。其二,安全边界无法预测和改变内源性疾病威胁,病原体可能通过内部互动产生内源性危机。因此,生物安全风险不仅关乎病原体的存在和距离,更重要的是微生物、环境、宿主、知识与情报等要素之间的互动,而我国需要在总体国家安全观的指引下应对这一关系性特征。

总体国家安全观以人民安全为宗旨,它吸收了人类安全的理论因子,但并不以原子化的分散个体作为安全关涉的基础,而是从人民、国家与微生物的关系视角,强调安全叠合体的辩证统一性,[③]由此实现了从国家安全到人类安全再到人民安全的"再伦理化"过程,形成了符合我国国情的生物安全观。在总体国家安全观视域下,"人"具有某种特定类属,因此,我国的生物安全治理

---

① 寇江泽:《切实筑牢生物安全屏障(人民时评)》,人民网,2021 年 12 月 17 日,http://yn.people.com.cn/n2/2021/1217/c372441-35054860.html,访问日期:2022 年 3 月 27 日。

② Steve Hinchliffe et al. , "Biosecurity and the Topologies of Infected Life: From Borderlines to Borderlands," *Transactions of the Institute of British Geographers* 38, no. 4(2013): 531-543.

③ "Reflections and Projections—Human Security Issues in 2018 and 2019," Human Security Centre, February 4, 2019, accessed March 27, 2022, http://www.hscentre.org/global-governance/ reflections-and-projections-human-security-issues-in-2018-and-2019.

需要围绕着人民的身体(身份)安全来平衡三者之间的关系。在传染病治理层面,主权的逻辑固然可以服务于对人体的管控,但同时应当从微生物关系的复杂环境入手,将病原体的演化逻辑、人的社会属性等复杂因素纳入考量,努力建立良性的人微关系,这一良性的人微关系寻求疾病的"缺席",而非彻底地消除,寻求相对安全,而非绝对安全。① 具体而言,人民的健康安全建立在人对病毒占有相对优势的基础之上——人类在对微生物世界进行良性积极介入的过程中,对病毒形成一种相对的、可管理的关系状态,从而建立一种不平衡的、人类处于相对优势状态的共存关系。这就需要我国生物安全治理体系的各个层次和部门既不塑造二元对立的人微关系,也不支持"共生论"等一般意义上的相对安全观念,而是建立人类处于相对优势基础之上的"和合理性"。

第二,我国需要加强针对涌现性信号的识别—反应能力建设。生物安全的"叠掩"性风险打破了科学方法所依赖的时间性基础,从而超出了传统科学实践的应对能力。针对涌现性信号的预警代表了第一种时间逻辑,这是一种先制逻辑,即在灾难成形之前或之初,预判其现实或潜在影响,并采取相应的预防性策略。这种逻辑源于人们对未知和不确定性的恐惧,以及对自身尚未做好准备的焦虑,因而人们试图在潜在风险变成现实灾难之前,通过识别涌现性信号来制定防控策略,将风险消灭于涌现之初。值得注意的是,由于涌现性信号的呈现和遮蔽在很大程度上受到特定文化与意识形态的影响,因此可能出现这样的情形,即风险已经清晰呈现,但由于民众与决策者对涌现性信号的敏感性较低,前期可能并未采取先制措施。对此,我国不仅要自上而下地加强国家治理能力,而且要格外重视"地方性知识",加深对"下层"生态(如社会规则、政治态度、民族习惯、生活样态与舆情变化等)的认识,为"上层"决策评估建立更有利的信息基础,防止流行病学模型失真,并在此过程中建立作为"第一反应者"和信息源的地方社区与政府之间的信任关系。

但是,随着新型病原体和新发传染病的出现,准确识别涌现性信号变得愈发困难和复杂。对此,我国不仅要加强健康安全情报工作建设,提升识别涌现性的及时性和准确度,还要加强反应能力建设,快速分析已生成的危机,以便从破坏性事件中迅速恢复,或及时消除事件的破坏性潜力,进而确保损害最小化。这反映了第二种时间逻辑,即一种后发的、存在于"紧急状态之中"(interval of emergency)或突发事件之间的回应性逻辑。② 反应能力包含迅即性与迅疾性两方面:迅即性关注如何在当下作出反应,迅疾性要求在最短的时间内完成应对,两者形成连续性的应对过程。对涌现性信号的识别和反应共同构成初步应对生物安全风险的持续性过程。

第三,形成内外联动的生物安全治理图景。针对生物安全风险而实地部署的快速反应机制很容易成为施助国向救助国进行政治渗透的工具,甚至可能使后者成为制造生物安全风险的基

---

① 刘天阳、何诗雨:《微生物转向背景下的生物安全治理》,《长沙理工大学学报(社会科学版)》2023 年第 3 期,第 120—131 页。
② Ben Anderson, "Governing Emergencies: The Politics of Delay and the Logic of Response," *Transactions of the Institute of British Geographers* 41, no. 1 (2016): 14-26.

地。例如,俄罗斯发现乌克兰境内存在 30 多个生物实验室,这些生物实验室由美国资助和指导,其研究项目具有高度两用性,涉及生物武器、人口基因、高致病性病毒和新型传染病。[①] 针对生物安全与地缘政治风险的叠掩,我国必须警惕与甄别这种服务于特殊政治目的与政治集团的跨国疾控项目。尤其是在国家和地区层次,我国应当重视与周边国家在生物安全方面的政治交流与互信,加强地区治理机制建设和信息情报交流,防止某些国家以医疗援助、生物技术合作等形式为掩护,干扰我国周边安全环境,向周边国家地区制造与扩散风险。目前,我国积极参与亚太地区的生物安全治理合作,比如中国和东盟合作中重要的内容之一就是公共卫生安全。在全球层面,我国需要为全球治理提供中国智慧并切实践行中国方案。在后疫情时代,我国应当以"一带一路"为载体构建安全共同体,推动生物安全与气候安全的联动治理,同时在"一带一路"框架下促进国际社会共建"健康丝路"。将"健康丝路"作为共建"一带一路"倡议和"健康中国"卫生战略的交汇与延伸,这有助于我国形成内外联动的生物安全治理图景,从而更好地应对生物安全的"叠掩"性风险。2022 年,我国提出了"全球安全倡议",展现了中国的全球安全观,倡导了全人类共同价值,克服了国际社会的无政府状态。我国对包括公共卫生、气候和生态在内的新兴全球安全问题已经形成了安全理念或者思想的自觉,相应的框架设计和机制建设也已经逐渐形成。在当下和未来,我们不仅需要继续积极构想人类安全的"前景图",更需要切实践行这些理念,深入推进治理主体多元化与安全问题联动的全球治理,以"和合共生"为实践前提,以"和合共建"为实现路径,以"和合共享"为价值目标,[②]为我国生物安全治理体系和能力建设提供有利的国际环境,持续保障人民的生命健康与国家安全。

---

① 新华网:《卫星调查:乌克兰的美国生物实验室》,2022 年 3 月 13 日,https://baijiahao.baidu.com/s?id=17271528174874892177&wfr=spider&for=pc,访问日期:2024 年 12 月 2 日。

② 余潇枫、王梦婷:《"全球安全倡议":人类安全的"前景图"》,《国际安全研究》2023 年第 1 期,第 4—25 页。

聚焦人口安全：
少子化、老龄化背景下渐进式延迟退休政策创新[*]

米　红[1]　汤晓彤[2]　李逸超[3]

[摘　要] 近年来，在少子化、老龄化双重作用叠加下，我国人口负增长早期阶段和人口老龄化深度发展阶段在"十四五"时期交汇重叠，对我国经济社会发展产生长周期、全方位、系统性的深刻影响，这一影响已成为未来我国国家战略层次上最为重要的安全与发展议题之一，新时代人口发展战略迫切需要纳入"人口安全"的视角。当前，深度老龄化及其带来的劳动力短缺等问题给我国的养老保险制度带来严重挑战，如何通过有效的途径来调整养老保险收支的平衡，越来越受到社会的普遍关注。本文将从"人口安全"的视角出发，探究少子老龄化背景下"延迟退休年龄"政策对城镇职工基本养老金收支缺口的影响，以期通过制度参数的调整优化，缩小未来养老金收支缺口。政策仿真结果显示，"渐进式延迟退休"为 2050 年争取到了近27.33％的制度赡养比下降空间，养老压力高峰期大大推迟。虽然无论延迟与否，未来养老金收支缺口规模都较大，但延迟退休对抑制中短期内基金缺口扩大仍有显著效果。

[关键词] 人口安全；少子老龄化；渐进式延迟退休；基本养老保险；政策仿真

当前，我国正在经历第二次人口转变，人口发展呈现少子化、老龄化、区域人口增减分化"三态叠加"的趋势性特征。国家统计局发布的数据显示，2022 年末全国人口为 14.11 亿人，比上年末减少 85 万人。其中，全年出生人口 956 万人，人口出生率为 6.77‰；死亡人口 1041 万人，人口死亡率为 7.37‰，人口自然增长率为－0.60‰。[①]

在少子化、老龄化双重作用叠加下，我国人口负增长早期阶段和人口老龄化深度发展阶段在"十四五"时期交汇重叠并引发国内外的深度关注。我国人口负增长是以低生育率水平长期维持

[作者简介] 1. 米红，浙江大学公共管理学院教授，浙江大学非传统安全与和平发展研究中心常务副主任，主要从事人口安全与社会保障政策研究；2. 汤晓彤，浙江大学公共管理学院非传统安全管理专业博士生；3. 李逸超，浙江大学公共管理学院人口学专业博士生。

＊ 本文写作时间为 2023 年 3 月，并于 2023 年 7 月在第五届中国非传统安全论坛首次宣讲。当时延迟退休政策尚未正式推出（政策于 2024 年 9 月正式实施）。本文的分析基于政策尚未明确时的背景，可能与当前政策实施后的实际情况有所不同，特此说明。本文在出版时略有修改。

① 《2022 年国民经济和社会发展统计公报》，国家统计局，2023 年 2 月 28 日，http：// www. stats. gov. cn/sj/zxfb/202302/t20230228_1919011. html?jump＝true，访问日期：2023 年 3 月 1 日。

和人口老龄化的加速增长为机制的内生型负增长态势，是由高生育率向极低生育率转变以及人口负惯性累积带来的必然后果，也是少儿人口、育龄女性人口、劳动年龄人口及其总人口规模逐步递次减少的长期演进过程。

习近平总书记在党的二十大报告中指出："中国式现代化是人口规模巨大的现代化。我国十四亿多人口整体迈进现代化社会，规模超过现有发达国家人口的总和，艰巨性和复杂性前所未有，发展途径和推进方式也必然具有自己的特点。"[①]过去长期的人口负增长惯性叠加未来人口少子化与深度老龄化的交汇演进将对我国经济社会发展产生长周期、全方位、系统性的深刻影响，这一影响已经成为未来我国国家战略层次上最为重要的安全与发展议题之一。因此，新时代人口发展战略迫切需要纳入"人口安全"的视角，[②]从促进人口发展和维护人口安全两个维度共同发力，在人口发展战略中全面贯彻总体国家安全观，加强人口监测预测预警，优化人口发展战略，防范各类人口风险，进一步提高化解风险能力。

一、问题导向的综合分析

在人口生育率下降与预期寿命延长的双重作用下，我国少子化、老龄化程度加深，老年抚养比日益上升。国家统计局数据显示，2022年末我国65岁及以上老年人口占比为14.9%，老年抚养比为21.8%。[③]据本课题组方案的预测，中国65岁及以上老年人口规模将在2035年突破3亿，2050年达到3.5亿，中国将在加速老龄化的过程中逐步转向重度老龄化。人口发展规律表明，一旦人口年龄结构失衡，即便是人口大国也会遭遇"劳动力短缺"困境，甚至人力短缺开始从制造业波及服务业等各行各业，人力资源依托型的经济增长将难以为继。此外，少子化、老龄化程度加深也直接导致养老保险制度内赡养比的快速上升，我国基本养老保险基金收支缺口扩大，制度对于财政补助资金的依赖程度不断提高，极大影响了社会基本养老保险系统的可持续性，加重了国家财政的负担。

现阶段，仅依靠养老保险体系自我调节来保持养老保险基金收支平衡十分困难，需要结合人口预测分析，通过参数调整和结构调整制定科学的待遇调整方案，以保障养老保险基金健康、平稳、可持续运营。党的十八届三中全会《中共中央关于全面深化改革若干重大问题的决定》明确提出要"建立更加公平可持续的社会保障制度"与"研究制定渐进式延迟退休年龄政策"[④]，"渐进

---

① 《中国共产党第二十次全国代表大会文件汇编》，人民出版社，2022，第18—19页。
② 贺丹、刘中一：《从人口安全视角完善中国人口发展战略的再思考》，《人口研究》2023年第2期，第39—47页。
③ 《2022年国民经济和社会发展统计公报》，国家统计局，2023年2月28日，http://www.stats.gov.cn/sj/zxfb/202302/t20230228_1919011.html?jump=true，访问日期：2023年3月1日。
④ 《中共中央关于全面深化改革若干重大问题的决定》，人民出版社，2013，第57页。

式延迟退休"被正式提上议程。

世界经济合作与发展组织（Organization for Economic Co-operation and Development, OECD）2011 年的研究报告《2021 年养老金一览》（"Pensions at a Glance 2011"）指出，在人口预期寿命不断延长的情况下，为应对人口老龄化危机，增加劳动力供给，平衡代际负担，保持养老金收支平衡及财政可持续性，大多数 OECD 国家都进行了提高退休年龄的改革。[①] 虽然在国情与经济发展水平、人口老龄化程度、养老金财政负担状况等方面存在差异，但这些国家提高退休年龄的政策仍存在许多共性。目前已有一半左右的 OECD 国家提高了退休年龄，其中 14 个国家提高了女性退休年龄，18 个国家提高了男性退休年龄，预计以后还将有更多的国家提高退休年龄，到 2050 年 OECD 国家平均退休年龄将接近 65 岁，与 2010 年相比男性和女性退休年龄将分别提高 2.5 年和 4 年。

各国在制定退休年龄政策时，都充分考虑了人口预期寿命和健康预期寿命因素。伴随着人口预期寿命和健康预期寿命的提高，大多数国家已经实施了提高退休年龄政策，一些国家还准备将来进一步提高退休年龄[②]。英国在 2010—2018 年将女性退休年龄从 60 岁提高至 65 岁，实现男女统一，预计将于 2028 年开始把全体人员退休年龄提高至 66 岁，2036 年开始提高至 67 岁，2046 年提高至 68 岁。澳大利亚 2017—2023 年退休年龄从 65 岁提高至 67 岁，2035 年拟提高至 70 岁。德国、西班牙、意大利和丹麦的法定退休年龄均是随着本国人均寿命的增长而提高的。意大利、希腊、匈牙利、韩国和土耳其从 2020 年开始还建立了依据人口预期寿命变化而进行的退休年龄自动调整机制。根据女性预期寿命普遍高于男性的特点，英国、澳大利亚、意大利等国先对女性退休年龄进行调整，然后再对男性和女性退休年龄同时进行调整。在 OECD 成员国中，女性退休年龄与男性退休年龄逐步接近或保持一致也是改革的共同趋势。此外，绝大多数 OECD 成员国退休年龄改革均采取了在一定周期内（例如 10 年或 20 年）小步渐进逐步提高的策略。日本 2000—2013 年男性退休年龄每 3 年延长 1 年，从 60 岁提高至 65 岁；2000—2018 年女性退休年龄每 5 年延长 1 年，从 60 岁提高至 65 岁。澳大利亚 2003—2013 年女性退休年龄每 2 年延长半年，从 62.5 岁提高至 65 岁。从政治可行性和经济效率出发，一些国家还为提高退休年龄改革设置了缓冲期和窗口期。例如，德国 2007 年颁布了提高退休年龄法案：2012—2029 年退休年龄从 65 岁提高至 67 岁。为寻求政治平衡以及缓解广大选民的压力，本次改革还制定了许多过渡性措施，例如已经缴费 45 年的雇员不受此政策的限制，并对整个改革设定了长达 20 余年的缓冲期和窗口观察期。澳大利亚、英国、匈牙利、日本等国也采取了类似的做法。在 OECD 38 个成员国中，超

---

① OECD，"Pensions at a Glance 2023: Retirement-Income Systems in OECD and G20 Countries," December 13，2023，pp.142-146，accessed December 1，2024，https://doi.org/10.1787/678055dd-en.

② 柳清瑞、苏牧羊：《少子老龄化、公共养老金支出与提高退休年龄——基于 OECD 国家的经验比较》，《上海财经大学学报》2016 年第 3 期，第 74—93、107 页。

过 80%的国家实行弹性退休政策,即在立法确定了法定退休年龄的同时,还设有提前退休年龄(最低养老金领取年龄),劳动者可以在达到法定退休年龄时选择退休,也可以选择在提前退休年龄时退休并领取养老金,还可以在法定退休年龄之后推迟领取养老金,等等。[①]

基于此背景,本文基于 2021 年公布的第七次全国人口普查数据,运用 Padis-int 软件和政策仿真方法,首先对 2023—2050 年的中国城镇人口进行测算,通过给定的参数,对不同情景下中国未来不同年份城镇职工养老保险(简称"城职保")缴费人数和领取人数进行完整估计统计,并基于全国统筹条件,分别考虑"不延迟退休"和"渐进式延迟退休"两种政策参数下城镇职工养老保险收支平衡状况,对两种政策情景下城职保基金的风险和可持续性进行评估和比较,分析延迟退休对城职保收支平衡的影响效应,以期通过参数调整和结构调整,优化我国城镇职工基本养老保险制度,缩小未来养老金收支缺口,缓解制度运行压力,实现制度的可持续发展。

二、数据与模型

(一)制度内参保人数预测模型

本文在测算城镇职工基本养老保险缴费人数与领取待遇人数时,考虑了"非延迟退休"与"渐进式延迟退休"两种情形。假定 2022 年后城镇男女职工都在 19 岁开始就业并参保,且由于未来参保率不断提高,参保缴费和退休管理日趋严格,男女退休的平均年龄推迟。受到我国 1959—1961 年三年困难时期的影响,此出生队列的退休职工数会少于相邻年份。1962 年对应的男性出生队列正值我国第二次生育高峰的起始年,这使得 2022 年及往后几年内我国的预期退休职工人员规模提升,所以把握住"十四五"初期 2022 年进行延迟退休的改革,可以最大化地缓解我国城镇职工基本养老保险制度的运行压力。

本文给出的渐进式延迟退休方案为:2022 年达到原退休年龄(男性 60 岁,女性 50 岁)的职工推迟 1 年退休;2023 年达到原退休年龄的职工推迟 2 年退休;2024 年达到原退休年龄的职工推迟 3 年退休;2025 年达到原退休年龄退休的职工推迟 4 年退休;2026 年达到原退休年龄退休的职工推迟 5 年退休,即男性延迟至 65 岁退休,女性延迟至 55 岁退休。

1. 缴费人数预测模型

为计算 2020—2050 年间全国城职保缴费人数,本文以 2020 年开展的第七次全国人口普查(2021 年公布结果)的分年龄分性别人口数为基准,运用队列要素法实现 2021—2050 年全国人口

---

① OECD,"Pensions at a Glance 2023: Retirement-Income Systems in OECD and G20 Countries," December 13, 2023, pp. 142-146, accessed December 1, 2024, https://doi.org/10.1787/678055dd-en.

预测,再通过城镇化率、城镇职工占比、城镇职工参保率与参保职工遵缴率等参数的计算以实现对城职保缴费人数的预测,具体公式如下:

$$JFPop_{x,j} = Pop_{x,j} \times UrbR_{x,j} \times EmR_{x,j} \times InsR_{x,j} \times JFR_{x,j}$$

2. 待遇领取人数预测模型

为确定 2021—2050 年各年的年龄别待遇领取人数,本文首先重构了 2018 年年龄别领取待遇人数,随后在确定了城镇职工平均退休余命后,运用年龄移算法,求出每一年份每一出生队列现存老年退休城镇职工人数,再将其整合为 2018—2050 年性别单岁组我国退休城镇职工人口数。

(二)我国基本养老保险基金收支模型

考虑到城镇职工基本养老保险的特殊性和数据获取的有限性,结合《国务院关于建立统一的企业职工基本养老保险制度的决定》(国发〔1997〕26 号)和《国务院关于完善企业职工基本养老保险制度的决定》(国发〔2005〕38 号)的规定和实施情况,本报告的模拟测算基于如下三个预设:第一,为保证测算的精确度,研究的测算区间为 2020—2050 年。第二,为了模型测算的便利,假设城镇职工基本养老保险全国统筹,以全国总量指标对模型进行测算,这一假设也符合城镇职工基本养老保险的发展趋势。第三,假设城镇职工基本养老保险参保者在工作期间均连续不间断地参保缴费,不存在退保、断保的情况。

1. 城镇职工基本养老保险基金征缴收入模型

在全国统筹参数假设下,城镇职工基本养老保险征缴收入为当年缴费人数、实际缴费基数和缴费率的乘积。

$$I_t = C_t \times L_t \times \beta W_{t-1} \times (1+g)$$
$$I'_t = C_t \times L'_t \times \beta W_{t-1} \times (1+g)$$

其中,C_t 为 t 年城镇职工基本养老保险缴费率(降费率前为 28%,降费率后为 24%),L_t 和 L'_t 分别为"不延退"和"延退"下的参保缴费人数,W_{t-1} 为应缴费基,即上一年度全口径城镇就业人员平均工资,g 为城镇就业人员平均工资年增长率,β 表示实际费基占应缴费基的比重(以下简称"费基占比")。

2. 城镇职工基本养老保险基金支出模型

当期养老保险基金支出总额可以通过参保离退休人数和人均养老金计算获得,具体公式为:

$$E_t = R_t \times M_{t-1} \times (1+\delta)$$

其中,E_t 表示 t 年城镇职工基本养老保险基金支出,R_t 表示 t 年城镇职工基本养老保险待遇领取人数,M_{t-1} 表示 $t-1$ 年(上年度)城镇职工年人均养老金,δ 表示基本养老金调待增长率。

三、我国未来城职保基金参保人口预测

(一)缴费人数测算

从图1可以看出,我们测算2022年城职保缴费人数约为2.51亿人①,在不延迟退休的情景下,2050年达到约3.25亿人,增长29.44%;在延迟退休的情景下,2050年缴费人数将达到约3.85亿人,增长53.48%。2050年延迟退休政策下的缴费人数将比不延迟退休增加18.58%,可见延迟退休能够通过增加制度内缴费人数增加征缴收入。

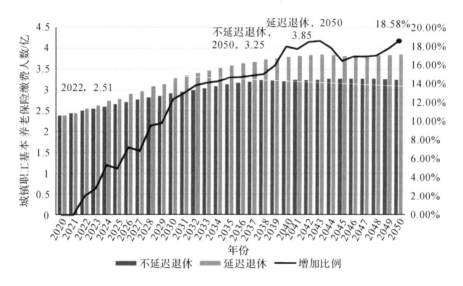

图1 2020—2050年不同情景下城镇职工基本养老保险缴费人数变化情况

(二)待遇领取人口测算

从图2可以看出,我们预测2022年城职保待遇领取人数约为1.14亿人,在不延迟退休的情景下,2050年达到约3.01亿人,延迟退休的情景下,2050年待遇领取人数仅为约2.52亿人。其中,2032年延迟退休政策下的待遇领取人数比不延迟退休减少了31.79%,2050年延迟退休政策下的待遇领取人数比不延迟退休减少了19.58%。可见延迟退休能够较大幅度削减待遇领取人数,从而降低城职保的待遇支出。

---

① 由于缴费人数单位为"亿人",保留两位小数后数据测算结果与实际数据测算结果有误差,以实际测算数据为准,后同。

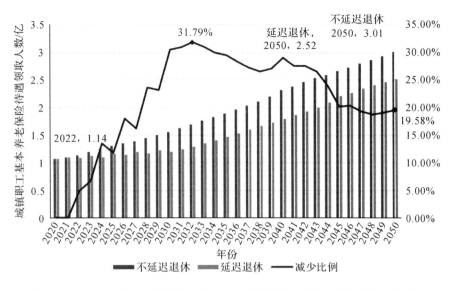

图 2　2022—2050 年不同情景下城镇职工基本养老保险待遇领取人数变化情况

（三）制度内赡养比测算

2018 年，我国城职保制度赡养率为 44.18％，即 1 个工作年龄职工赡养 0.44 个退休老年职工。在不延迟退休的情况下，随着我国老龄化程度的不断深化，我国城职保制度缴费赡养率基本呈现逐年上升的趋势（见图 3），在 2025 年时上升至 48.89％，在 2030 年（渐进式延迟退休制度的稳定年）时上升至53.52％，在 2035 年时上升至 60.48％，在 2050 年时会提升至 92.74％。

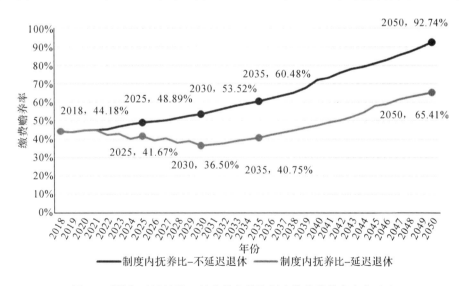

图 3　延退与否城镇职工基本养老保险制度缴费赡养率变化对比

如果在 2022 年开始实行渐进式延迟退休,则会显著缓解我国人口老龄化带来的城镇职工养老保险运行压力,使得我国城职保制度缴费赡养率有较大程度的降低。在渐进式延迟退休情景下,2025 年我国城职保制度缴费赡养率为 41.67%,低于 2018 年的赡养率。渐进式延迟退休使得 2030 年时,企业制度内赡养率达到 36.50% 的最低值,2035 年缓慢提升至 40.75%,仍低于 2018 年的数值,并在 2050 年时企业制度内赡养率最终提升至 65.41%(见图 3)。通过对比不延迟退休与渐进式延迟退休情景下 2018 年与 2050 年城职保缴费赡养率变动,可知渐进式延迟退休制度设计的平均干预效应(average treatment effect on the treated,ATT)为 0.27,即延迟退休会使得 2050 年时,每个劳动年龄职工少抚养 0.27 个退休老年职工。此外,渐进式延迟退休制度设计会使我国城职保制度缴费赡养率变化量降低 61.86%。

四、我国未来城镇职工基本养老保险收支情况

本文主要基于全国统筹条件,分别考虑"不延迟退休"和"延迟退休"两种制度参数下城职保收支平衡状况。

(一)当前制度下(不延迟退休)养老金收支状况

相关数据显示,2018 年企业职工基本养老保险基金各项收入 3.7 万亿元,支出 3.2 万亿元,在"大口径"下,2018 年底企业职工基本养老保险基金累计结余约 4.8 万亿元。[①] 经过测算,不延迟退休条件下,2020 年城职保的征缴收入为 30683.38 亿元,基金支出为 39785.19 亿元,当期净收入就为负,当期缺口为 9101.81 亿元,累计结余 34350.19 亿元。2030 年、2035 年、2040 年、2050 年,养老金当期结余分别为 -21542.16 亿元、-36938.09 亿元、-75321.27 亿元和 -216355.76 亿元,缺口规模快速扩大(见表 1)。从图 4 可以看出,在不考虑财政补贴因素时,如果不延迟退休,现有基金结余只能帮助制度维持到 2023 年,2024 年基金开始出现缺口,缺口规模约为 9599.63 亿元。基金一旦出现缺口后,缺口规模将快速增大,越往后期,缺口规模越庞大。表 1 显示,不延迟退休条件下,到 2050 年,我国城职保基金累计结余为 -2261087.34 亿元。

---

① 《人力资源社会保障部 财政部 税务总局 国家医保局有关负责人就〈降低社会保险费率综合方案〉答记者问》,中华人民共和国人力资源和社会保障部官方网站,2019 年 4 月 9 日,https://www.mohrss.gov.cn/SYrlzyhshbzb/zcfg/SYzhengcejiedu/201904/t20190409_314257.html,访问日期:2024 年 12 月 2 日。

表 1　不延迟退休条件下 2020—2050 年城职保基金收支情况　　　（单位：亿元）

年份	征缴收入	基金支出	当期结余	累计结余
2020	30683.38	39785.19	−9101.81	34350.19
2021	33532.62	43132.10	−9599.48	25437.71
2022	36607.28	46798.97	−10191.70	15754.77
2023	39655.17	51757.48	−12102.31	3967.56
2024	43063.91	56710.45	−13646.54	−9599.63
2025	46809.05	61981.38	−15172.34	−24963.95
2026	51320.65	67353.31	−16032.67	−41495.90
2027	56343.89	72936.98	−16593.09	−58918.91
2028	61542.69	79800.04	−18257.34	−78354.62
2029	67088.99	87280.87	−20191.89	−100113.60
2030	73467.63	95009.78	−21542.16	−123658.03
2031	79585.68	104033.21	−24447.52	−150578.71
2032	86216.87	113732.51	−27515.64	−181105.92
2033	93542.34	124209.41	−30667.07	−215395.11
2034	101520.04	135252.03	−33732.00	−253435.01
2035	110227.58	147165.67	−36938.09	−295441.81
2036	118607.79	160132.99	−41525.20	−342875.84
2037	127503.57	174173.24	−46669.67	−396403.02
2038	137609.80	189586.56	−51976.76	−456307.84
2039	146112.63	207637.48	−61524.86	−526958.86
2047	232045.27	389739.51	−157694.24	−1570254.19
2040	154310.45	229631.71	−75321.27	−612819.30
2041	164812.31	247179.16	−82366.85	−707442.53
2042	174389.40	268954.81	−94565.41	−816156.79
2043	185119.52	290571.54	−105452.02	−937931.95
2044	197098.81	312072.72	−114973.90	−1071664.49
2045	209223.46	335802.68	−126579.22	−1219677.00
2046	220628.05	361420.21	−140792.15	−1384862.69
2048	244534.92	418677.08	−174142.16	−1775801.43
2049	257141.31	450462.65	−193321.35	−2004638.81
2050	269632.29	485988.05	−216355.76	−2261087.34

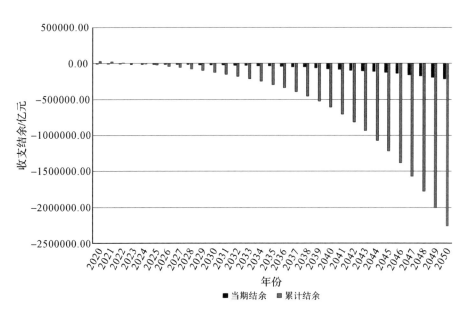

图 4 不延迟退休条件下城职保基金收支结余情况(2020—2050)

（二）延迟退休制度下养老金收支状况

从表2和图5可知,如果2022年实行延迟退休政策,那么到2028年,延迟退休政策的效果开始显现,城职保基金当期结余由2027年的−2855.14亿元提升到2370.86亿元,缺口消失。2030年、2035年、2040年、2050年,养老金当期结余分别为8932.04亿元、10957.78亿元、450.87亿元和−94911.80亿元,延迟退休的红利可以延续到2040年,2041年城职保当期结余重新为负（−3736.75亿元）。在仅考虑适度的财政补贴时,在延迟退休条件下,城职保基金累计结余一直到2046年才出现缺口,缺口规模为35383.02亿元。由此可以得出,延迟退休政策能够为城职保基金缺口的来临赢得13年的时间窗口,一定程度上缓解养老保险资金缺口的规模,但不能从根本上解决养老保险资金缺口问题。

表 2 延迟退休条件下 2020—2050 年城职保基金收支情况 （单位:亿元）

年份	征缴收入	基金支出	当期结余	累计结余
2020	30683.38	39785.19	−9101.81	34350.19
2021	33532.62	43132.10	−9599.48	25437.71
2022	37331.84	44642.52	−7310.68	18635.78
2023	40771.02	48547.41	−7776.40	11232.10
2024	45353.55	50103.87	−4750.32	6706.43
2025	49128.07	55600.15	−6472.08	368.47

年份	征缴收入	基金支出	当期结余	累计结余
2026	55015.58	57350.23	−2334.65	−1958.81
2027	60196.11	63051.25	−2855.14	−4853.13
2028	67397.59	65026.73	2370.86	−2579.33
2029	73670.17	71446.24	2223.93	−406.99
2030	82543.85	73611.81	8932.04	8516.91
2031	89948.98	80350.68	9598.30	18285.55
2032	98142.26	87376.28	10765.99	29417.25
2033	106756.71	96095.40	10661.31	40666.91
2034	116028.62	105598.22	10430.40	51910.64
2035	126358.28	115400.50	10957.78	63906.64
2036	136070.39	126853.97	9216.42	74401.20
2037	146433.70	139236.31	7197.39	83086.61
2038	158293.14	152543.48	5749.66	90498.00
2039	169438.73	166534.55	2904.18	95212.15
2040	182045.56	181594.69	450.87	97567.26
2041	194053.52	197790.27	−3736.75	95781.86
2042	206657.55	215153.24	−8495.69	89201.80
2043	219552.33	234380.24	−14827.92	76157.92
2044	232206.91	256885.27	−24678.36	53002.72
2045	243574.53	284847.98	−41273.45	12789.32
2046	257999.48	306427.61	−48428.13	−35383.02
2047	271284.37	333197.78	−61913.41	−98004.09
2048	286172.98	359626.61	−73453.63	−173417.80
2049	302751.90	385791.81	−83039.91	−259926.06
2050	319720.98	414632.79	−94911.80	−360036.39

从图 6 可以看出,与不延迟退休相比,延迟退休使得当年收支缺口减小了 28.27％～141.46％。2030 年、2035 年、2040 年、2050 年当年收支缺口分别减小了 141.46％、129.67％、100.60％和 56.22％。在短中期内(约在 2050 年前),延迟退休政策阻止养老金缺口扩大的作用很显著,但在 2050 年后的远期,政策效果在减弱。

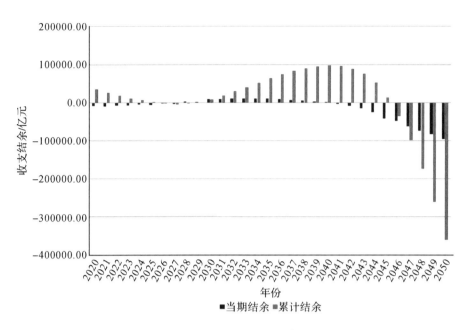

图 5　延迟退休条件下城职保基金收支结余情况(2020—2050)

图 6　"延迟退休"对城职保当期收支缺口的影响

(三)未来国家综合补贴的压力

根据上文的测算,实行渐进式延迟退休方案后,城职保基金当期收支结余缺口在 2028 年消失,到 2041 年又重新出现;而城职保基金累计收支结余一直到 2046 年才出现缺口。因此实现全国统筹后,2041 年至 2045 年期间的基金当期收支结余缺口可以利用城职保基金累计收支结余来弥补。

此外,未来养老金面临较大的收支缺口,必然需要通过划拨国有资产、股权及其收益等多渠道开源,来充实养老保险基金。2017 年 11 月 9 日,《划转部分国有资本充实社保基金实施方案》(国发〔2017〕49 号)出台,强调以弥补企业职工基本养老保险制度转轨时期因企业职工享受视同缴费年限政策形成的企业职工基本养老保险基金缺口为基本目标,划转企业国有股权的 10% 充实社保基金。[①]《国务院关于 2018 年度国有资产管理情况的综合报告》显示,2018 年,全国国有企业资产总额 210.4 万亿元(人民币),[②]那么预计未来累计将有近 20 万亿元的国有资产划转充实社保基金。这部分资产经过 20 年的收益滚存将超过 40 万亿元,能够为抑制 2046—2050 年出现的收支缺口问题做出重大贡献,使得城职保养老金收支结余一直持续到 2050 年以后。

由此可以看出,"全国统筹"与"渐进式延迟退休"能够保证"全国社会保障基金"在未来 26 年内作为国家重要的战略储备只收不支,"国有资产划转"能够保证我国城镇职工养老保险收支结余维持到 2050 年之后。

五、结论与政策建议

(一)结论

其一,在人口老龄化日益加深的背景下,延迟退休能有效控制养老金制度赡养比过快上升。研究结果显示,渐进式延迟退休制度设计的平均干预效应为 0.27,即延迟退休会使得 2050 年时,每个劳动年龄职工少抚养 0.27 个退休老年职工。

其二,随着人口平均寿命增长,将个体的养老金受益期与缴费期之比控制在合适水平,有助于缓解养老金支付压力。

与不延迟退休相比,延迟退休相对增加了养老保险缴纳年限,缩短了领取养老金年限,在一定程度上达到了增收节支,缓解养老保险基金的支出压力。根据测算,延迟退休推迟了养老金当期收不抵支的时间,在适度财政补贴的情况下,为社会保险基金赢得了 13 年的时间窗口。在不延迟退休条件下,2050 年城职保基金累计结余为 -2261087.34 亿元,在延迟退休条件下,2050 年累计结余仅为 -360036.39 亿元。可见"延迟退休"在短中期会形成一定的基金积累,对缓解基金远期的巨大收支缺口发挥作用。但从长期来看,延迟退休的效果将逐步减弱。

(二)政策建议

其一,尽快实现城镇职工基本养老保险的全国统筹。对社会养老保险来说,只有实现全国统

---

① 《国务院关于印发划转部分国有资本充实社保基金实施方案的通知》(国发〔2017〕49 号),2017 年 11 月 9 日,https://www.gov.cn/zhengce/content/2017-11/18/content_5240652.htm,访问日期:2022 年 10 月 3 日。

② 《国务院关于 2018 年度国有资产管理情况的综合报告》,2019 年 10 月 24 日,http://www.sasac.gov.cn/n2588025/n2588119/c12390466/content.html,访问日期:2022 年 10 月 3 日。

筹才能在全国范围内调剂余缺,充分发挥"大数法则"的作用。地区分割统筹会导致国家法定的统一制度沦为地方性制度安排,并呈现出日趋固化的区域利益失衡格局。这既严重扭曲了制度的正常发展路径,也衍生出了一系列不良后遗症。优化这一制度的根本出路在于真正实现全国统筹,使职工基本养老保险制度走向成熟、定型、稳定发展的新阶段。

其二,尽快实施渐进式延迟退休政策。延迟退休能够较为明显地减轻特定时期的养老金支付压力,化解当前基本养老保险基金收支困境。政府应早作准备,延迟退休年龄制度改革不应再被搁置,而应该尽快开始。国家要发挥政策对社会退休观念的引导作用,通过对养老金待遇领取年龄的精算调整、"老年友好型"就业环境的建成,引导人们从习惯于以往的"低龄退休模式"到慢慢地接受"高龄退休模式",让更多的老年人老有所为,扩大社会有效劳动供给,推动"积极老龄化"社会形成。

其三,开源节流,夯实养老保险基金可持续发展的基础。一方面,全面实施全民参保计划,扩大养老保险的覆盖面,推动社保合规缴纳,着力避免养老保险"高标准、低执行"的现象。另一方面,加强养老金财政补贴长期规划,提高养老保险基金保值增值效率,逐步释放风险。例如,可以委托专业投资机构进行多元化投资运营,在投资组合中引入收益相对较高且风险更加稳定的风险资产来提高整个投资组合的收益率,从而克服制度分割、积累性弱给制度收支平衡带来的不利影响。

其四,将保险精算纳入管理范畴,推进养老金精算报告制度的建设。长期以来,我国的社会养老保险更多关注基金当期是否实现收支平衡,而忽略了基金在较长时间跨度内的纵向平衡问题,从而带来了如历史债务计算问题、养老金待遇调整增长主观性过强等诸多问题。应当将保险精算所涉及的分性别 60 岁及以上平均余命变化、待遇领取月除数的调整函数、养老金当期结余等参数未来 30 年的预测情况以及每年由第三方出具的评估报告等纳入管理范畴,研究社会养老保险基金的纵向平衡。这样不仅能够清晰地刻画出基金在未来可能面对的风险敞口,科学设定养老金待遇调整机制,更能时刻监测养老金制度运行质量,保证社会养老保险基金的持续,最终实现养老保险制度的可持续发展。

气候变化背景下全球关键矿产资源
的争夺:以锂为例

刘元玲

[摘　要] 全球气候变化带来的危机,对国际社会和整个人类而言都是重大而紧迫的挑战。应对全球气候危机,就需要在减排、减缓、适应等各个方面共同发力。其中,全球能源系统的低碳甚至无碳化转型发展已经是大势所趋。尤其是在碳达峰、碳中和成为时代潮流的当下,清洁低碳能源正在加快步伐取代化石能源。在这个向低碳能源转型的过程中,越来越多的国家更加重视对清洁能源技术的发展与部署,而这些技术的发展往往依赖于包括锂、钴、镍、镓、铟、稀土、铂等在内的矿产资源,故而全球对这些关键矿产资源的争夺近年来也愈演愈烈。本文以锂矿为例,分析了在应对气候危机背景下全球矿产资源争夺的现实与逻辑,从而进一步探索全球气候治理的深层困境。

[关键词] 气候变化;气候治理;矿产资源争夺

人类从自然中开采而来的金属矿产资源,经过破碎后的加工处理,会成为应对气候危机而需要大力提倡推广的低碳技术的关键要素。例如锂电池的存在会让交通工具由温室气体排量大的燃油车向清洁电动车转变,整个人类交通运输的碳排放量会因此大大减少。面对气候危机,包括锂矿在内的金属矿产资源是国际社会气候治理的希望。然而,在众多的个体、组织机构、国家对锂矿资源的挖掘、开发和使用过程中,不可避免地会出现乱象丛生的竞争与抢夺。这种争夺加剧了当下原本就动荡与撕裂的社会所旧有的破碎,让形成应对气候危机所需要的群体共识变得难上加难。对气候危机而言,这种对关键矿产资源的争夺无疑让原本协作乏力的全球气候治理面临新的挑战。

一、对低碳发展至关重要的金属矿产资源:锂

支撑低碳产业发展不可或缺的物质基础就是包括锂、钴、镍、镓、铟、稀土、铂等在内的金属矿

[作者简介] 刘元玲,博士,中国社会科学院美国研究所助理研究员,研究方向为全球气候治理、中美气候竞争与合作。

[基金项目] 中国社会科学院智库基础研究项目"规避与应对:中美气候外交中的竞争与冲突"(ZKJC242405)阶段性成果。

产资源。不管是从供给侧还是从需求侧来看,这些关键金属矿产都是国际社会向低碳转型的重要依靠。在应对全球气候变化战略目标情境下,光伏、风能等新能源技术中关键矿产资源的长期需求态势稳定,因此对这些资源的战略竞争也会长期存在。很多学者对此展开研究,例如针对向清洁能源转型的需求,有学者采用了统计对比、分类汇总、综合分析等方法,分析研究了关键矿产在电池、电网、低碳发电和氢能等行业中的作用和需求,结合当前关键矿产产量的地理集中度高、项目开发周期长、资源质量下降等矿产供应和投资计划不能满足清洁能源转型的需求等问题,提出确保关键矿产多样性供应,推动价值链各环节的技术创新,扩大回收利用,增强供应链弹性和市场透明度,将更高的环境、社会和治理标准纳入主流程及加强生产者和消费者之间的国际合作等建议。[①]

也有学者对新能源技术中 30 余种关键金属材料的 100 余种情景模拟进行分析研究,指出了在应对全球气候变化战略目标情境下,光伏、风能等新能源技术中关键矿产资源的长期需求态势及其生产过程中能源消费和碳排放;建立了面向 2050 年全球 7 种大宗金属矿产资源消费的预测模型,识别了未来全球大宗矿产资源的供应风险;基于 2050 年新能源发展战略,定量评估了中国新能源产业中关键矿产资源、水、能源、碳排放关联过程及其全球影响;建立了中国电动汽车产业中 16 种关键金属矿产的物质流分析模型,评估了中国电动汽车发展对于全球关键矿产资源供应的影响。[②] 本文主要针对锂矿资源展开分析,在应对全球气候危机的大背景下,锂矿资源正发挥着不可替代的重要作用。

锂的英文名 lithium 来源于希腊语 lithos,意为石头。1817 年,瑞典化学家约翰·奥古斯特·阿韦德松(Johan August Arfwedson)最先在分析透锂长石时发现了锂。锂是一种金属元素,位于元素周期表的第二周期 IA 族,它的原子序数为 3,原子量为 6.941,对应的单质为银白色质软金属。锂也是密度最小的金属。锂电极电势最负,在已知元素中金属活动性最强。锂资源的存在形式主要有三种:封闭盆地内的盐湖卤水锂矿、伟晶岩型的硬岩锂矿、沉积岩型的黏土锂矿。其中盐湖卤水锂矿占全球锂资源总量的 62.6%,是锂资源最为普遍的存在形式,但其开发程度要远低于矿山锂。

冷战期间,核聚变武器的生产导致锂需求量急剧上升,因为裂变反应产生的中子可以将锂转化为氚。从 20 世纪 50 年代到 80 年代,美国一直是锂的主产国。在此之后,锂主要用于降低玻璃的熔化温度以及提高氧化铝的熔融特性。这两大应用主导了锂的消费市场并一直持续到 20 世

---

① 王欢、马冰、贾凌霄、于洋、胡嘉修、王为:《碳中和目标下关键矿产在清洁能源转型中的作用、供需分析及其建议》,《中国地质》2021 年第 6 期,第 1720—1733 页。

② 《Ayman Elshkak 和沈镭等在关键矿产—能源—水资源关联过程和应对全球气候变化影响方面取得系列研究进展》,中国科学院地理科学与资源研究所,2020 年 11 月 11 日,http://igsnrr. cas. cn/news/kyjz/202011/t20201111_5743832. html,访问日期:2023 年 1 月 20 日。

纪 90 年代中期。核军备竞赛结束以后，国际社会对锂的需求和锂的价格均有所下降。[1] 后来，由于锂可以在陶瓷、玻璃等行业中作为氧化锂的原料，玻璃以及陶瓷制造业成为锂的第二大消费领域。

近年来，随着电子产业迅速发展，锂电池的消费大幅上涨。锂可以被加到电解铝的电解槽中来提高电流效率和降低电解槽的内阻与温度，以锂为代表的碱金属具有最低的氧化还原电极电势，离子荷质比较大且去溶剂化能较低，因此早在 20 世纪 60 年代，锂就被用作二次电池的负极材料。锂在电池领域的应用增长最快，已成为目前全球锂的最大消费领域，锂电池被广泛应用到笔记本电脑、手机、数码相机、小型电子器材、航天、机电以及军事通信等领域。随着电动汽车技术的不断成熟，锂电池也将被广泛应用到汽车行业。因为锂的原子量很小，所以用锂作为阳极的电池具有很高的能量密度。此外，锂电池还具有质量轻、体积小、寿命长、性能好、无污染等优点，所以，目前锂仍是电动车电池的核心原材料。在全球能源转型的大潮中，锂作为清洁的"白色石油"，被推上时代的风口浪尖，在过去几年风光无限，价格一路飙升。未来汽车行业电动化转型方向明确，锂资源需求将保持快速增长，供应紧平衡的状态恐怕还会维持一段时间。

在医学上，锂已被世界精神医学界广泛应用于精神科临床。早在 1949 年，澳大利亚医生约翰·凯德(John Cade)就发表了《锂治疗精神运动兴奋》一文，从此将锂正式引入精神科临床而用于治疗躁狂症。锂的特异性治疗作用是对经典的躁狂发作的治疗，可预防躁狂复发，但却无继发性思睡、镇静和低血压或其他神经系统副反应。锂的发现早于第一个抗精神病药"氯丙嗪"的引入，开创了精神药理学的先河。1965 年起锂在欧洲被广泛应用，1970 年美国食品与药物管理局正式批准锂在美国使用，我国也于 20 世纪 70 年代初应用碳酸锂治疗躁狂症。[2] 想象一下，对驾驶着电动汽车且同时患有躁狂症的人而言，锂对其发挥着双重的支撑作用，既可以为他的电动汽车加油续航，某种程度上也可以为他的心灵世界赋能续命。

可以说，无论是高质量发展的绿色经济，还是高水平的心理健康，锂都有自己的一席之地。在众人忽视的角落中，也就是在精神病学的范畴内，锂转换存在形态，以药物的形式陪伴一个个煎熬中的心灵，帮助人类缓解痛苦，默默帮助着一个个破碎的心灵，让其安静放松。然而，在重视物质文明和实在利益的时代潮流中，真正成为"团宠"的，是作为"白色石油"的锂。因它引发的争夺可谓历历在目。

二、对锂矿资源争夺的三个层面

近年来，有关锂矿资源的争夺多发生在供应链安全、能源转型、低碳技术、电动汽车、气候变

---

[1] 《锂的发现及产业发展》，亚洲金属网，http://baike.asianmetal.cn/metal/li/history.shtml，访问日期：2023 年 1 月 20 日。
[2] 沈其杰：《锂治疗心境障碍的 50 年回顾》，《中华精神科杂志》2004 年第 1 期。

化、环境保护等领域。媒体对如火如荼的锂矿资源争夺战的报道一度成为热点新闻。梳理之后，可以发现这种争夺主要存在社会基层、企业团体以及国家三个层面。

首先，对锂矿资源的争夺发生在中国的基层社会中，尤其是锂矿资源富集的地区。

比如江西省宜春市。江西是全国四大锂矿省份之一。江西的锂云母矿主要集中在宜春市。宜春拥有全球储量最大的多金属伴生锂云母矿，从 2008 年起就提出打造"亚洲锂都"的目标。根据《宜春地区锂资源类型及工业应用报告》等政府资料，宜春市及下属县市拥有已探明可利用氧化锂储量逾 258 万吨，折碳酸锂 636 万吨。其中宜春钽铌矿可开采氧化锂的储量为 110 万吨，是全球最大的锂矿山之一。[1] "十四五"期间宜春市主要瞄准战略性新兴产业，宜春锂电产业依托资源优势发展较快，宜春市拥有总量亚洲第一的钽铌矿，资源量折合碳酸锂当量，宜春市排名全国第三。目前限制锂电池发展的主要因素之一是锂资源有限。目前全球大约有 1300 万吨的锂资源，中国有大约 350 万吨，即使采用消耗量最少的钴酸锂，以每辆电动车安装 40 千瓦时容量的电池计算，全中国拥有的锂资源只能生产约 4 亿辆电动汽车，而全世界也仅能生产约 16 亿辆电动汽车。在国际上争相停产燃油车的背景下，宜春的锂资源就更为宝贵。宜春市目前已初步形成"锂矿开采—锂云母加工—碳酸锂生产—锂电池材料生产—锂电池制造—新能源汽车生产"的完整产业链，并构建了碳酸锂、锂电池材料、锂电池、新能源汽车、锂电池应用等五大板块。[2]

然而，宜春在锂矿开发过程中出现种种乱象，主要表现在上游的非法偷采盗采、私挖滥采、无证开采、以探代采、超深越界开采等，中下游的非法买卖、存储、加工、运输等，以及整个过程中存在的大量的环境污染问题。来自大宗商品及相关产业数据服务商上海钢联（MySteel）的数据显示，过去两年，碳酸锂价格一路上涨：2021 年初每吨不到 10 万元，2022 年 11 月，报价涨到每吨 59 万元。锂矿石价格相应上涨，每吨从数十、数百元涨至 1300～3000 元。有的村民挖一天，就能挣五六百元，甚至上千元。然而 2021 年，宜春市农村居民人均可支配收入不到 2 万元，月均不足 1600 元。[3] 在经济发展面临困境的当下，如此飙升的锂矿资源价格带来的利润回报很难不让守着聚宝盆的父老乡亲趋之若鹜。当下，进一步强化治理这条乱象丛生的"地下新能源产业链"已经迫在眉睫。为此，2023 年春季，中央派至宜春的工作组分批次先后赴宜春调研，其中包括自然资源部、工业和信息化部和公安部等部门，主要目的是引导宜春锂矿资源的规范开采和使用。

其次，这种争夺与角力还发生在企业之间，尤其是发生在那些依靠锂矿资源发展低碳技术和

---

① 文夕:《"亚洲锂都"停产！上市公司紧急回应》，2023 年 2 月 27 日，https：// www. thepaper. cn/newsDetail_forward_22105564，访问日期：2023 年 1 月 20 日。

② 《宜春市人民政府办公室关于印发宜春市"十四五"能源发展规划的通知》，2022 年 7 月 22 日，http：// www. yichun. gov. cn/ycsrmzf/ghyw/202207/b508128e07684fbc9ac0448ef3174ec8. shtml，访问日期：2023 年 1 月 20 日。

③ 《江西宜春锂矿乱象调查：疯狂挖、全民炒》，2023 年 2 月 14 日，https：//baijiahao. baidu. com/s？id=1757803636429347090&wfr=spider&for=pc，访问日期：2023 年 1 月 22 日。

清洁能源的企业组织之间。基层百姓对锂矿石的争夺乱象往往具有短期性和局部性,只要监管政策落地,很快就会停止。相比而言,企业间的争夺相对更加持久,过程也更加复杂。

当前中国的新能源汽车销量在全球市场占比超过六成,也就是说全球超过 60% 的电池是由中国新能源汽车厂商提供的,而中国自身的锂矿资源满足不了如此巨大的市场。在电池产业链中,中国企业也占据主导地位。彭博社新能源财经(NEF)数据显示,2022 年中国电池产能高达893 吉瓦时,全球占比 77%。世界上排名前十的电池企业有六家来自中国,这些企业需要的锂矿资源是中国自身无法满足供应的。高盛(Goldman Sachs)曾表示,电动汽车产量每增加 1%,就会让锂需求比当前全球产量增加超过 40%。2020—2030 年,锂电池对锂的需求将增加 6 倍。[①] 这使锂成为各国争抢的战略资源。我国是全球可充电电池和蓄电池产量最大的国家,毫无疑问国内企业对锂的巨大需求会被进一步激发。

供需失衡导致锂价暴涨,企业之间的竞争进入白热化状态。2020 年下半年以来,中国电池级碳酸锂价格开始攀升,至 2022 年底,价格涨幅超过 10 倍,每吨从 6 万元涨到约 60 万元。对那些掌握着上游矿产资源的企业而言,只要机器开工,就相当于开动了印钞机,大大小小的云母矿石就等同于新出炉的钞票。例如赣锋锂业曾统计,2022 年扣非净利润同比增长 498.54%～636.14%。天齐锂业的数据更为可观,同期扣非净利润增幅更是高达 1556.94%～1736.88%。但对那些靠技术生存发展的企业而言,处境就颇为艰难。锂盐企业如果没有资源,只能收取低廉的加工费。对下游产业而言,锂矿资源争夺引发的价格暴涨会导致成本大增,这让它们如临大敌。在锂矿资源争夺大战中,有人欢喜就有人愁。瑞银中国汽车行业研究主管曾测算,2022 年电动汽车成本平均每辆增加 1.5 万元。2022 年一季度,宁德时代扣非净利润仅为 9.77 亿元,同比下滑41.57%。其他电池企业利润也不同程度上受到影响。随后宁德时代与车企谈判,建立起原材料价格联动机制,将成本部分转移给下游车企。由于产品规模有限,大部分新能源车企原本就处于亏损状态,新的采购价格机制导致其盈利状况雪上加霜。[②]

再次,对锂矿资源的争夺还发生在国家之间。和很多重要的战略性矿产资源一样,锂矿资源的分布并不均衡,尤其是需求大国和供应大国之间的存储差异显著,供需失衡的现实导致国家之间存在不同程度的合作与竞争,近年来竞争则更加显著和激烈。

2022 年国际能源署在一份报告中总结称,全球对锂的需求预计未来将飙升至目前水平的

---

① 付小方:《新能源锂电业的竞争与挑战》,《中国改革》2020 年第 6 期,https://cnreform.caixin.com/2020-11-10/101625454.html? p0#page2,访问日期:2023 年 1 月 20 日。

② 安丽敏:《争夺南美锂盐湖》,《财新周刊》2023 年第 5 期,https://weekly.caixin.com/2023-02-04/101994673.html,访问日期:2023 年 3 月 16 日。

6 倍,需要 50 座新的矿山。① 与此同时,锂矿的存在非常集中。盐湖锂作为锂资源分布形态之一(另一种是硬岩锂),占比约七成,南美玻利维亚、阿根廷和智利三国是盐湖锂的集中分布地。美国地质调查局数据显示,2021 年全球锂资源量约为 8900 万吨,上述三国资源量分别为 2100 万、1900 万和 980 万吨,排名前三。三国锂资源量在全球总占比高达 56％。② 在目前全球民族主义与民粹主义显著回潮的时刻,不同国家的矿产企业在世界各地进行的锂矿资源的竞争与争夺,往往被视为以企业为载体的国家间的竞争,这既包括相同企业在不同国家的竞争行为,也包括不同企业在同一国家的竞争行为。

中国是目前全球最大的锂资源需求国,锂资源储量仅占全球的 7％左右。近两年国内新能源汽车销量呈爆发式增长,2022 年总销量为 688.7 万辆,提前三年完成国家主管部门设定的新能源汽车销量占比目标。这是为了响应国家提出的"3060""双碳"目标,即我国争取在 2030 年前二氧化碳排放达到峰值,并在 2060 年前实现碳中和。"双碳"目标正全力推进,国际上全球气候治理的号角依旧在吹响,因此就出现了国内竞争与国际竞争同时进行的局面。2021 年 5 月,我国提出要加快推进公共区域充电桩建设,支持新能源汽车产业发展,截至 2022 年底,全国累计建成充电桩 521 万台。③ 2023 年初,浙江、湖南等地相继出台加快新能源汽车发展的行动方案,在未来几年内将加强充电桩建设工作,并推动公共领域用车实现全面电动化。所有这些目标的实现,都需要锂矿资源的支撑。

2023 年 1 月,经过漫长竞标后,玻利维亚政府最终选择了一个由中国动力电池龙头宁德时代牵头的企业联合体,以帮助开发这个南美国家储藏量巨大但尚未利用的锂矿。根据美国地质调查局的最新数据,玻利维亚的盐湖拥有世界上最大的锂资源储量,约为 2100 万吨,但该国目前几乎没有对锂矿进行商业化开发和生产。与此同时,根据路透社的报道,玻利维亚总统阿尔塞在 1 月 20 日还表示,其政府仍然在与其他外国公司就未来可能的合作进行谈判,这些公司包括美国的 Lilac Solutions,俄罗斯的 Uranium One Group 和其他三家中国公司,这说明争夺还在继续。④ 此外,智利盐湖开发较早,中国天齐锂业持有智利化学矿业有限公司约 22.16％的股份。阿根廷近年受到中国企业追捧,赣锋锂业、紫金矿业、西藏珠峰、华友钴业、欣旺达、国轩高科等企业均在

---

① Mike Lee and Hannah Northey, "Making the Entire U. S. Car Fleet Electirc Could Cause Lithium Shortages," January 25, 2023, accessed March 16, 2023, https://www.scientificamerican.com/article/making-the-entire-u-s-car-fleet-electric-could-cause-lithium-shortages/.

② 安丽敏:《争夺南美锂盐湖》,《财新周刊》2023 年第 5 期,https://weekly.caixin.com/2023-02-04/101994673.html,访问日期:2023 年 3 月 16 日。

③ 《工信部:2022 年我国新能源汽车市场规模全球领先》,央视网,2023 年 1 月 18 日,https://news.cctv.com/2023/01/18/ARTIi4cRsLT4sFsfyhY6Jvf1230118.shtml,访问日期:2023 年 1 月 20 日。

④ 《宁德时代将牵头玻利维亚锂矿开采项目,一期投资超 10 亿美元》,2023 年 1 月 21 日,https://m.thepaper.cn/newsDetail_forward_21658259,访问日期:2023 年 1 月 20 日。

当地布局。[①]

拜登政府高举应对气候变化的大旗入主白宫,曾经在 14008 号总统行政令《在国内外应对气候危机》中指出未来要在美国安装 50 万个电动车充电站,还要将美国联邦、州和地方车队的 300 万辆汽车转变为电动车;后来又在《削减通胀法案》中指出将要大力支持美国全产业链的电动汽车发展行业,绿化美国的交通运输。2022 年 2 月 14 日,拜登政府发布了全美电动汽车充电设施网络最终规定。该规定要求联邦政府资助的电动汽车充电器必须在美国生产,电动汽车法规还要求,从 2024 年 7 月开始,55% 的充电器成本需要来自美国制造的零部件,同时特斯拉公司将向其他汽车型号开放充电服务。全美电动汽车充电设施网络是拜登应对气候变化计划的核心部分,拜登曾在总统行政命令中指出计划到 2030 年将美国所有新车的 50% 转化为电动汽车。[②]

加州大学戴维斯分校的气候与社区研究项目中心指出:若将美国现有的汽车改装为电池驱动的电动汽车,到 2050 年,所需的锂量将是世界目前产量的三倍。目前,世界每年的锂产量略高于 10 万吨。根据研究人员确定的基本情况,到 2050 年,仅美国每年就需要 30.6 万吨。这是在假设交通系统不会改变,消费者购买的汽车电池大小与当今电动轿车的电池大小大致相同的情况下计算得出的。而在最坏的情况下(系统保持不变,电池尺寸大幅增长),到 2050 年,美国每年可能消耗 48.3 万吨锂。[③]

美国地质调查局发布的数据表明,美国目前唯一的锂生产商在内华达州运营,该州的锂储量约占全球的 3.6%。[④] 美国锂资源的供需严重失衡,虽然拜登政府近年来致力于提高美国自身锂资源的自给自足能力,为国内的锂矿资源开采提供各种资金和政策扶持,但短期内靠自己无从解决锂资源匮乏的问题,必须从国外获取其所需的大部分锂。也就是说,和中国一样,美国也需要大量进口锂。

中美之间的锂之争虽然只有一段短暂的历史,但是结合当前中美紧张恶化的双边关系,恐怕还会有一个长久的未来。对比而言,尽管中国对锂的进口依存度超过 60%,但全球大部分锂产能在中国,中国锂离子电池产能约占全球产能的七成以上,锂储量也在世界名列前茅,此外澳大利亚、智利和阿根廷等国的锂储能巨大。2022 年 11 月 2 日,美国的盟友、亲邻加拿大以"国家安全"为由,让中国中矿资源、藏格矿业、盛新锂能三家公司撤出对加拿大关键矿物公司的投资。在中

① 安丽敏:《争夺南美锂盐湖》,《财新周刊》2023 年第 5 期,https://weekly.caixin.com/2023-02-04/101994673.html,访问日期:2023 年 3 月 16 日。

② 王眉:《拜登政府发布电动车充电设施标准最终规定:政府资助的充电器必须美国生产、要求开放充电网络》,2023 年 2 月 15 日,https://wallstreetcn.com/articles/3682002,访问日期:2023 年 3 月 2 日。

③ Mike Lee and Hannah Northey, "Making the Entire U. S. Car Fleet Electirc Could Cause Lithium Shortages," January 25, 2023, accessed March 16, 2023, https://www.scientificamerican.com/article/making-the-entire-u-s-car-fleet-electric-could-cause-lithium-shortages/.

④ U. S. Geological Survey, Mineral Commodity Summaries, "Lithium," January, 2021, accessed March 2, 2023, https://pubs.usgs.gov/periodicals/mcs2021/mcs2021-lithium.pdf.

加之间的能源之争中,美国的影子几乎随处可见。无论是过去发生的美国洛克伍德公司被中国天齐锂业截胡,还是最近发生的玻利维亚锂矿竞标中的拒美选中,都说明了这一点。而这又会反过来成为双边关系更加趋于紧张恶化的诱发因素,间接成为中美在气候领域进行合作的障碍。

在全球气候治理领域发挥排头兵和领导力的欧盟也越来越看重对锂矿资源的开采、进口和使用。欧盟委员会曾在 2022 年 9 月声明要推出一部欧洲的关键原材料法律时,将关键原材料供应链安全上升到了关系绿色转型和数字转型生死存亡的高度。该声明如此界定关键原材料目前正处于的形势:全球正在历经一场关键原材料供应和回收上的竞赛。欧盟委员会主席乌尔苏拉·冯德莱恩(Ursula von der Leyen)在关键原材料法倡议中称:"锂和稀土很快就将比石油和天然气更重要。"锂和稀土位于欧盟 2020 年 30 种关键原材料清单之上,其中,锂是新增的原材料之一。欧盟主席冯德莱恩还曾指出:"制造锂电池和其他重要设备的锂矿、稀土矿目前都在中国的手上,这对西方产生了'威胁'。为了保证欧盟和西方世界的安全,接下来需要争夺中国对中国稀土、锂矿等珍稀矿产的掌控和经营权,改由西方控制。"她还把这总结为"未来之战"。[1] 有研究指出,在电动汽车电池和储能上,欧盟在 2030 年对锂和钴的需求分别增加 18 倍和 5 倍,2050 年则分别增加 60 倍和 15 倍。而在用于电动汽车或风电等领域的永磁体上,欧盟对稀土的需求到 2050 年可能增加 10 倍。尽管欧盟在原材料上的战略可以追溯到 2008 年,但俄乌冲突的爆发推动欧盟决心减少在关键原材料上的战略依赖,力求在能源转型中起到关键作用的原材料领域避免重复在传统能源上的教训。

对锂矿资源的争夺,不仅体现在需求侧不同的国家间的竞争,还体现在需求方与供应方两端。中国地质调查局发展研究中心专家称,智利、阿根廷和玻利维亚构成南美"锂三角",三国已知含锂盐湖约有 190 个,仅智利和阿根廷的 4 个盐湖处于生产阶段,另有 55 个盐湖处于初级勘查阶段、21 个盐湖处于勘探阶段,其余 110 个盐湖基本未开展过勘查工作,总体勘查程度较低。[2] 锂矿资源在"锂三角"聚集,给全球锂的供需和竞争关系带来独特影响。例如,阿根廷、玻利维亚和智利三国外长在 2022 年就建立金属锂定价机制进行深入谈判,三个南美国家决定抱团取暖,要让世界"团宠"的锂矿资源更加成为造福本国的财富发动机。在共同利益驱动下,三国开始探讨针对锂矿石价值链的战略合作。玻利维亚国家锂矿公司总裁卡洛斯·拉莫斯曾表示:"全球利益如此之巨大,如果不以非常战略的方式管理自己所拥有的资源,我们就无法获得我们真正想要

---

① "Critical Raw Materials Act: Securing the New Gas & Oil at the Heart of Our Economy/Blog of Commissioner Thierry Breton," September 14, 2022, accessed March 6,2023, https://ec.europa.eu/commission/presscorner/detail/en/STATEMENT_22_5523.

② 邢凯等:《全球锂矿资源特征以及市场发展态势分析》,《地质通报》2023 年第 8 期,第 1402—1421 页。

的利益。"[1]

三、从应对气候危机的视角看对锂矿资源的争夺

气候变化正给自然界和人类社会造成广泛而深刻的影响。近年来,全球各地多种极端气象灾害频发、并发,新型、复杂型风险的出现增加了应对气候变化的难度。2022 年 4 月联合国政府间气候变化专门委员会(IPCC)第六次评估报告(AR6)指出:当前气候变化、生态系统以及人类社会的相互作用以负面影响为主,人类正面临显著的气候风险。为维护地球生态系统健康和人类福祉,国际社会需迅速采取有效行动,确保可持续发展。[2]

推动交通运输领域中的燃油车向电动车转变,是应对气候危机的一项重要举措。锂作为全球重要的新兴关键性矿产之一,逐渐被中、美、日和欧盟等世界各主要经济体列为战略性或关键矿产,各主要经济体越来越重视锂资源的安全供应并加紧全球性的战略部署。在围绕"白色石油"的锂进行的资源争夺中,有跌跌撞撞血本无归的,有高歌猛进赚得盆满钵满的。实际上,两条主线构成了锂矿资源争夺背后的逻辑,一条是为应对气候危机——这一点已经在 2022 年 4 月 IPCC 最新的报告中展露无遗,反映的是我们人类面对危机时的积极有为;另一条是争夺权力与利益——这一点在整个人类历史中清晰无比,暴露出我们人类的自私贪婪。两者时而并行,时而交织,时而纠缠,终于走到了锂价快要回落至平稳的趋势上。现在,随着下游需求放缓,预期"高烧不退"的锂盐价格终有降温迹象,但锂矿供给和成本两端暂时还不支持其价格大幅走低,因此锂矿资源争夺战,仍会继续。

四、结　语

当下的世界,外部充满各种动荡与撕裂,心理上的平安与喜乐似乎也愈加成为奢侈的追求,这常常让人有一种内外交困的感觉。锂作为全球能源转型和世界精神医学界的重要依赖之物,其重要性显而易见。然而,对越来越注重外在而轻忽内在的人类而言,锂在全球能源市场上的表现更为闪耀,因为锂对电动汽车电池的发展极为关键。一夜暴富的人群中,很多就是因为有"锂"走遍天下;而很多资不抵债的破产企业,也是因为无"锂"寸步难行。我们既可以笑谈:财富增减

---

[1] 李飞:《仿效欧佩克　南美筹谋"锂佩克"》,"汽车产业前线观察"微信公众号,2022 年 11 月 28 日,https://mp.weixin.qq. com/s? _ _ biz = MzI1MjkzMTcwOQ = = &mid = 2247640708&idx = 4&sn = 0d0de6165d426d0b33d52c687f1b6226&chksm = e9d0dd96dea75480e68b 0869401012fe36396a28b14cfa86e2ca8d1256e6b0d06c9060474298&scene=27,访问日期:2023 年 2 月 28 日。

[2] "Climate Change 2022：Mitigation of Climate Change," IPCC, accessed March 2,2023, https://www.ipcc.ch/report/sixthassessment-report-working-group-3/.

会对人心灵造成众多冲击,倘若冲击变成躁狂,还可以服用碳酸锂进行干预治疗。我们也会深思:原本用来应对人类共同敌人的宝贵矿产资源,同时也成了引发人类冲突与分裂之所在。人类有限的智慧,该如何看待这种资源的"宝贵",值得我们的反思和探索。

论全球治理、发展与人类安全的关系

卡罗琳·托马斯(Caroline Thomas) 著　　李　佳[1]　陈睿璟[2] 译

[摘　要]关注到在千禧年初全球发展和安全议程的趋同,本文旨在探讨全球治理、发展和人类安全之间的联系。本文认为,物质充足是人类安全的核心所在,因此,贫困和日趋严重的不平等问题在 20 世纪 80 年代和 90 年代的发展过程是本文的讨论焦点。本文认为,在 20 世纪的最后几十年里,新自由主义的愿景主导了全球发展政策议程,从而导致这些不平等问题的不断加剧。新自由主义主导下的政策议程是由一系列全球治理机构通过国家及政府进行开发、倡导和实施的。因此,本文对此类全球治理的理念和机构进行了批判性探讨,旨在确定全球治理及其相关发展政策是在谁的利益下运作的,以及是否有利于人类安全。

[关键词]全球治理;人类安全;新自由主义

背　景

贫困是人类面临的终极系统性威胁。如果贫困人口陷入绝望,贫困将通过对抗、暴力和内乱破坏社会。

——国际货币基金组织总裁米歇尔·康德苏(Michel Camdessus),2000 年

在一个资源、财富和技术泛滥的世界里,全球贫困肯定不是由于运气不好。

——彼得·威尔金(Peter Wilkin),2000 年

普遍的贫困和日益加剧的不平等是当代全球社会格局的显著特征,各全球治理机构正逐渐意识到这些断层线对全球秩序的潜在威胁。2000 年 1 月 10 日,联合国安全理事会第一次把非洲艾滋病毒对全球安全造成的挑战纳入会议日程。这标志着重要国际组织的全球安全议程正在扩大,囊括非传统安全事项,如卫生、环境和贫穷问题。

[作者简介]卡罗琳·托马斯(Caroline Thomas),英国南安普敦大学(University of Southampton)政治学教授。
[译者简介]1.李佳,浙江大学外国语学院副教授,研究方向为国际政治与全球治理;2.陈睿璟,浙江大学外国语学院硕士生。
[基金项目]中央高校基本科研业务费青年专项(2023)"中国参与全球非传统安全治理体系建设研究"阶段性研究成果。

此外,这次会议也是安理会历史上首次邀请世界银行行长发言。时任世界银行行长詹姆斯·沃尔芬森(James Wolfensohn)在发言中指出:"如果我们想要防止暴力冲突,我们就需要一种全面、公平和包容的发展方式。"[①]

由此可见,随着全球治理机构的领导人愈发认识到发展与安全的密切相关性,发展正在成为全球政治议程的中心。之前在联合国系统内被归纳为健康问题的艾滋病毒/艾滋病正在演变成一个全球安全问题。

全球发展和安全议程的融合是本文关注的焦点问题。选择这一问题并不是为了顺应各全球治理机构领导人在此问题上的利益相关度或对此问题关注度的提高,而是为了指出一个人类古老而持久的关切。人类安全是地球上绝大多数人最关心的问题。正如纳尔逊·曼德拉在千禧年伊始所说,普通人所关心的仅仅是有机会过体面的生活,有足够的住所和食物,能够照顾子女并让他们有尊严地生活,让子女接受良好的教育,健康需求得到满足,并获得就业机会。[②]

人类的不安全感并不是不可避免的。诚然,干旱等自然灾害会破坏人类安全,但即使发生在同一个地方,它们对个体安全感的破坏也是不平等的。反而,人类的不安全感直接源于现有的权力结构,这种结构决定了谁有权享有安全,谁无权享有安全。这种结构既存在于国际层面,也存在于区域、国家和地方层面。

本文关注的是国际层面的全球发展议程以及在实施该议程后出现的物质两极化。物质不平等的增长在国家之间、国家内部以及私营公司之间都很明显。[③] 这直接影响到当代人类的安全并会强化人类安全这一议程的未来前景。在人类安全的未来前景这一议题上,一个简单但极其重要的问题是:现有的解决贫困和促进广泛发展的机制是否足以实现其目标?1995年,联合国设定了在2015年前将全球生活在绝对贫困中的人口数量减少50%的目标。这个目标并非拟通过任何再分配机制来实现,而是拟通过20世纪80年代和90年代全球治理机构推动和应用特定的新自由主义发展模式来实现。该模式相信,市场而非国家是减贫的重点,并侧重基于资本自由流动的出口导向型增长。该模式代表了对第二次世界大战后盛行的早期嵌入式自由主义的重大转向,它与将基本需求置于核心的批判性替代发展模式相去甚远。

新自由主义模式需要持续性的高速增长来实现联合国的减贫目标。例如,非洲经济需要以平均每年7%的增速才能达到联合国制定的2015目标。[④] 然而,即使这种增长在非洲和其他地方

---

① "Press Briefing by Executive Director of UNAIDS, Administrator of UNDP and President of World Bank," United Nations, January 10, 2000, accessed July 10, 2023, https://press.un.org/en/2000/20000110.aidsbrf.doc.html.

② Michel Camdessus, "Farewell to Africa Concluding Remarks by Michel Camdessus," International Monetary Fund, January 19, 2000, accessed June 10, 2023, https://www.imf.org/en/News/Articles/2015/09/28/04/53/sp011900.

③ Caroline Thomas, "Where is the Third World Now?" *Review of International Studies* 25, no. 5 (1999): 225-244.

④ Kingsley Amoako, 1999. Press statement of Executive Secretary K. Y. Amoako at the UN ECA conference (Addis Ababa: ECA) 6 May.

能持续下去,我们能确信这种经济增长一定能转化为将绝对贫困人口减少 50％吗? 收益和成本将如何分配? 此外,除了这个最初目标之外,这个模式能否显著提高除了贫困人口外,其余人的安全水平? 如果不是,那解决的办法是应该对现有模式进行改革,还是对其进行彻底的改造? 近年来,发展政策持续变动,其范围、深度和速度是令人惊叹的。这些政策将深刻影响数十亿人的未来,其合法性值得被进一步讨论。[①]

人类安全的挑战

> 当我们考虑安全问题时,我们需要超越阵营和边界。我们需要考虑人类安全,考虑赢得一场非同寻常的战争——与贫困的斗争。
> ——世界银行行长沃尔芬森 2000 年 1 月 10 日在联合国安理会非洲艾滋病会议上的讲话

人类安全的概念从根本上背离了正统的国际关系安全分析(正统的分析将国家作为唯一的主要参照对象)。相反,人类极其复杂的社会和经济关系在人类安全这一概念中被赋予与国家相当或高于国家的重要地位。用保罗·海恩贝克(Paul Heinbecker)的话来说,人类安全是关于"保护人民以及保护国家的能力"[②]。在一些人类安全的表述中,加拿大外交部长洛伊德·阿克斯沃西(Lloyd Axworthy)指出,人类的需求而不是国家的需求是最重要的。他认为,冷战结束后,国内冲突比国家间冲突更为普遍。这些冲突通常使用低技术手段,与 20 世纪初相比,现在大多数伤亡(75％)是平民。[③] 阿克斯沃西指出,妇女和儿童往往更多地成为这些战争的受害者,认为"人类安全包括防止经济贫困,保证可接受的生活质量,以及对基本人权的保障"[④]。

这里所追求的人类安全概念与当前流行的新自由主义意义上的"个人安全"概念有着根本的不同。人类安全与自由主义关于竞争和占有的个人主义(即以财产权和市场选择为基础的私人权利和活动的延伸)的概念相去甚远。相反,人类安全描述的是一种生存状态,在这种状态下,基本的物质需要得到满足,人的尊严包括有意义地参与社群生活得以实现。这种人类安全是不可分割的,它不能由一个集团以牺牲另一个集团为代价来追求。因此,虽然物质充足是人类安全的核心,但这一概念还包括非物质方面,从而形成了一个质的整体(a qualitative whole)。换句话说,物质充足是人类安全的必要条件,但不是充分条件,人类安全需要的不仅仅是物质充足。简单来

---

① 更充分的探讨见:C. Thomas, *Global Governance*, *Development and Human Security* (London: Pluto Press, 2000).

② Paul Heinbecker, "Human Security," *Behind the Headlines* 56, no. 2 (1999): 6.

③ Dan Smith, *The State of War and Peace Atlas* (London: Penguin, 1997), 14.

④ Lloyd Axworthy, "Canada and Human Security: The Need for Leadership," *International Journal* 52, no. 2 (1997): 184.

说,我们可以根据数量与质量来区分这些不同的方面,这大致指的是收入贫困和人类贫困。这将在下文联合国开发计划署(United Nations Development Programme,UNDP)部分进一步讨论。

数量是指物质上的充足性。阿克斯沃西评论道:"人类安全至少需要使基本需求得到满足。"[1]因此,追求人类安全的核心必须是满足全人类的基本物质需要。食物、住房、教育和保健是人类生存所必需的。

质量方面则关乎人的尊严的实现,包括个人的自主、对自己生活的控制和不受阻碍地参与社会生活等。摆脱压迫性权力结构的束缚对于人类安全是至关重要的,无论其源头和范围是全球、国家还是地区。人类安全面向一种积极和实质性的民主观念,确保所有人都有参与决策影响其生活的机会。

人类安全是人类作为集体的一部分所追求的。最常见的集体形式是家庭,有时是村庄或社区,或是根据宗教、种族、性别或种姓等其他标准来界定。集体通常是通过这些方法的结合来实现的。在全球一级(层面),各国有权力和责任照顾其公民的人类安全需求。脆弱的国家—社会关系意味着国家往往阻碍而不是帮助全体公民实现人类安全。全球治理机构也发挥着重要作用。它们制定全球发展政策,修正、应用和监督全球权力规则。当代对人类安全的考虑,要求我们不仅要考虑独立主权国家的人性,还要考虑全球社会结构,即自 16 世纪以来一直在发展的资本主义世界经济。在某种程度上,联合国开发计划署在这一方向上发挥了作用。本文所采用的人类安全概念最初就是由该联合国机构在全球政策中提出的。

联合国开发计划署与人类安全

已故的马赫布卜·乌尔·哈克(Mahbub Ul Haq)博士在联合国开发计划署的《人类发展报告》中首次提出人类安全概念,并引起全球的关注和讨论。1994 年《人类发展报告》明确强调人类安全。报告认为:"长久以来,国家间潜在的冲突塑造了安全的概念。长久以来,安全被等同于对一个国家边界的威胁。长久以来,各国都在寻求武器来保护自身安全。对今天的大多数人来说,一种不安全感更多地来自对日常生活的担忧,而不是对灾难性世界事件的恐惧。工作保障、收入保障、健康保障、环境保障、犯罪保障,这些都是全世界人类安全的新关注点。"[2]

1994 年的《人类发展报告》以人类安全为重点,试图影响 1995 年在哥本哈根举行的联合国社会发展问题世界首脑会议。在 20 世纪 90 年代后期,联合国开发计划署的年度报告建立并完善了这一概念。1997 年的重点是人类发展——不仅是指收入方面,也指被贫困剥夺了的过上较为舒

---

① Lloyd Axworthy,"Canada and Human Security: The Need for Leadership," *International Journal* 52,no. 2 (1997): 184.

② UNDP, *Human Development Report* (London: Oxford University Press, 1994),3.

适生活的选择和机会。[①] 重要的是,1997 年的报告进一步分解了我们前面提到的人类安全的数量和质量。它区分了收入贫困(每天收入 1 美元及以下)和人类贫困(文盲、预期寿命短等等)。收入贫困和人类贫困往往是相互联系的,但也并非完全如此。例如在海湾国家,人们可能遭受人类贫困而不是收入贫困。

联合国开发计划署在早期阶段发挥了关键的议程设置作用,其重点是人类安全。正如前面所指出的,国际货币基金组织和世界银行等主要全球治理机构现在更加关注发展和人类安全,部分原因是贫困和不平等越来越被视为国家、地区和全球的安全威胁。事实上,人类安全的权利水平与冲突倾向之间似乎存在关联,冲突倾向不是按照传统的国家间武器术语定义的,而是在更广泛的意义上包括最常见的战争形式,即国家内部战争。在 1990—1995 年期间,57% 经历战争的国家在联合国开发计划署的人类发展指数中排名较低,只有 14% 排名较高,34% 排名中等。缺乏物质权利、健康和教育与战争之间可能存在因果关系。[②]

对这一悲剧性结果的一种解释可能是,基本的经济和社会结构允许享有特权的全球和国家精英控制大部分的可用资源份额。这直接影响到安全性。用史密斯的话来说:"当特权精英捍卫其在过少的资源中所占的过大份额时,贫困、不平等和侵犯人权之间就产生了联系。对基本自由的剥夺——包括组织、投票、表达不同意见——迫使人们在接受严重的不公正还是通过暴力手段争取更公平的资源分配之间做出选择。随着冲突的展开,政治领导人往往发现,动员支持的最简单方法是以种族为基础。因此,冲突的各种原因交织在一起。战争只有在根源上从时间和空间维度上被消除时才会结束。"[③]史密斯清楚地阐明了贫穷、不平等和安全之间的联系。世界上六分之一的人口获得全球 80% 的收入,而全球 57% 的人口只消费全球 6% 的收入,康德苏(Camdessus)和沃尔芬森(Wolfensohn)表达的对贫困和安全的担忧似乎是合理的。[④]

然而,重要的是,无论全球治理组织是否将贫困和不平等问题归为安全问题,它们都以最有力的方式影响着人类。值得回顾的是,在第一次和第二次世界大战期间被杀害的总人数约为 3000 万人。与此相比,目前每年死于饥饿的人数为 1500 万人。因此,我们可以说,每两年死于饥饿的人数就大致相当于因两次世界大战(共计持续十几年)而死的人数。[⑤] 必须解决造成饥饿、贫穷和不平等的根源,否则就不可能实现人类安全。

---

① UNDP, *Human Development Report* (London: Oxford University Press, 1997), 2.

② 据下文数据:Dan Smith, *The State of War and Peace Atlas* (London: Penguin, 1997), 48.

③ Dan Smith, *The State of War and Peace Atlas* (London: Penguin, 1997), 15.

④ Christina Malmberg Calvo et al., "World development report 2000—2001: attacking poverty", World Development Report, August 30, 2001, accessed March 1, 2023, https://documents.worldbank.org/en/publication/documents-reports/documentdetail/673161468161371338/world-development-report-2000-2001-attacking-poverty-overview.

⑤ Caroline Thomas and Melvyn Reader, "Development and Inequality," in *Issues in World Politics*, eds. B. White, R. Little, and M. Smith (Basingstoke: Macmillan, 1997), 90-110.

人类安全展望

安全的主要参照对象从国家到人类的变化对理解安全威胁来源和明晰安全战略都有影响。重要的是,焦点从国家的权利、关切和需求转向人类或公民的权利、关切和需求,这为批判性审视国家提供了机会。国家与社会的关系成为人们关注的焦点。由此,一些根本性问题出现了,比如关于国家能力、国家合法性和国家崩溃的问题。另外,一些特殊性问题也浮现了,例如在国家内部冲突中使用童军,以及可能导致人民贫困的土地保有模式。

但是,将焦点转向人类安全,也凸显了审视可能影响甚至危及安全的全球进程以及推动这些进程的全球治理结构的重要性。正确理解全球经济一体化进程以及相关成本和利益的分配是至关重要的。有了这些知识,可以就全球发展政策进行一场理性辩论(an informed debate)。在这场辩论中,我们可以努力重建发展政策,以满足全球所有公民,特别是最贫穷国家的人类安全需要。太多的人死于饥饿和疾病,这不是运气不好的产物,而是现有结构的产物。现有结构是可以被改变的。

贫困和不平等:令人担忧的问题

> 自由多元主义者受到经济学中的古典主义、新古典主义和货币主义方法,社会学中的功能主义和后工业主义方法以及政治学中的民主多元主义方法的影响,采用了一种相对规范(compliant)的方法来解决普遍、严重和持续的贫困问题。
>
> ——汤森(Townsend),1993 年[①]

在 21 世纪初,尽管官方的发展政策已经实施了 50 年,尽管科学技术取得了巨大进步,但国家之间和国家内部的不平等仍在加剧,近三分之一的人类仍然生活在赤贫之中。然而,在经济发达的国家以及发展中国家的精英阶层中,对贫困和不平等问题的态度只能说是安于现状。这可以归因于新自由主义政治意识形态的广泛影响(下文详述)。此外,不平等问题越来越得不到第一世界媒体的关注。

受英国主要的国际援助、发展和环境慈善机构委托进行的一项研究清楚地证实了第一世界媒体对不平等问题关注度的降低。这项研究表明,1989—1999 年期间,发达国家媒体对发展中国

---

① Peter Townsend, *The International Analysis of Poverty*(London: Routledge, 1993), 6.

家的新闻报道数量和质量急剧下降。① 约翰·维达尔(John Vidal)在评论这份报告时说:"关于发展中国家的实况节目的总时数减少了50%;ITV的覆盖率下降了74%;BBC2减少了1/3以上,BBC4减少了56%。"②此外,报告还指出,60%以贫困国家为背景的英国电视节目都是关于旅游和野生动物的,尽管这些贫穷国家的人口占全球人口的80%。维达尔评论道:"BBC1越来越痴迷于野生动物和旅游节目,而BBC5自成立以来几乎没有任何来自非西方的信源。"③

该报告的作者珍妮·斯通(Jenny Stone)认为,对发展中国家缺乏报道并不仅仅是公众缺乏兴趣的结果,还有其他诸如预算减少、文化生产的变化和新技术的出现等原因。④ 维达尔同意斯通的观点,即20世纪90年代广播节目的多样化削弱了其公共服务价值。考虑到英国公众获得世界其他地方的信息的主要来源是广播,这一趋势令人担忧。⑤

尽管许多发达国家的人可能仍然对此毫不知情,但后冷战时代的全球格局以加剧和重新配置既有的经济、社会和政治不平等为特征。共产主义集团的解体和对"真实存在的社会主义"作为一种经济组织模式的拒绝,为第三世界的重构提供了一个特定的推动力。第二世界即前共产主义集团,加入了第三世界而不是第一世界。这表明,1989年之后,第三世界非但没有消失,反而正在变得全球化。

经济驱动的全球化正在导致全球第三世界问题的再现。日益加剧的不平等、风险和脆弱性不仅是国家体系的特征,也是新兴的全球社会秩序的特征。全球南方与全球北方你中有我、我中有你。资本主义在全球的扩张是五个世纪以来正在进行的历史进程的一部分。技术的发展加速了这一进程。个人的生活机会以及家庭和社群的生存能力日益与他们各自在全球经济中的地位联系在一起。联合国开发计划署的詹姆斯·古斯塔夫·斯佩思(James Gustave Speth)谈到了"新兴的全球精英,他们大多以城市为基础,以各种方式相互联系,正在积累巨大的财富和权力,而超过一半的人类被排除在外"⑥。迄今为止,在全球化带来的经济增长中,全球三分之二的人口几乎无获益。此外,即使是在发达国家,"收入最低的四分之一似乎也只见证了微乎其微的获益"⑦。

尽管20世纪90年代以来,成人识字率(从64%提高到76%)、安全饮用水可及率(从40%提高到72%)和婴儿死亡率(从每1000例活产76例降低到58例)等全球社会指标有了重大改善,但全球贫困现象仍在继续(见表1)。

① Jenny Stone, *Losing Perspective*(London:International Broadcasting Trust,2000).

② John Vidal,"Wars, Famine and Lions—How the West Views the World,"*Guardian*,February 28,2000,6-7.

③ John Vidal,"Wars, Famine and Lions—How the West Views the World,"*Guardian*,February 28,2000,6-7.

④ John Vidal,"Wars, Famine and Lions—How the West Views the World,"*Guardian*,February 28,2000,6-7.

⑤ Jenny Stone, *Losing Perspective* (London:International Broadcasting Trust,2000);John Vidal,"Wars, Famine and Lions—How the West Views the World,"*Guardian*,February 28,2000,6-7.

⑥ *New York Times*,July 15 1996,55.

⑦ *Financial Times*,December 24 1994.

表 1　全球贫困状况(1997 年)

方面	具体表现
健康	• 1990 年至 1997 年,艾滋病感染人数从不到 1500 万增加到超过 3300 万 • 8.8 亿人缺乏医疗服务 • 26 亿人缺乏卫生设施 • 15 亿人无法活到 60 岁
教育	• 超过 8.5 亿成年人无识字能力 • 超过 2.6 亿儿童在小学和中学阶段无法上学
营养	• 8.4 亿人营养不良
贫困	• 13 亿人每日生活收入不足 1 美元 • 10 亿人无法满足基本消费需求
妇女	• 3.4 亿妇女不太可能活到 40 岁 • 1/4 至 1/2 的妇女遭受亲密伴侣的身体虐待
儿童	• 1.6 亿儿童营养不良 • 2.5 亿童工
环境	• 每年有 300 万人死于空气污染,其中超过 80％是室内空气污染所致 • 每年有 500 多万人死于水污染引起的腹泻疾病
安全	• 1200 万人是难民

资料来源:表格内容调整自 UNDP, *Human Development Report* (London：Oxford University Press，1997)，22.

面对和平红利带来的希望,人类安全指标反而有所下降。由于从军备竞赛中解放出来的更多资源将被用于发展领域,人们已经提高了对贫困和物质不平等得到改善的预期。但这种预期并未实现。1987—1994 年间,全球军费开支以每年约 3.6％的速度下降,累计和平红利为 9350 亿美元。然而,"在减少军事开支和促进人类发展之间没有明确的联系"[①]。此外,即使所期望的和平红利已经实现,其影响也会受到全球经济运作的限制。无论如何,仍未能被兑现的和平红利承诺作为一个重要迹象表明,全球力量的代理人缺乏为实现人类安全而努力的真正承诺。

在新世纪实现人类安全的相关物质挑战是巨大的:如何减少全球贫困,减少国家之间和人与人之间的不平等,以及如何利用科学进步造福大多数人类。正在进行的快速的技术发展有可能减少或增加现有的不平等,这取决于如何使用技术以及哪些规则决定了利益的分配,这些挑战要求我们从根本上改变对发展观的认知和实现发展的方式。

---

① 　UNDP，*Human Development Report* (London：Oxford University Press，1994)，8.

新自由主义发展

新自由主义不是一种像重力一样的自然力量，而是一种人为的建构。

——乔治(George)，1999 年①

20 世纪最后 20 年的发展概念深受"新右翼反弹"的影响。20 世纪 80 年代，特别是苏联解体以来的 90 年代，我们看到的是一种特殊的自由主义意识形态几乎成为普遍主流（下文称之为新自由主义）。新自由主义意识形态将其普遍合法性归因于一种基于私人权力的自由概念。它强调了市场中的个人选择，它攻击公共领域以及与之相关的集体和社会观念。新自由主义意识形态提出了一套本质上是地方性的、但表现出来为普世性的西方规范。

国际货币基金组织（IMF）、世界银行（World Bank）、其他多边开发银行、世界贸易组织（WTO）和大多数政府等公共机构分享并采用了这些普遍的西方规范。这些规范为私人贷款者和跨国公司的业务提供了重要的合法性——其愿景和行为在大多数情况下是由这些规范支撑的。因此，新自由主义意识形态作为"正确的发展方式"在全球范围内得以推广。新自由主义支持全球经济一体化，并将其视为实现经济增长，从而实现全人类发展的最佳、最自然和最普遍的路径。另外，批评者认为其在全球范围内的扩张是一种霸权主义。全球经济一体化通过贸易、投资和金融自由化得以促进，并与各国经济改革同时进行。越来越多的全球治理机构的政策处方共同形成了一幅蓝图，以"别无选择"（There is No Alternative）的有力语言进行营销。新自由主义的吸引力在于它承诺增加个人对资本主义生产的产品的控制或消费。此外，它的支持者试图通过将相互竞争的思想和价值观语言结合起来，进一步使其合法化。被纳入新自由主义发展模式的可持续发展、透明度和问责制等术语就是这种合法化的例证。因此，占主导地位的世界观得到了支持，并被赋予了虚假的合法性。

鉴于新自由主义的理论处方与其实际结果之间的差异，这种合法性的虚假之处是显而易见的。在其作为一项全球发展政策得到实际应用之后，我们看到国家之间和国家内部现有的不平等正在加剧。新自由主义者甚至可能使这些日益加剧的不平等在规范上合法化。在他们看来，不平等是没有问题的，甚至可能是可取的，因为它有望释放创业能力，有助于实现全球财富创造的最大化。因此，最终每个人都会受益。回望撒切尔首相（Prime Minister Thathcer）的话："我们

---

① Susan George, "A Short History of Neo-liberalism: Twenty Years of Elite Economics and Emerging Opportunities for Structural Change" (Paper presented at the Bangkok Conference on Economic Sovereignty, March 24-26, 1999), accessed March 5, 2023, http://www.millennium-round.org/.

的工作是为不平等而自豪,为了我们所有人的利益,使才华和能力得以发挥和表达。"[①]这种特殊的自由主义不仅加剧了全球社会分化,而且更危险的是,它正在使全球生存机会的不平等合法化,使前所未有的不平等局面合法化。

我们目睹并参与了这样一种进程,即占统治地位的群体的意识形态被认为是普适的,它被用来边缘化和抵消与其相异并与其竞争的观点和价值观。这在各个领域都是显而易见的,包括发展、金融、贸易、援助和一般的经济政策,以及生态、人权、法律等等。然而,这种特殊的自由主义可能并不像人们常说的那样普适。全球权力结构偏好西方的知识和西方对世界的再现方式。

由于这一进程不是真正普遍或全面的,反霸权集团能够继续提供替代性的愿景和实践。这在1999年11—12月于西雅图举行的世界贸易组织部长级会议上表现得很明显。民间社会团体高调的街头抗议、发展中国家政府对发达国家议程的拒绝以及发达国家之间的分歧都是会议失败的原因,这削弱了全球治理机构及其政策的合法性和普适性。

全球治理:符合谁的利益?

> 关于全球化及其对贫困人口影响的辩论是合理和必要的,没有人能垄断真相。每个人都应该有发言权,尤其是贫困人口自己。
>
> ——詹姆斯·沃尔芬森(James Wolfensohn),《世界银行发展新闻》,2000年2月22日

冷战后时期,世界从两个超级大国各自统治各自势力范围的两极世界,转变为全球治理蓬勃发展的世界。但是现有何种权威?为了谁的利益?谁在全球治理中有发言权?长期以来,第三世界国家一直因其自身易受外部因素(主要是经济因素)的影响而被区别开来,尤其是在他们无法参与决策的政策面前。这些第三世界国家,包括前第二世界国家在内,是否认为自己在全球治理中有发言权?还是会有人替他们说话?

本节主要关注全球治理的公共机构,特别是国际货币基金组织、世界银行和世界贸易组织(全球经济治理的主要机构及其各自成员和职责概述见表2)。关注公共机构的原因很简单:它们应该代表全球公民的利益,促进全球公共产品的发展。

[①]　Margaret Thatcher, "Geographical Society Presidential Dinner Address," *Independent on Sunday*, July 21, 1996, 52.

表 2　全球经济治理的主要机构(截至 20 世纪 90 年代中期的成员数)

机构	简介
国际清算银行(BIS)	成立于 1930 年,总部设在瑞士巴塞尔。拥有 40 家中央银行成员。监测货币政策和资金流动。由国际清算银行于 1974 年组建的巴塞尔银行监督委员会,主导了全球银行业多边监管。
七国集团(G7)	成立于 1975 年,由最初的 G5(法、德、日、英、美)以及后来加入的意大利和加拿大七国组成。G7 就全球经济问题进行半正式(semi-formal)合作。政府领导人每年参加 G7 峰会,财政部部长和/或其主要官员定期进行其他磋商。
关税和贸易总协定(GATT)	成立于 1947 年,总部设在瑞士日内瓦。加入成员国在 1995 年被吸纳为世界贸易组织成员。GATT 协调了八轮多边谈判,旨在减少各国对跨境商品贸易的限制。
国际货币基金组织(IMF)	成立于 1945 年,总部设在美国华盛顿特区。拥有 182 个成员国。监督短期跨境资金流动和外汇问题。自 1979 年以来,还制定了对于面临跨境债务困难或从共产主义中央计划转型的国家的稳定和系统转型政策。
国际证监会组织(IOSCO)	成立于 1983 年,总部设在加拿大蒙特利尔。拥有 115 个官方证券监管机构和(无投票权的)来自 69 个国家的贸易协会的成员。IOSCO 制定跨境证券公司监管框架。
经济合作与发展组织(OECD)	成立于 1961 年,总部设在巴黎。拥有 29 个发达工业经济体的成员国。OECD 拥有 600 名专业经济学家,准备各种宏观经济问题的咨询报告。
联合国贸易和发展会议(UNCTAD)	成立于 1964 年,总部设在瑞士日内瓦。拥有 187 个成员国。UNCTAD 监测跨境贸易对宏观经济条件的影响,特别是在南方。在 20 世纪 70 年代,它为讨论新的国际经济秩序提供了一个重要的论坛。
世界银行集团(WBG)	成立于 1945 年,由 5 个机构组成,总部设在美国华盛顿特区。该集团为贫困国家的长期发展提供项目贷款。与国际货币基金组织类似,自 1979 年以来,世界银行在南方和前东方的结构调整项目中扮演重要角色。
世界贸易组织(WTO)	成立于 1995 年,总部设在瑞士日内瓦。世界贸易组织是取代临时关税和贸易总协定的永久机构。它具有更广泛的议程和更大的执法权力。

资料来源:Matthew Watson, "Global trade and finance," in *The Globalization of World Politics*, eds. J Baylis, S. Smith and P. Owens (Oxford: Oxford University Press, 1997), 431.

然而,我们不应该认为与国家和国际机构一起运作的私人集团在全球治理的兄弟情谊(global governance fraternity)中不具重要性。例如,跨国公司对全球经济议程的制定具有强大的影响力。他们通过国际商会(International Chamber of Commerce,ICC)和每年在达沃斯举行的世界经济论坛(World Economic Forum,WEF)等与一系列私营商业利益集团合作。此外,史蒂芬·吉尔(Stephen Gill)指出:"全球经济的核心是权威和治理的国际化,这不仅涉及国际组织(如国际清算银行、国际货币基金组织和世界银行)和跨国公司,还涉及私人咨询公司和私人债券评级机构。"[1]

蒂莫西·辛克莱(Timothy Sinclair)和范·德·皮尔(Van der Pijl)分别提出了私人债券评级

---

[1]　Stephen Gill, "Globalisation, Market Civilisation, and Disciplinary Neoliberalism," *Millennium* 24, no. 3 (1995): 418.

机构和管理咨询公司在全球治理中的作用。① 事实上,蒂莫西·辛克莱将这些人称为"全球公共政策的私人制定者"②。越来越多的商业利益不仅与个别政府合作,还与国际组织合作。联合国秘书长科菲·安南(Kofi Annan)的"全球契约"(Global Compact)就体现了这一点。负责提供公共产品的机构与基于私人利益的机构之间合作的增加是明显的。例如,即使是像联合国开发计划署这样的国际组织,也越来越多地寻求私营企业的合作和资助。私人领域和公共领域之间的这种密切关系提出了一系列重要问题,特别是关于民主进程的问题。沙伦·贝德(Sharon Beder)关于企业对环境政策的影响的分析具有启发性。③ 然而,本文的重点主要是公共机构在全球治理中的贡献和影响。

谈到全球公共治理,值得注意的是,自由主义议程上反复出现的主题是,呈现一幅统一的全球图景及一致的应对和管理手段,并使其必要化和合法化。因此在 20 世纪 80 年代,我们听到受联合国启发的智库谈论"我们共同的未来""共同安全"等。在 20 世纪 90 年代,我们听到有人提到若干全球危机,包括环境、难民和人口问题,每一个都需要全球治理。同样在 20 世纪 90 年代,我们见证了一系列由联合国组织、部分由私人资助的全球会议。其中包括 1992 年在里约举行的联合国环境与发展会议(UNCED),又称"地球问题首脑会议"、1995 年在哥本哈根举行的社会发展问题世界首脑会议、1994 年在开罗举行的国际人口与发展会议、1995 年在北京举行的世界妇女大会、1996 年在伊斯坦布尔举行的人类住区会议,以及同年的罗马粮食首脑会议。

这些会议及其相关宣言使用的包容性语言引发了一些重要的问题。我们说的是谁的地球?谁来治理它?它有什么权威?为了谁的利益?全球治理假定大家对某一特定问题有共同的理解,并就如何解决这一问题能达成一致。这些全球会议无疑在提高人们对紧迫问题的意识方面起到了重要和积极的作用,并帮助创造了进行辩论的空间。然而,这场辩论已被明确界定。这些会议为一种广泛的新自由主义发展框架赋予了合法性,它们直接关系人类安全。强大的国家和机构所支持并为大多数政府所接受的自由主义意识形态,为全球发展提供了一幅蓝图。这种发展模式及其相关的方法和目标被认为是符合全人类利益的,并且被认为具有无可置疑的权威,因为它被认为是常识。

全球治理日益体现在国际货币基金组织、世界银行、其他地区性多边开发银行,世界贸易组织以及联合国系统其他机构之间越来越多的有意识的政策协调中。联合国开发计划署和联合国

---

① 参见:Timothy Sinclair, "Between State and Market: Hegemony and Institutions of Collective Action Under Conditions of International Capital Mobility," *Policy Sciences* 27, no. 4 (1994): 447-466; Kees Van Der Pijl, *Transnational Classes and International Relations* (London: Routledge, 1998).

② Timothy Sinclair, "Between State and Market: Hegemony and Institutions of Collective Action Under Conditions of International Capital Mobility," *Policy Sciences* 27, no. 4 (1994): 448.

③ Sharon Beder, Global Spin: *The Corporate Assault on Environmentalism* (Dartington: Green Books, 1997).

贸易和发展会议工作的各个方面都体现了这一点。在所有这些政策协调中,最近的一例是国际劳工组织的一体化。这种调整使得我们进入一个资本在全球范围内不断流动的世界,而在这个世界中,国家的经济主权已成为过时之物。

全球治理对公共机构内部的影响直接反映了在全球治理中国家间物质的不平等。在国际货币基金组织、世界银行或世界贸易组织等机构中,只有少数几个国家发挥着有意义的影响力。虽然随着俄罗斯的加入,七国集团(G7)已经转变为八国集团(G8),但七国集团设定了全球经济政策的规范和规则。正如杰弗里·萨克斯(Jeffrey Sachs)指出的那样:"七国集团加上欧盟其他成员国,仅占全球人口的14%。然而,这些国家在国际货币基金组织执董会拥有56%的投票权。世界其他国家被要求支持七国集团的宣言,而不是通过开会共同解决问题。"[①]七国集团从哪里获得这样的权威和合法性?特别是考虑到其在全球人口或国家数量方面并不具有很好的代表性(见表3)。与77国集团(G77)相比,这种代表性的不足是惊人的。

表3　全球经济治理(1997年)

集团名称	构成	成员国	GDP占比	人口占比
G7	西方经济大国	加拿大、法国、德国、意大利、日本、英国、美国	64.0%	11.8%
G77	发展中国家和过渡国家(不包括俄罗斯和波兰)	143个成员国	16.9%	76.0%

资料来源:修改自 UNDP, *Human Development Report* (London: Oxford University Press, 1999), 109.

在这种背景下,思考国际货币基金组织和世界银行的民主合法性的来源是很有意思的。作为推动有利于私营部门而非公共部门的新自由主义发展模式的关键机构,它们不是民主代表制的典范。这在表4中很明显。

表4　国际货币基金组织(IMF)投票权的正式分配(2000年)

国家	人口/百万人	IMF执行投票权占比
美国	276	17.68%
英国	59	5.10%
德国	82	6.19%
法国	59	5.10%
日本	126	6.33%
沙特阿拉伯	21	3.27%

---

① Jeffrey Sachs, "Stop Preaching," *Financial Times*, November 5, 1998: 2.

续表

国家	人口/百万人	IMF 执行投票权占比
以上国家总计	623	43.67%
其他国家(约 190 个)	5400	56.33%

资料来源:www.undp.org/popin/wdtrends/chart/15/15.pdf。根据 IMF 数据(2000 年 4 月)、IMF 网站和联合国人口司《人口进展情况图表》(2000 年)编制。

国际货币基金组织前总裁米歇尔·康德苏(Michel Camdessus)对此事的看法有趣又发人深省。就在离任前,他在与三个非洲国家的记者举行的视频会议上被问到他是否觉得国际货币基金组织被掌握在大国手中,下面详细地引用了他的回答:

"国际货币基金组织掌握在成员国手中。如你所知,每个国家都有与其份额成比例的投票权,其在国际货币基金组织的资本份额本身就或多或少地取决于该国的经济规模。在此基础上,美国拥有 17.4% 的投票权。[①] 这意味着世界其他地区拥有 82.6% 的份额。如果我的同胞们、我们的朋友们、我们在欧洲的兄弟们团结起来,比例会更高,相当于国际货币基金组织资本的 30% 左右。没有人说欧洲在控制国际货币基金组织,即使是坐在这张椅子上的欧洲人。不,根据问题的不同,决定会朝一个方向或另一个方向发展。但确实,当发展中国家坐在一起,共同组成我们这里所说的 G11 集团时,它们代表了我们成员国中极其重要的一部分。

"事实是,总的来说,我们的决定不是通过投票以使得多数人把自己的解决方案强加给少数人,而是通过长期形成的共识,通过对话使人们试图理解彼此的观点,找出最佳解决方案。最终,他们都一致支持这一点。"[②]

他在末尾所作的声明,或许可以证明指责全球治理的关键机构具有霸权行为的批评者是正确的:"美国人经常提出好的解决方案。毕竟,世界上的各个角落都有他们的身影,他们熟悉国际生活。但事实并非总是如此⋯⋯"康德苏的话虽然在事实上是准确的,但只说明了部分情况。美国是国际货币基金组织中唯一拥有足够票数行使单方面否决权的国家。否决权的存在本身就足以确保美国不需要经常求助于它。潜在的否决权本身就是一种有效的威慑,可以成为影响以"协商一致"形式达成预定结果的一个重要因素。

许多国家认为国际货币基金组织的政策与美国的政策之间缺乏距离,这并不令人意外。20世纪 90 年代末,东亚、俄罗斯和巴西对金融危机的处理进一步削弱了发展中国家对国际货币基金组织独立性的信任。例如,韩国认为国际货币基金组织与美国的政策议程是一致的。它认为

---

① 此处"17.4%"数据与表 4 中的"17.68%"不符,应该属米歇尔·康德苏口误。——编译者注

② Michel Camdessus,"Farewell to Africa Concluding Remarks by Michel Camdessus,"International Monetary Fund,January 19,2000a,accessed March 3,2023,https://www.imf.org/en/News/Articles/2015/09/28/04/53/sp011900.

美国已经利用危机的时刻,通过国际货币基金组织来推动其原有的贸易和投资议程。[1] 这种批评来自一个被许多人视为美国传统盟友的国家,它也是经济合作与发展组织的成员。国际货币基金组织重组东亚经济的转型使得第一世界的公司可以利用低价购买东亚的公司。1998 年欧洲和美国公司收购亚洲公司的金额超过 300 亿美元,是 1997 年的四倍。[2] 一位评论员将其描述为"有史以来最大的全球资产骗局"[3]。

亚洲金融危机还提高了人们对对冲基金等少数相对较新的私人金融行为体发挥巨大杠杆作用能力的认识。它们可以迫使货币以惊人的速度贬值,破坏国家经济政策,侵蚀国家发展,并将数百万人推到贫困线以下。全球治理无法约束这些行为体,事实上,它似乎反而支持它们。

全球经济治理的另一个重要论坛是经济合作与发展组织(简称"经合组织")。这是一个工业化民主国家的谈判机构,尽管在 20 世纪 90 年代,其成员国扩大到韩国、捷克共和国、匈牙利、波兰和墨西哥。(有趣的是,土耳其是 1961 年的创始成员国。)绝大多数发展中国家不属于经合组织,因此产生了一个问题,即它作为具有全球影响力的政策和协定谈判论坛是否具有合法性。通过经合组织形成多边投资协定谈判论坛是否能成为一个可选项,这值得考虑。

发展中国家和全球公民对全球治理的怀疑和愤懑是可以理解的。从他们的角度来看,全球治理具有"在美国霸权和符合七国集团核心资本主义国家及其公司利益的国际制度结构下组织起来"[4]的所有特征。从地方到全球的所有层面的民主潜力,都因将决策的关键决定权交给越来越与现实情况脱节的官员和机构而被削弱。如上所述,私人利益对公共进程的干涉也在折损这种民主潜力。

结　论

本文概述了全球治理、发展和人类安全之间的关系,特别是在 20 世纪 80 年代和 90 年代。在 21 世纪初,国家间、国家内部和私营企业层面的不平等全球化似乎已根深蒂固。这将影响从人类安全到国家内部、国家间、区域乃至全球层面的安全。国际货币基金组织和世界银行总裁对发展与安全之间的联系感到担忧是正确的。全球化进程导致收益分配极不平衡,如果不采取协调一致的行动,不平等可能进一步加深,并带来各种后果。必须探索追求人类安全的其他途径。新自由主义全球发展政策的拥护者意识到了这一点,特别是意识到这对持续的全球经济一体化构成

---

[1]　Martin Feldstein,"Refocusing the IMF,"*Foreign Affairs*,March/April,1998,32.

[2]　Walden Bellow,"The TNC World Order:Will It Also Unravel?"(Paper prepared for the Democracy,Market Economy and Development Conference,Seoul,February 26-27,1999.

[3]　Robin Hahnel,"The Great Global Asset Swindle," *ZNet Commentary*,March 23,1999.

[4]　Peter Wilkin,"Solidarity in a Global Age—Seattle and Beyond,"(Paper presented to the International Studies Association Conference,Los Angeles,March,2000).

的威胁,他们正在重新阐明和修改发展政策的制定过程。然而到目前为止,一切照旧。最终,人类安全需要不同于目前全球治理机构所支持的发展战略,这些战略的核心是再分配。它还需要一种不同类型的全球治理,一种更好地反映世界上大多数国家和公民关切的治理。

绘制安全—发展联结图：冲突、复杂、不和谐、趋同？

玛丽亚·斯特恩（Maria Stern）[1]　约金·奥金达（Joakim Öjendal）[2]　著

廖丹子[3]　金梦滢[4]　译

[摘　要]毋庸置疑，目前在国家和全球政策制定中，对于"安全—发展联结"的关注已经成为一种普遍现象。然而，这种"联结"如何以不同的方式被赋予意义，并最终加以利用，仍然未得到充分讨论。在本文中，我们提出了一个可能的框架，以映射对此"联结"的具体表述的多种理解，目的是揭示其意义在不同（但看似相似的）讨论中可能转变的方式。为此，我们借鉴了人们熟知的关于"发展"和"安全"的叙述，并对这种"联结"在政策文本中的表述方式进行简要解读。最后，此框架可能会暗含着这种表述对于政策议程的意义。

[关键词]发展；安全；安全—发展联结；建设和平

引　言

发展与安全密不可分。只有给予贫穷国家一个真正的发展机会，才有可能建立一个更安全的世界。极端贫困和传染病直接威胁着许多人，同时它们也为包括国内冲突在内的其他威胁的滋生提供了肥沃土壤。如果富裕国家的政府通过实现千年发展目标来帮助贫穷国家战胜贫困和疾病，那么即使是富裕国家的人民也会更有安全感。①

战争既屠戮人命，也扼杀发展。贫困人口需要安全，就像他们需要干净的水、学校教育或负担得起的医疗一样。英国国际发展部（Department for Interational Development，DFID）与贫困

[作者简介]1.玛丽亚·斯特恩（Maria Stern），瑞典哥德堡大学（University of Gothenburg）全球研究院教授；2.约金·奥金达（Joakim Öjendal），瑞典哥德堡大学（University of Gothenburg）全球研究院教授。

[译者简介]3.廖丹子，浙江财经大学公共管理学院教授，博士，从事非传统安全、国门安全研究；4.金梦滢，浙江财经大学公共管理学院硕士生。

[基金项目]国家社会科学基金一般项目"中国国门新安全格局塑造能力研究"（23BZZ017）阶段性成果。

① 联合国第七任秘书长科菲·安南，转引自：United Nations，*A More Secure World：Our Shared Responsibility；Report of the Secretary-General's High-Level Panel on Threats，Challenges and Change*（New York：United Nations，2004），vii.

② Department for International Development（DFID），*Fighting Poverty to Build a Safer World：A Strategy for Security and Development*（London：DFID，2005），3.

人口及其政府和国际伙伴合作,可以帮助我们建立一个对所有人来说更安全的未来。[②]

正如联合国秘书长科菲·安娜(Kofi Annan)大胆指出的那样,"发展与安全是密不可分的"。目前,毫无疑问,对"安全—发展联结"的关注已经成为国家和全球政策制定中的普遍现象。[①]"安全—发展联结"也已经成为智库和大学学者关注的焦点。[②]

在新发表的文献中——包括官方的"报告业"(report industry)——似乎存在一种共识,即"安全"和"发展"是相互关联的,而且鉴于不断演变的全球政治经济格局,它们之间的相互关系也变得越来越重要。[③]"联结"这一概念似乎为迫切需要改进的旨在解决当今复杂问题和挑战的政

---

① 参见:United Nations, *A More Secure World: Our Shared Responsibility: Report of the Secretary-General's High-Level Panel on Threats, Challenges and Change* (New York: United Nations, 2004); Organisation for Economic Cooperation and Development (OECD), *The OECD DAC Handbook on Security System Reform* (SSR): *Supporting Security and Justice* (Paris: OECD, 2007); Department for International Development (DFID), *Fighting Poverty to Build a Safer World: A Strategy for Security and Development* (London: DFID, 2005); European Council, *A Secure Europe in a Better World: European Security Strategy* (Brussels: European Union, 2003); Council of European Union, *Report on the Implementation of the European Security Strategy: Providing Security in a Changing World* (Brussels: Council of European Union, 2008); United Nations Development Programme (UNDP), *Human Development Report* 2005: *International Cooperation at a Crossroads: Aid, Trade and Security in an Unequal World* (New York: UNDP, 2005).

② 参见:Agnes Hurwitz and Gordon Peake, "Strengthening the Security-Development Nexus," International Peace Institute, April, 2004, accessed March 3, 2023, https://www.ipinst.org/wp-content/uploads/2015/06/strengthening_sec_dev_nexus.pdf; Catherine Guicherd, "Building Partnerships for Crisis Prevention, Conflict Resolution and Peacebuilding Between the United Nations and Regional Organizations," International Peace Academy, April 4-5, 2006, accessed October 23, 2023, https://www.ipinst.org/wp-content/uploads/publications/ipa_report_building_partnerships.pdf; CIDSE, "A CIDSE Reflection Paper on Security and Development," (Brussels: CIDSE, 2006); Lars Buur, Steffen Jensen, and Finn Stepputat, *The Security-Development Nexus: Expressions of Sovereignty and Securitization in Southern Africa* (Cape Town: HSRC Press, 2007); Charles T. Call, "The Fallacy of the 'Failed State'," *Third World Quarterly* 29, no. 8(2008): 1491-1507; David Chandler, "The Security-Development Nexus and the Rise of 'Anti-Foreign Policy'," *Journal of International Relations and Development* 10, no. 4 (2007): 362-386; David Chandler, "Human Security: The Dog That Didn't Bark'," *Security Dialogue* 39, no. 4 (2008): 427-438; Mark Duffield, *Global Governance and the New Wars* (London: Zed, 2001); Mark Duffield, "Development, Territories, and People: Consolidating the External Sovereign Frontier," Alternatives: *Global, Local, Political* 32, no. 2 (2007b): 225-246; Roland Paris and Timothy D. Sisk, *Managing Contradictions: The Inherent Dilemmas of Postwar Statebuilding* (New York: International Peace Academy, 2007); Robert Picciotto, Funmi Olonisakin, and Michael Clarke, *Global Development and Human Security* (London: International Policy Institute, Kings College, 2009); Mary Stewart, "Security and Development," in *New Interfaces Between Security and Development: Changing Concepts and Approaches*, ed. Stephan Klingebiel (Bonn: Deutsches Institut für Entwicklungspolitik, 2006); Peter Uvin, "The Development/Peacebuilding Nexus: A Typology and History of Changing Paradigms," *Journal of Peacebuilding and Development* 1, no. 1 (2002): 1-20; Peter Uvin, Peter, "Development and Security: Genealogy and Typology of an Evolving International Policy Area," in *Globalization and Environmental Challenges: Reconceptualizing Security in the 21st Century*, eds. Hans Günter Brauch et al. (Berlin: Springer, 2008), 151-165.

③ 出现了一股旨在反映这一复杂现实的新研究热潮,包括探索"和平建设""复杂紧急情况""全球化边境下新的地方战争模式""冲突后重建""人类安全""干预"等问题。相关研究包括但不限于以下文献:Michael Doyle and Sambanis Nicholas, *Making War and Building Peace: United Nations Peace Operations* (Princeton, NJ: Princeton University Press, 2006); David Keen, *Complex Emergencies* (Cambridge: Polity, 2008); Mary Kaldor, *New and Old Wars: Organized Violence in a Global Era* (San Francisco, CA: Stanford University Press, 2007); Philip G. Cerny, "Globalization, Governance and Complexity," in *Globalization and Governance*, eds. Aseem Prakash and Jeffrey A. Hart (London: Routledge, 1999), 188-212; Gerd Junne and Willemijn Verkoren, eds., *Postconflict Development: Meeting New Challenges* (London: Lynne Rienner, 2004); Mary Kaldor, *Human Security* (London: Polity, 2007); David Chandler, "Human Security: The Dog That Didn't Bark", *Security Dialogue* 39, no. 4 (2008): 427-438; Simon Chesterman, "Ownership and Practice: Transfer of Authority in UN Statebuilding Operations," *Journal of Intervention and Statebuilding* 1, no. 1 (2007): 3-26.

策提供了一个可能框架。此外,或许也是最重要的是,越来越多的经济资源和政治意愿正在被投入"安全—发展联结"和随之而来的国家与多边机构改革以及旨在解决这一问题的行动中。因此,这种"联结"至关重要。在全球化反恐斗争中,安全政策明确提到了关于发展和减贫的建议,[①]同时联合国的千年发展目标则直接提出了要为全球人民提供和平与安全。经济合作与发展组织的安全系统改革手册[②]和英国国际发展部 2009 年的白皮书《消除世界贫困:建设我们共同的未来》[③]提供了一些最新的例子,将安全和发展之间假定的联系视为理所当然的出发点。

然而,科菲·安娜(Kofi Annan)[④]声称安全与发展密不可分,虽然这并不意味着"不变的现实",但存在一种"安全—发展联结",这一说法意味着什么?而且,重要的是,以"安全—发展联结"的名义,谁能/应该为谁做什么呢?对安全—发展联结(以下简称"联结")的理解、回应和实施将会是一项艰巨的工程。对当前学术辩论的快速阅览表明"安全"和"发展"这两个概念是从不同的本体论中产生的,这不仅涉及了许多不同的经验现实和过程,还引发了很多关于其意义的争论。[⑤] 一方面,它们("安全"和"发展")可以被视为学者和政策分析家用来描述和分析国际事务宏观过程并产生知识的工具;另一方面,它们还可以被用来规范过程和确定结果。重要的是,批判性学者还具有说服力地论证出,它们也可以被视为一种话语建构,生成其似乎主观上想要反映的现实,从而服务于某些目的和利益。当然,对"发展"和"安全"的定义权也意味着不仅可以定义相关的利益领域,而且可以定义实践的实质内容、资源分配及其政策反应。[⑥]

事实上,除了承认通常被理解为"安全"和"发展"的过程和领域的融合之外,关于"联结"含义的共识正在迅速瓦解。在"提供"发展和"保障"安全的制度机构和组织结构中以及在特定的和本

① European Council, *A Secure Europe in a Better World*: *A European Security Strategy* (Brussels: European Union, 2003), 2.

② Organisation for Economic Cooperation and Development (OECD), *The OECD DAC Handbook on Security System Reform* (SSR): *Supporting Security and Justice* (Paris: OECD, 2007), 3.

③ Department for International Development (DFID), *Eliminating World Poverty*: *Building Our Common Future* (London: DFID, 2009).

④ 以及其他,比如 Organisation for Economic Cooperation and Development (OECD), *The OECD DAC Handbook on Security System Reform* (SSR): *Supporting Security and Justice* (Paris: OECD, 2007), 3.

⑤ 参见:Peter Uvin, "Development and Security: Genealogy and Typology of an Evolving International Policy Area," in *Globalization and Environmental Challenges*: *Reconceptualizing Security in the 21st Century*, eds. Hans Günter Brauch et al. (Berlin: Springer, 2008), 151-165; David Chandler, "The Security-Development Nexus and the Rise of 'Anti-Foreign Policy'," *Journal of International Relations and Development* 10, no. 4 (2007): 362-386; Catherine Guicherd, "Building Partnerships for Crisis Prevention, Conflict Resolution and Peacebuilding Between the United Nations and Regional Organizations," International Peace Academy, April 4-5, 2006, accessed March 3, 2023, https://www.ipinst.org/wp-content/uploads/publications/ipa_report_building_partnerships.pdf.

⑥ David Chandler, "The Security-Development Nexus and the Rise of 'Anti-Foreign Policy'," *Journal of International Relations and Development* 10, no. 4 (2007): 362-386; Catherine Guicherd, "Building Partnerships for Crisis Prevention, Conflict Resolution and Peacebuilding Between the United Nations and Regional Organizations," International Peace Academy, April 4-5, 2006, accessed October 23, 2023, https://www.ipinst.org/wp-content/uploads/publications/ipa_report_building_partnerships.pdf.

地的安全和发展的实践中,这些领域仍然是脱节的。^①"安全"和"发展"领域的脱节使得对"联结"共同关注的呼吁更加响亮和引人注目。然而,政治购买(political purchase)——这类"联结"可以这样命名——警示我们,在将"联结"作为政策前提甚至目标时需要保持谨慎。^②

在政策领域,对这种"联结"合理诉求的回应,轻则引发混乱、概念清晰度缺乏和意识形态分歧,重则导致虚伪浮夸的假象、利益政治和肤浅的政治正确性。^③ 尽管这事关重大,但学术界并没有充分解决这一"联结"问题。^④ 相反,发展与安全之间的关系被描述为一种以距离和"反感"为标志的联结,^⑤发展和安全在这种情况下被视为相互"对立"^⑥。事实上,马克·达菲尔德(Mark Duffield)也认为,作为一个知识课题,"安全—发展"领域是相对新颖的。^⑦

因此,尽管不应该在知识辩论中期待甚至渴求"共识",但"联结"是如何被不同地感受以及被赋予意义并最终被使用的,仍未得到充分探索。因此,我们认同钱德勒的担忧^⑧——相较于给出明确的定义,"安全—发展联结"建立了一个框架;在这个框架中,任何外部监管或干预举措都可以被提议的国家或机构称为至关重要。当我们注意到一种广泛的讨论出现时,不安感就加深了,

---

① Joakim Öjendal and Mona Lilja, eds. *Beyond Democracy in Cambodia: Political Reconstruction in a Post-Conflict Society* (Copenhagen: Niaspress, 2009).

② David Chandler, "The Security-Development Nexus and the Rise of 'Anti-Foreign Policy'," *Journal of International Relations and Development* 10, no. 4 (2007): 362-386; Catherine Guicherd, "Building Partnerships for Crisis Prevention, Conflict Resolution and Peacebuilding Between the United Nations and Regional Organizations," International Peace Academy, April 4-5, 2006, accessed October 23, 2023, https://www.ipinst.org/wp-content/uploads/publications/ipa_report_building_partnerships.pdf; Mark Duffield, *Development, Security and Unending War: Governing the World of Peoples* (Cambridge: Polity, 2007); Mark Duffield, "Development, Territories, and People: Consolidating the External Sovereign Frontier", *Alternatives: Global, Local, Political* 32, no. 2 (2007): 225-246.

③ David Chandler, "Human Security: The Dog That Didn't Bark," *Security Dialogue* 39, no. 4 (2008): 427-438.

④ 当然,关于这些基础问题,不同学科有着多样的、令人印象深刻的研究成果。比如:David Chandler, "Human Security: The Dog That Didn't Bark," *Security Dialogue* 39, no. 4 (2008): 427-438; Mark Duffield, "Development, Territories, and People: Consolidating the External Sovereign Frontier,"*Alternatives: Global, Local, Political* 32, no. 2 (2007b): 225-246; Claudia Aradau, Luis Lobo-Guerrero, and Rens van Munster, "Security, Technologies of Risk, and the Political,"*Security Dialogue* 39, no. 2-3 (2008): 147-154; Antonio Hardt and Michael Negri, *Empire*(Cambridge, MA: Harvard University Press, 2000); Björn Hettne, *Development Theory and the Three Worlds* (London: Longman, 1995); Naeem Inayatullah and David L. Blaney, *International Relations and the Problem of Difference* (New York: Routledge, 2004).

⑤ Timothy M. Shaw, Sandra J. MacLean, and David R. Black, "Introduction: A Decade of Human Security: What Prospects for Global Governance and New Multilateralism?" in *A Decade of Human Security: Global Governance and New Multilateralisms*, eds. Sandra J. MacLean, David R. Black, and Timothy Shaw (London: Routledge, 2006).

⑥ Peter Uvin, "Development and Security: Genealogy and Typology of an Evolving International Policy Area," in *Globalization and Environmental Challenges: Reconceptualizing Security in the 21st Century*, eds. Hans Günter Brauch et al. (Berlin: Springer, 2008), 151-165.

⑦ Mark Duffield, *Global Governance and the New Wars*(London: Zed, 2001). 最近,在恐怖主义和反恐方面,"联结"得到了更频繁和更深入的探讨,参见:Mark T. Berger and Heloise Weber, "War, Peace and Progress: Conflict, Development, (In)Security and Violence in the 21st Century,"*Third World Quarterly* 30, no. 1 (2009): 1-16.

⑧ David Chandler, "The Security-Development Nexus and the Rise of 'Anti-Foreign Policy'," *Journal of International Relations and Development* 10, no. 4 (2007): 362-386.

因为仿佛对这些概念的内容和政策结果都存在广泛的共识,而它们都反映了对"联结"的(特定)理解。而且,国家/全球政策一如既往地实施就好像我们共同理解了"安全—发展联结"运作的背景和后果,或者换句话说,就好像"它"(作为一个理想的政策目标)是可实现和可识别的简单事情。在这里,我们发现了一个双重困境,它为本文提供了推动力:首先,人们缺乏一种好奇心去尝试探究"联结"的起源,以辨别其可能的含义;其次,在这种探索中,知识探索和政策制定之间的不稳定关系变得特别令人担忧。[①]

然而,这篇介绍性文章所能达到的效果还是相当有限的:我们提出了一个批判性的(但缺乏经验的)框架,以绘制出"联结"的具体表述所依据的多种理解。为此,我们借鉴了人们熟悉的对"发展"和"安全"的不同理解的描述,这些理解来自政策、学术以及两者交叉的领域。最终,本文或许还暗示了这种表述对政策议程的潜在影响。

关于方法论的说明:叙述和制图

任何关于"发展"和"安全"的思考与实践所涵盖的宽广领域的描述,无疑都是片面的。例如,在界定或绘制任何领域时所涉及的包容/排斥和框架政治都是有争议的。[②] 在学术批判明确指出权威知识是如何被建构的,以及意义是如何通过可信的、可理解的叙述被强调之后,我们把对"发展"和"安全"的简要描述称为"叙事"[③]。然而,我们转述的内容并不是异想天开的,而是基于对这些概念/实践所熟知的描述,例如在关于"发展理论"或"安全研究"的基础(西方"学术")教科书中以各种形式重述的内容。这些总体叙事由包括一系列元素的次要情节[例如,关于国家安全的主流现实主义叙事和关于"人类安全"的反叙事(counter-storytelling)]组成。它们"回答"了一系列问题,如"安全"或"发展"是关于什么的,与谁有关,所指对象是什么,谁做出行动,行动对策是什么,以及所期望的最终结果。

---

① 国际和平学会的"安全—发展联结"项目说明了在将这些概念/做法与迫切需要进行政策改革甚至干预的义务相结合时,明确、细致地分析这些概念/做法所蕴含的意义的困难。参见:Agnes Hurwitz and Gordon Peake, "Strengthening the Security-Development Nexus: Assessing International Policy and Practice Since the 1990s," International Peace Institute, April, 2004, accessed March 3, 2023, https://www.ipinst.org/wp-content/uploads/2015/06/strengthening_sec_dev_nexus.pdf; Catherine Guicherd, "Building Partnerships for Crisis Prevention, Conflict Resolution and Peacebuilding Between the United Nations and Regional Organizations," International Peace Academy, April 4-5, 2006, accessed October 23, 2023, https://www.ipinst.org/wp-content/uploads/publications/ipa_report_building_partnerships.pdf.

② 参见如:Mark. B. Salter, "On Exactitude in Disciplinary Science: A Response to the Network Manifesto," *Security Dialogue* 38, no.1 (2007): 113-122.

③ Judith Butler, *Precarious Life: The Powers of Mourning and Violence* (New York: Verso, 2004), 4-5; Marysia Zalewski, "Distracted Reflections on the Production, Narration and Refusal of Feminist Knowledge in IR," in *Feminist Methodologies for International Relations*, eds. B. Ackerly, M. Stern, and J. True (Cambridge: Cambridge University Press, 2006), 42-62.

本文重新整理了关于发展和安全的总体性叙述,以清楚地展示它们子叙事的相似之处,从而为描绘两者"联结"的不同说法奠定基础。我们通过识别并简要介绍以下六个叙事情节(或方法)来实现这一目标:(1)作为现代(目的论)叙事的发展/安全;(2)拓展、深化和人性化的发展/安全;(3)陷入僵局/困境的发展/安全;(4)后发展/安全;(5)作为治理手段的发展/安全;以及(6)全球化的发展/安全。

我们对于发展/安全的六种描述似乎遵循不同的顺序、逻辑或语法,并融合了描述、对策、战略和批判。然而,综合来看,这些描述(尽管肯定是陈旧的和有限的)可能会提供一个有用的指引,以更好地辨别在关于"联结"的不同(但相近的)论述中含义如何以及何时改变。因此,我们将这些平行的发展/安全叙事组合成六种(不太熟悉但仍然可识别的)"联结",比如"安全—发展联结:作为现代(现代)目的论叙事"。明确阐述我们对"联结"的各种解读意味着什么,指出当"联结"以不同方式被使用和批判时,其具体内涵也随之不同。我们相信,这种阐述与"联结"在日益扩大的政策圈中有时(可能)被轻率地援引形成鲜明对比。

重要的是,尽管缺乏经验证明,但显然我们的图谱必须包含比这六种关于"联结"的说法更多的内容:各种在本体论和认识论中关于"联结"的不同发展/安全说法,看似不相容的叙述多得令人眼花缭乱,甚至是无穷无尽的。通过邀请读者探究"联结"已经存在的多种含义,我们从根本上挑战了将"联结"看作即将到来的预示这一表面共识:一些既定的、明确的和共享的东西。

"安全—发展联结":"联结"到底是什么?

"联结"的复杂性以及它在发展和安全讨论中的表达和产生方式有着悠久的历史。从历史上看,安全和发展策略的融合在政策辩论和实施中已经司空见惯。[①] 事实上,关注"安全"在殖民时代的许多"发展"战略中是至关重要的;同样,马歇尔计划也是"发展"问题成为西方安全政策核心的典型例子。然而,与当今情况相反的是,这一切都不是以"联结"的名义进行的,也就是说,并没

---

① Lars Buur, Steffen Jensen, and Finn Stepputat, *The Security-Development Nexus: Expressions of Sovereignty and Securitization in Southern Africa* (Cape Town: HSRC Press, 2007); Peter Uvin, "Development and Security: Genealogy and Typology of an Evolving International Policy Area," in *Globalization and Environmental Challenges: Reconceptualizing Security in the 21st Century*, eds. Hans Günter Brauch et al. (Berlin: Springer, 2008), 151-165.

有明确表达两者之间的联系。[①]

本文并不主张用一种特定的内容或形式来填充"联结"的概念,以准确描述现实或规定理想的未来。相反,我们将这种"联结"看作一个多线的缝合点,一种联结可以被理解为不同的想法、过程或对象之间的连接网络,也暗示了其有无限种关联。

关于发展的叙述

作为现代(目的论)叙事的发展

"发展"被理解为一种生物进化的过程,即最终实现成为一个人"应该成为"的过程。[②] 可以说,在迫切需要经济增长和政治巩固的后殖民社会中,"发展"成为国家建设的关键战略。[③] 人们普遍认为,通过"发展"实现现代化是摆脱普遍"不发达"的快速途径。[④] 国家是主要的主权行使者和发展的"保障者"。重要的是,通过这样理解"发展",民族国家将沿着"进步"的线性轨迹,遵循由欧洲国家开创的道路而得到开发、建立、保护和演变。政治和经济精英是这一进程的必要推动者,而"涓滴效应"(trickle-down)则是其他人的希望所在。因此,发展不仅需要国家推动,也有助于国家的形成。然而,20世纪六七十年代的后殖民世界并没有实现这个现代主义的梦想;相反,由于社会和政治问题层出不穷,人们不可避免地对"发展"的目的论产生了质疑。

---

① 马克·达菲尔德(Mark Duffield)在2001年的一篇文章里谈到了发展—安全领域。安全与发展的关系在2002年被尤文(Uvin)明确地作为一个概念使用,并且后来主要由国际和平学会的研究人员进行了讨论;它还出现在许多其他作品中。有关进一步讨论,请参阅2006年的《国际发展杂志》(*Journal of International Development*)与2009年的《第三世界季刊》(*Third World Quarterly*)。以上具体参见:Mark Duffield, *Global Governance and the New Wars* (London: Zed, 2001); Peter Uvin, "The Development/Peacebuilding Nexus: A Typology and History of Changing Paradigms," *Journal of Peacebuilding and Development* 1, no. 1 (2002): 5-24; Agnes Hurwitz and Gordon Peake, "Strengthening the Security-Development Nexus," International Peace Institute, April, 2004, accessed March 3, 2023, https://www.ipinst.org/wp-content/uploads/2015/06/strengthening_sec_dev_nexus.pdf; Catherine Guicherd, "Building Partnerships for Crisis Prevention, Conflict Resolution and Peacebuilding Between the United Nations and Regional Organizations," International Peace Academy, April 4-5, 2006, accessed October 23, 2023, https://www.ipinst.org/wp-content/uploads/publications/ipa_report_building_partnerships.pdf; Mary Stewart, "Security and Development," in *New Interfaces Between Security and Development: Changing Concepts and Approaches*, ed. Stephan Klingebiel (Bonn: Deutsches Institut für Entwicklungspolitik, 2006); David Chandler, "The Security-Development Nexus and the Rise of 'Anti-Foreign Policy'," *Journal of International Relations and Development* 10, no. 4 (2007): 362-386; Lars Buur, Steffen Jensen, and Finn Stepputat, *The Security-Development Nexus: Expressions of Sovereignty and Securitization in Southern Africa* (Cape Town: HSRC Press, 2007).

② Robert Nisbet, *History of the Idea of Progress* (London: Heinemann, 1980).

③ David Simon, "Development Revisited: Thinking About, Practising and Teaching Development After the Cold War," in *Development as Theory and Practice*, eds. Anders Närman and David Simon (London: Longman, 1999), 17-54.

④ Walt Whitman Rostow, *The Stages of Economic Growth: A Non-Communist Manifesto* (Cambridge: Cambridge University Press, 1962); Alain de Janvry and Ravi Kanbur, *Poverty, Inequality, and Development: Essays in Honor of Erik Thorbecke* (Berlin: Springer, 2006).

拓展、深化和人性化的发展

（至少）有两种截然不同的反面说法来挑战主流叙事，且有助于发展的拓展、深化和人性化。首先，它受到马克思主义/结构主义基本批判的反驳，反驳重点是国际权力结构与普遍的资本主义生产模式相结合。这种批判通过"世界体系理论"[①]来阐释，即"依赖性"[②]。这些学派充分强调了资本主义世界体系在结构上的剥削性质及其对第三世界发展的消极影响。他们认为，由于这些因素，贫穷的第三世界国家有必要"脱钩"并通过自给自足来发展。因此，（主流）发展叙事发生了颠倒，但其仍然是目的论、以国家为中心和由精英驱动的。其次，一场"特别革命"强调了与发展的真正"主体"（即贫困人口、地方、基层和无声者）"重新联系"的重要性。"把最后的人放在第一位"[③]、"小即是美"、"适用的技术"（appropriate technology）[④]和"赋权"[⑤]是共同呼声。这些替代性的发展方法既着眼于"向内"，也着眼于"向后"的发展。从以国家为中心的发展向以"人"为中心的发展转换，也许是对主流发展叙事的批判所产生的最深刻和持久的影响。[⑥]

陷入僵局/困境的发展

20 世纪 80 年代，发展的主流叙事和新自由主义的可信度虽然被削弱了，但却挽救了主流"发展"。批评者认为发展理论/实践陷入了"僵局"并从另一个角度对主流"发展"叙事提出了深深的质疑，[⑦]即主流的和替代性的发展已经尝试过，但却没有成功。此外，这种发展可能是无效的，也可能是有害的。所谓理想的发展状态似乎并不理想。"发展"陷入"僵局"的想法由以下三个方面促成："发展"在减轻第三世界贫困方面的实际失败；后殖民主义对发展作为殖民权力工具的广泛批判，以及"第三世界"的同质化；最后，随着全球化的兴起，人们明显过于相信国家在发展过程中是代理人和参照者[⑧]。

---

① Immanuel Wallerstein, *The Modern World-SystemI: Capitalist Agriculture and the Origins of the European World-Economy in the Sixteenth Century*(New York & London: Academic Press, 1974).

② Raul Prebisch, *The Economic Development of Latin America and Its Principal Problems* (New York: United Nations, 1950); Andre GunderFrank, *Capitalism and Underdevelopment in Latin America*(New York: New York University Press, 1969).

③ Robert Chambers, *Rural Development: Putting the Last First*(Harlow: Longman, 1983).

④ Ernst Friedrich Schumacher, *Small Is Beautiful: A Study of Economics as if People Mattered*(London: Blonde & Briggs, 1973).

⑤ Jonathan Friedman, *Empowerment*(Oxford: Blackwell, 1992).

⑥ Jan N. Pieterse, "After Post-Development," *Third World Quarterly* 21, no. 2 (2000): 175-191.

⑦ David Booth, "Marxism and Development Sociology: Interpreting the Impasse," *World Development* 13, no. 7 (1985): 761-787; F. Schuurman, ed. *Beyond the Impasse: New Directions in Development Theory* (London: Zed, 1993).

⑧ F. Schuurman, ed. *Beyond the Impasse: New Directions in Development Theory* (London: Zed, 1993); F. Schuurman, "Paradigms Lost, Paradigms Regained? Development Study in the Twenty-First Century," *Third World Quarterly* 21, no. 1 (2000): 7-20.

作为不平等与不稳定源头的"后发展"

对"发展"的批判在后现代主义/后殖民主义的浪潮中得到深化,即"后发展",其认为"发展"(作为过程或事物)没有内在实质,并且/或者作为话语实践,它是帝国主义的,是对殖民主义立场和权力关系的再现,其重点在于"发展"的名义而并不在意发展的形式。这种"后发展"学派[1]声称"发展"的理念事实上是使实质性的、由内而外的进步变得不可能,并且剥夺了人们的权利、破坏了现有的地方权力结构,从而造成了不稳定和冲突。因此,"发展"是适得其反的,是道德腐败的,并且它有利于维护差异和等级制度。"发展"被视为人与社会之间不平等的原因和守护者,而不是解决这些问题的办法。

作为治理手段的发展

近来发展政策从传统的新自由主义开始转向呼吁更强有力和更负责任的监管的监管[2],同时在全球"反恐战争"之后呼吁更多地支持"失败/脆弱"国家[3]。作为对这种呼吁的回应,"援助和发展政治"的批判者呼吁应更多将"发展"定位于一种治理技术[4]、规矩和生物政治控制(biopolitical control)[5]。用马克·达菲尔德的话来说,从生物政治学的角度来理解发展和欠发展,意味着要"从如何支撑和维持生命,以及人们如何生活的角度,而不是根据经济和国家的模式"[6]来理解它们。这样,发展的实践表面上"改善"的首先是国家,然后是社会和人民,这是一种(广义理解的)治理手段,它将有价值的生活与那些因其不完整而被消耗的、危险的、不充分的和不可接受的生

---

① Arturo Escobar, *Encountering Development: The Making and Unmaking of the Third World* (Princeton, NJ: Princeton University Press, 1995); Majid Rahnema, "Towards Post-Development: Searching for Signposts, A New Language and New Paradigm," in *The Post-Development Reader*, eds. Majid Rahnema and Victoria Bawtree (London: Zed, 1997), 337-404; Gustavo Esteva, "Development," in *The Development Dictionary: A Guide to Knowledge as Power*, ed. Wolfgang Sachs (London: Zed, 1992), 6-25.

② David Craig and Douglas Porter, *Development Beyond Neoliberalism? Governance, Poverty Reduction and Political Economy* (London: Routledge, 2006); Walden Bello, *Deglobalization: Ideas for a New World Economy* (London: Zed, 2005); Björn Hettne, "Development and Security: Origins and Future," *Security Dialogue* 41, no. 1 (2010): 31-52; World Bank, *World Development Report* (Washington, DC: World Bank, 1997).

③ Organisation for Economic Cooperation and Development (OECD), *The OECD DAC Handbook on Security System Reform (SSR): Supporting Security and Justice* (Paris: OECD, 2007).

④ Michel Foucault, *Security, Territory, Population: Lectures at the Collège de France* (1977—1978) (New York: Palgrave, 2004).

⑤ Christine Sylvester, "Bare Life as a Development/Postcolonial Problematic," *Geographical Journal* 172, no. 1 (2006): 66-77.

⑥ Mark Duffield, "The Liberal Way of Development and the Development-Security Impasse: Exploring the Global Life-Chance Divide," *Security Dialogue* 41, no. 1 (2010): 53-76.

活区分开来。① 这种方法提出了对人类生活的监管方式(由谁监管和为了什么监管)及其带来的暴力和边缘化问题。

"全球化"的发展

全球化对"传统"的发展理念提出了挑战,包括关于"全球治理"以及那些"将公正和可持续环境"作为全球发展目标等更具批判性的说法。全球(善治)治理理论认为,(新自由主义的)全球化通过贸易、移民、援助流动和国外直接投资等过程发挥作用,但又由于在全球范围内对这些过程的监管不力而失败。② 对很多人来说,"全球发展"被认为是一个破坏国家权威的过程,同时也破坏了国家在任何特定地区的治理和"改善"生活的能力。因此,随着"全球治理"(理念)的发展,全球"制度"(人权、可持续发展等)得到大力推广,而以前被认为在地理上(仅)出现在发展中国家的问题开始被视为全球(因此是共同的)问题③。"发展"推动了(环境上不可持续的)变化、流动性和(全球)地方权力结构的重组,从而加剧了风险人群的脆弱性(如贫困和性别暴力),并引发冲突,甚至引发全球环境灾难。④

关于安全的叙述

作为"现代主义"叙述的安全(目的论)

全球政治(以及研究它的国际关系领域)主要是关于(国家)安全的购买、维护和承诺。在现代政治语境中,国家被理解为"自由、民主和良好社会的基础"⑤。关于国家、国际体系的主流说法是:变得安全和兑现已获得的安全的承诺⑥。因此,它可以被视为一种现代的——甚至是目的论的——进步的叙事:过去不安全而需要当前的安全承诺以及最终实现安全和安全所意味着的将来的一切。简言之,在现代政治设想中,"安全"传统上是围绕着现代国家主权的原则展开的。如

---

① Lars Buur, Steffen Jensen, and Finn Stepputat, *The Security-Development Nexus: Expressions of Sovereignty and Securitization in Southern Africa*(Cape Town: HSRC Press, 2007); Michael Dillon, "Underwriting Security," *Security Dialogue* 39, no. 2-3 (2008): 310.

② Thomas Risse-Kappen, *Bringing Transnational Relations Back In: Non-State Actors, Domestic Structures and International Institutions*(Cambridge: Cambridge University Press, 1995).

③ Björn Hettne. "Development and Security: Origins and Future," *Security Dialogue* 41, no. 1 (2010): 31-52.

④ Philip G. Cerny, "*Globalization, Governance and Complexity*," in *Globalization and Governance*, eds. Aseem Prakash and Jeffrey A. Hart (New York & London: Routledge, 1999), 188-212; Mary Anderson, *Do No Harm*(London: Lynne Rienner, 1999); Gerd Junne and Willemijn Verkoren, eds. *Postconflict Development: Meeting New Challenge*s(London: Lynne Rienner, 2004).

⑤ Mark Neocleous, *Critique of Security*(Montreal: McGill-Queen's University Press, 2008), 4.

⑥ Michael Dillon, "Underwriting Security," *Security Dialogue* 39, no. 2-3 (2008): 309-332; Michael Dillon and Luis Lobo-Guerrero, "Biopolitics of Security in the 21st Century," *Review of International Studies* 34, no. 2 (2008): 265-292.

果国家不"安全",那么政治秩序就会瓦解,最终公民和所有其他可能的"安全参照物"都会受到威胁。无论是在国内还是在国际体系中,确保国家的生存——传统上是通过军事手段——胜过政治上的其他任何方面。尽管安全最终总是被推迟,而且新的威胁不可避免地出现,但安全表述的是一种内在的承诺。[①] (不可避免的)危险和威胁需要不断制定安全措施,[②]这些措施将(最终)结束不安全,并使"良好的社会"得以繁荣发展。尽管这个说法受到了很多批评,也经历了无数次修订[例如,在这个叙述中增加了实现(国家)安全的其他手段——即经济实力、外交等],但这个叙述的基本逻辑仍然是安全政策和学术界的主要议程。从根本上来说,即使它被划分为不同的部门(例如经济部门、环境部门)[③],"安全"仍然是一件必要的、"好"的事情,并且它应该被最大化[④]。

拓展、深化和人性化的安全

然而,安全的含义在政策圈和学术界一直饱受激烈争议,大多是关于深化或扩大国家之外的安全,包括不同的威胁和其所指的"对象"。[⑤] 此举与政策界和学术界日益接受的一个事实不谋而合,即民族国家体系缺乏应对当今威胁的工具——这些威胁包括网络恐怖主义、性别暴力、"种族"歧视暴力、全球流行病和气候变化。安全提供者的多元化以及"安全"服务的日益私有化和商业化,使"安全"作为一种(国家)公共物品而不断脱离现代主权国家。[⑥]

也许最重要的是将焦点从国家安全转移到"人类安全"或"人的安全"(human security),以突显遭受来自国家以及其他形式的暴力和不公正的人民的特殊脆弱性。尽管人类安全也因其过于宽泛、狭隘、空洞而受到许多争议和批评,但它为其倡导者提供了一种提出不同的(不)安全感受的表达方式。[⑦] 女权主义者对于安全深入的性别化分析作为一条主线贯穿于所有这些深化、扩展

---

① Michael Dillon, *Politics of Security*(London & New York: Routledge, 1996). 示例见:White House, *The National Security Strategy of the United States of America*(Washington, DC: White House, 2002); White House, *The National Security Strategy of the United States of America* (Washington, DC: White House, 2006); European Council, *A Secure Europe in a Better World: European Security Strategy*(Brussels: European Union, 2003).

② 叙事视迫近的危险和威胁而定,其主线叙事也依赖于某个支线叙事,而该支线叙事依赖于重复甚至循环的时间性:新的威胁不断出现。参见:Kimberly Hutchings, *Time and World Politics: Thinking the Present* (Manchester: Manchester University Press, 2008), 14.

③ Barry Buzan, Ole Wæver, and Jaap de Wilde, *Security: A New Framework for Analysis* (Boulder, CO: Lynne Rienner, 1998).

④ Didier Bigo, "Internal and External Security(ies): The Möbius Ribbon," in *Identities, Borders, and Orders*, eds. Mathias Albert, David Jacobson and Yosef Lapid (Minneapolis, MN: Minnesota University Press, 2001), 91-136.

⑤ Gro Harlem Brundtland, "For Global Cooperation on Environmental Problems," *Population and Development Review* 15, no. 4(1989): 784-787; Gary King, Christopher J. L. Murray, "Rethinking Human Security," *Political Science Quarterly* 116, no. 4 (Winter, 2001-2002): 585-610; *Common Security: A Programme for Disarmament Report of the Independent Commission on Disarmament and Security Issues under the Chairmanship of Olof Palme* (London: Pan Books,1982).

⑥ Lucia Zedner, *Security*(London: Routledge,2009).

⑦ 关于该问题的概述,参见下文中的讨论:J. Peter Burgess and Taylor Owen, eds. "Special Section: What Is 'Human Security'?", *Security Dialogue* 35, no. 3 (2004): 345-387; ClaudiaAradau, Luis Lobo-Guerrero, and Rens van Munster, "Security, Technologies of Risk, and the Political," *Security Dialogue* 39, no. 2-3 (2008): 147-154.

和人性化安全的行动中,并提出了有关声音、身份、权力和位置等重要问题。[1]

安全困境

在呼吁从除国家之外的其他地方寻找不安全的来源、经验和解决方案时,出现了一些批评的声音,即国家(以及群体和个人)采取的安全措施时常引发暴力和恐惧,并产生更多不安全感。[2]这种批评的不同之处在于:旨在保障国家、人类和/或社会安全的安全措施,反而(或同时)会对人民、文化和自然环境造成伤害。此外,这些安全措施增加了恐惧和即将到来的危险感:规定下的秩序、稳定或"堡垒"本质上是不安全的,并且它们是需要被加强的[3]。

"后安全"(post-security)

对安全实践的质疑也是危险的,它是与暴力和恐惧有关的产物,这与另一种批判途径(avenue),即"后安全"产生了共鸣。与社会科学中更普遍的"话语转向"一致,学者们批判了这样的观点,即安全只是一种可以实现的事物、条件或存在状态的概念。对"安全化"和"去安全化"的呼吁是安全作为话语实践的最熟悉且最被广泛接受的重新概念化。[4] 此外,批判性学者认为,安全作为主流叙事,可以使其运作的政治主体即"国家"、"文化"或"女性"实质化,于是"安全"也就产生了它声称要保护的主体。[5] 综上所述,安全的政治权力来源于(不)可能实现的安全承诺[6],以及随之而来的长期的危险和恐惧。

作为治理手段的安全

为了回应随"安全"和稳定而来的暴力和控制,例如在"反恐战争"中,批评者将安全视为一种

---

① Brooke Ackerly, Maria Stern, and Jacqui True, *Feminist Methodologies for International Relations*(Cambridge: Cambridge University Press, 2006); Gunhild Hoogensen and Svein Rottem, "Gender Identity and the Subject of Security," *Security Dialogue* 35, no. 2 (2004): 155-171.

② Brooke Ackerly, Maria Stern, and Jacqui True, *Feminist Methodologies for International Relations*(Cambridge: Cambridge University Press, 2006);Lene Hansen,"The Little Mermaid's Silent Security Dilemma and the Absence of Gender in the Copenhagen School," *Millenium* 29, no. 2 (2000): 285-306; J. Peter Burgess and Taylor Owen, eds. "Special Section: What Is 'Human Security'?", *Security Dialogue* 35, no. 3 (2004): 345-387; Laura Sjöberg, *Gender and International Security: Feminist Perspectives* (London: Routledge, 2009).

③ David Campbell, *Writing Security: United States Foreign Policy and the Politics of Identity* (Manchester: Manchester University Press, 1998); Michael Dillon, *Politics of Security*(London & New York: Routledge, 1996).

④ Barry Buzan, Ole Wæver, and Jaap de Wilde, *Security: A New Framework for Analysis*(Boulder, CO: Lynne Rienner, 1998); Ole Wæver, "Securitization and Desecuritization," in *On Security*, ed. Ronny Lipschutz (New York: Columbia University Press, 1995), 46-86.

⑤ David Campbell, *Writing Security: United States Foreign Policy and the Politics of Identity* (Manchester: Manchester University Press, 1998); Michael Dillon, *Politics of Security*(London & New York: Routledge, 1996); Maria Stern, *Naming Security: Constructing Identity*(Manchester: Manchester University Press, 2005).

⑥ Véronique Pin-Fat, "(Im)possible Universalism: Reading Human Rights in World Politics,"*Review of International Studies* 26, no. 4 (2000): 663-674.

治理危险和突发事件的手段。安全还被视为保障主权的手段,涉及压迫、管制暴力、控制、治安和监视。[①] 因此,安全举措可以作为一种反叛乱的策略(counterinsurgency tactics)以应对公认的新自由主义秩序的挑战。[②] 风险规避这一术语将生活必然带来的偶然性商品化,并作为一种技术手段来"保障"某些生活形式,而使其他形式不值得保障。[③]

"全球化"的安全

人类安全在全球政策话语中的呼声越来越大,这与广泛采用的将全球(或国际社会)作为保障(全球)安全和人权的做法相吻合。因此,安全是全球化的。这一举动反映了日益发展的全球化本体论,即通过"风险管理"的概念,使现代人类所带来的全球危险变得有意义,并最终将其排除在外。[④] 全球环境的可持续性,包括减轻全球变暖和自然灾害,或许已经成为最紧迫的全球化安全问题。此外,全球人类安全提供了一个平台,借助此平台,跨国人道主义可以将人类福利、承担责任的想法转化为"保护的责任"(responsibility to protect)等政策。[⑤]

绘制"联结"

上述叙事使我们能够批判性地重新评估关于"联结"无依据的普遍认知,以及通过命名"联结"而产生的复杂性以及政治和伦理意义。接下来本文将把"安全"与"发展"的"平行"的叙事拼接起来以形成一些可排列组合的共同叙述。

安全—发展联结:作为现代(目的论)叙事

正如我们上文所看到的,(传统的)"安全"和"发展"通过指代欧洲经验并与殖民逻辑产生共

---

① Lars Buur, Steffen Jensen, and Finn Stepputat, *The Security-Development Nexus: Expressions of Sovereignty and Securitization in Southern Africa*(Cape Town: HSRC Press, 2007); Michael Dillon, "Underwriting Security,"*Security Dialogue* 39, no. 2-3 (2008): 309-332; Mark Duffield, "The Liberal Way of Development and the Development-Security Impasse: Exploring the Global Life-Chance Divide,"*Security Dialogue* 41, no. 1 (2010): 53-76; Jef Huysmans, *The Politics of Insecurity: Fear, Migration and Asylum in the EU*(London: Routledge, 2006).

② Mark Duffield, "Development, Territories, and People: Consolidating the External Sovereign Frontier," *Alternatives: Global, Local, Political* 32, no. 2 (2007): 225-246; Mark Duffield, "The Liberal Way of Development and the Development-Security Impasse: Exploring the Global Life-Chance Divide,"Security Dialogue 41, no. 1 (2010): 53-76; Steffen Jensen, "The Security and Development Nexus in Cape Town: War on Gangs, Counterinsurgency and Citizenship," *Security Dialogue* 41, no. 1 (2010): 77-98.

③ Claudia Aradau, Luis Lobo-Guerrero, and Rens van Munster, "Security, Technologies of Risk, and the Political," *Security Dialogue* 39, no. 2-3 (2008): 147-154; Mark Duffield, "The Liberal Way of Development and the Development-Security Impasse: Exploring the Global Life-Chance Divide," *Security Dialogue* 41, no. 1 (2010): 53-76.

④ 联合国第七任秘书长科菲·安南,转引自:United Nations, *A More Secure World: Our Shared Responsibility: Report of the Secretary-General's High-Level Panel on Threats, Challenges and Change* (New York: United Nations, 2004), vii.

⑤ Marlies Glasius and Mary Kaldor, *A Human Security Doctrine for Europe: Project, Principles, Practicalities*(London: Routledge, 2006); International Commission on Intervention and State Sovereignty (ICISS), *The Responsibility to Protect: Report of the International Commission on Intervention and State Sovereignty*(Ottawa: International Development Research Council, 2001).

鸣的现代主义话语而被赋予了意义。安全和发展在空间上位于一个有特定边界的地理空间中——通常是国家,但也越来越多地位于区域(如欧盟)——并且在时间上处于与其他地理空间相关的特定历史轨迹中。[①] 在这个共同叙事中,安全的承诺就是致力于成功且稳健地迈向进步和现代。当空间上位于同一个地方(国家)时,"联结"会作为一个关口,通过它安全条件与安全条件共同加强了发展和进步的条件——内部汇合(internal confluence)。例如,在同一个地方(国家)时,经济增长、民主化和社会福利(发展的条件)要求一个国家拥有相当大的国家控制力、强大国防和高水平的政治合法性(安全的条件),而反过来的逻辑也成立。这种"联结"在理想条件下创造了一种双重束缚(double-bind),即安全和发展的相互促进。

然而,在安全和发展都无法实现的情况下,这种相互性就会崩溃。在大多数"发展中国家",这些先决条件都没有得到满足,这种"联结"也就失去了作用。政策界的多数人将这种"联结"作为实现安全和发展的主要政策目标。[②] "联结"还指一种跨越国界的关系。当一个国家(如美国)的(不)安全和持续发展与另一个国家(如刚果民主共和国)的安全和(多为"失败的")发展相牵连时,"联结"就弥合了空间和时间上的分离(例如,发展中国家"落后于"那些更"发达"的国家)。

安全—发展联结:深化、拓展、人性化

这些主流叙事的"对立面"或"替代面"提供了一条脱离"一个人应该成为什么以及如何成为"的安全或发达的主流(和预先确定的)观念路径。这样来解读的话,"联结"反映了对美好、安全和公正社会诉求的结合,它可能依赖于一种更具周期性的历史进程,因为它回顾过去,以便找到真正的、美好的理想生活,并且它对人类、女性、文化或自然环境来说,是安全与保障的实质实现。或者说,它可能涉及另一种形式的前进轨迹,而非(新)自由主义安全—发展。这种重新认识到的"安全—发展"观念,实际上否定了决定论的主流思想。在这种逻辑中,"联结"或许可以更好地诠释人类发展和人类安全的融合——作为理想主义和规范主义的错综复杂的结合。

安全—发展联结的僵局/困境

将发展视为"僵局"和将安全视为"不可实现"的批判者都认为,这些概念/实践既是相互构成的又是相互误解的。由于诸多原因,真正的发展和安全仍然遥不可及。为实现发展所作出的努力导致

---

① Homi Bhabha, *The Location of Culture* (New York: Routledge, 2004); Kimberly Hutchings, *Time and World Politics: Thinking the Present* (Manchester: Manchester University Press, 2008); VivienneJabri, *War and the Transformation of Global Politics* (London & New York: Palgrave Macmillan, 2007); R. B. J. Walker, "Lines of Insecurity: International, Imperial, Exceptional," *Security Dialogue* 37, no. 1 (2006): 65-82.

② Organisation for Economic Cooperation and Development (OECD), "Concepts and Dilemmas of State Building in Fragile Situations: From Fragility to Resilience,"*OECD Journal on Development* 9, no. 3 (2008).

了不发达、更多贫困和选举权被剥夺。例如，在"新型战争"的舞台上，安全伴随着不安全、暴力和威胁。[1] 目前（全球）政策所推行的融合方式（例如发展滋生贫困和依赖，从而增加暴力），对于真正改善人民的生活和安全来说，是毫无意义和徒劳的。根据"僵局/困境"的说法，"联结"是空洞的、不可能的、有害的；以其名义制定的政策效果甚微，反而造成了伤害，还导致时间和金钱的浪费。

后安全—发展

这种说法与上文类似，但更强调"联结"是产生某些现实的话语实践，因此它是权力的工具，是相互构成的，并且是以一种类似现代新自由主义（后殖民主义）的逻辑写出来的，其中（个人和国家的）主权赋予某些主体特权。如此理解的安全—发展的实践和叙述再现了不平等、不公正、有害的包容和排斥机制、暴力、不安全和危险的时空界定关系。根据这种说法，安全和发展本身既是（不）可能的，也是内在矛盾的，同时也是相互结合的。它们成为自我延续和不可能实现的承诺，对于某些人来说，这是可怕和充满威胁的。因此，这种联结应该被断绝、批判和避免。[2]

作为治理手段的安全—发展

安全和发展被视为相互加强的生物权力的惯用语和手段，通过它们来支配主体、想象力和最终的生活。生物政治学必然是关于生命（发展）的管理和调节，例如旨在"改善"生活、管理突发事件和排除"危险"[3]。根据这一批判思路，"联结"被认为是反叛乱策略（counterinsurgency tactics）。[4] 因此，对"联结"的生物政治解读可能会被探讨，例如，政治援助、人道主义援助和"善治"议程，以及制定全球"反恐战争"的本土化和全球化技术和实践。这使人们看到并追溯到"安全/发展"技术通过控制、约束、"提升"和规范"危险分子"、不守纪律的、次要的和无声的人，来对抗针对主权生物权力的叛乱方式。"联结"的话语使用和具体实施（通过技术和政策）似乎避开了"管理他人"和生命本身的伦理政治问题，并将安全—发展的（生物）政治技术化（或换言之，去政治化）。

全球化安全—发展

这种"联结"逻辑上与"安全—发展：深化、扩大、人性化和周期性"相类似，但它也植根于全球

---

[1] Mary Kaldor, *New and Old Wars: Organized Violence in a Global Era* (San Francisco, CA: Stanford University Press, 2007a).

[2] 例如：Mark Neocleous, *Critique of Security* (Montreal: McGill-Queen's University Press, 2008).

[3] Lars Buur, Steffen Jensen, and Finn Stepputat, *The Security-Development Nexus: Expressions of Sovereignty and Securitization in Southern Africa* (Cape Town: HSRC Press, 2007), 15; Michael Dillon and Luis Lobo-Guerrero, "Biopolitics of Security in the 21st Century," *Review of International Studies* 34, no. 2 (2008): 266.

[4] Mark Duffield, *Development, Security and Unending War: Governing the World of Peoples* (Cambridge: Polity, 2007); Mark Duffield, "Development, Territories, and People: Consolidating the External Sovereign Frontier," *Alternatives: Global, Local, Political* 32, no. 2 (2007): 225-246; Steffen Jensen, "The Security and Development Nexus in Cape Town: War on Gangs, Counterinsurgency and Citizenship," *Security Dialogue* 41, no. 1 (2010): 77-98.

化本体论;它不再依赖于"方法论地域化"(methodological territorialization)①。简而言之,现代人普遍认为世界是由不同的社会、政治和文化空间组成的,它们以领土为界,但这种说法必须从根本上改变,以更好地反映全球化世界的经验现实,但这种区分变得模糊不清。因此,"全球化"要求重新表述关于政治、文化、社会和个人生活的组织和经验等长期存在的问题,以及旨在治理社会和与自然界互动的结构和制度。不确定性和偶然性,以及主体性、归属感、问责制和责任感,都被全球化了。"联结"作为一个载体,代表相互关联和相互构成的人类全球生存问题,例如全球气候变化、全球粮食安全、自然灾害、全球能源和水资源危机、性别暴力,以及与暴力冲突和恐怖主义行为有关的威胁和风险。

荒谬又具有代表性? 丰富的故事

将"发展"和"安全"分解成(独立的)子领域,作为上述六个安全—发展叙事的前奏,就会引出一个荒谬的反面图谱,旨在代表关于"联结"的多种可能(见图1)。

我们只是简单阐述了六种说法——从本体论/认识论逻辑的角度来看,这六种(横向的)说法可能是"有意义"的——在这个反面图谱中所代表的关于"联结"的无数种可能。然而,政策世界和所有其他知识领域一样,并不坚持本体论或认识论的一致性,政策文件中充斥着看似不相容的叙述(图1上面绘制的对角线充分地说明了这些叙述)。

接下来我们将简要地回到本文开头的引文,以举例说明我们如何试图利用图1来描绘安全和发展,以及它们之间的"联结"的意义是如何在这些简短的引文中发生变化的。

我们将更全面地讨论《一个更安全的世界》(*A More Secure World*)②,然后将其与英国国际发展部(DFID)的声明进行对比。

"发展与安全密不可分。只有给贫穷国家一个真正的发展机会,才有可能建立一个更加安全的世界。极端贫困和传染病直接威胁着许多人,同时也为包括国内冲突在内的其他威胁的滋生提供了肥沃的土壤。如果富裕国家的政府通过实现千年发展目标来帮助贫穷国家战胜贫困和疾病,那么富裕国家的人民也会更有安全感。"③

这段引文明确指出,发展与安全是相互关联的。这里隐含的意思是:安全和发展是已知的和可知的过程、条件或存在状态,并且它们之间相互交叉。"一个更安全的世界"的提法借鉴了"全

---

① Jan A. Scholte, *Globalization: A Critical Introduction* (London: Palgrave, 2005), 27.

② United Nations, *A More Secure World: Our Shared Responsibility: Report of the Secretary-General's High-Level Panel on Threats, Challenges and Change* (New York: United Nations, 2004).

③ 联合国第七任秘书长科菲·安南,转引自: United Nations, *A More Secure World: Our Shared Responsibility: Report of the Secretary-General's High-Level Panel on Threats, Challenges and Change* (New York: United Nations, 2004), vii.

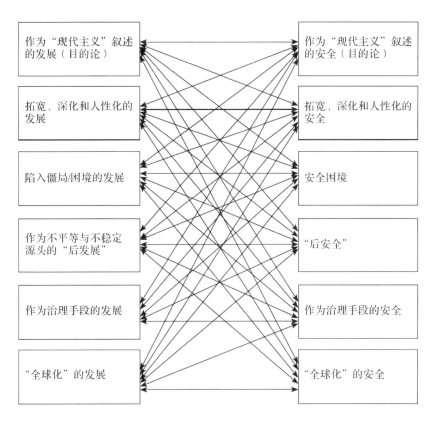

图 1 可能的"联结"？

球化安全—发展"的框架，这可以说为"给贫穷国家一个真正的发展机会"的呼吁（现代目的论叙事）提供了合法性和紧迫性，因为这是我们摆脱现在所处的隐含"不安全"世界的唯一可行途径。

这种可怕的想象是在"极端贫困……"开头的句子中塑造出来的，可以说，它在描述人类的不安全感和人类发展停滞或不发达的症状时，借鉴了"扩大、深化和人性化"的话语。然后，这句话转向了"现代目的论叙事"，作为呈现"其他威胁"（恐怖主义）、国内冲突及其造成的暴力和破坏场景的来源。

通过"后安全—发展"来讲述"联结"，我们能够辨别出殖民主义历史的记忆是如何从一个更安全的世界的承诺中被删除的。此外，这样的视角揭示了对"威胁的肥沃土壤"的描述是如何唤起政治主体/社会作为受感染伤口的形象的，所以必须消除其"病菌"才能获得安全。

"作为治理手段的安全"帮助我们看到减少贫困和减轻疾病所作出的努力，[1]这些努力确保了这些威胁不会蔓延到更遥远且更安全的地方，比如下一句中所提到的"富裕国家"。

"即使是富裕国家的人民也会更安全"，在这里，通过"现代目的论叙事"所写的发展再次被唤起，某些"国家"在通往财富、繁荣、稳定和安全的道路上比那些较贫穷的发展中国家更富裕、走得

---

① Stefan Elbe, "Risking Lives: AIDS, Security and Three Concepts of Risk," *Security Dialogue* 39, no. 2-3 (2008): 177-198.

更远,解决不发达和不安全问题的办法在于发展援助,如果富裕国家的政府沿着这条道路来帮助贫穷国家,那么富裕国家的人民也会更加安全。

"发展僵局/安全困境"的说法发出了警告,我们不禁要问:进一步发展援助将如何帮助消除贫困及其可能滋生的威胁? 此外,人类发展(通过"拓宽、深化和人性化"的论述而被赋予意义)正被其安全化(通过"后安全—发展"的解读来确定)所取代,这种担忧也促使我们质疑,在那里减轻贫困和疾病是如何成为一种反叛乱策略(counterinsurgency tactics)的。"作为治理技术的安全"表明,将"那里"贫困和疾病的缓解作为对"这里"安全的威胁,就能够利用技术来控制和约束所有人("这里"和"那里"的人)。[①]

很少有文件像英国国际发展部这一文件一样明确地说明了安全和发展之间的一对一联系:"战争既屠戮人命,也扼杀发展。因此,贫困人口需要安全,就像他们需要清洁的水、学校教育或负担得起的医疗服务一样。国际发展部与贫困人口及其政府和国际伙伴合作,可以帮助我们建立一个对所有人来说更安全的未来。"[②]

与之前的引文相比,"联结"的含义略有不同。令人难以置信的第一句话,"战争既屠戮人命,也扼杀发展",首先通过唤起"现代目的论叙事"来获得意义,即发展作为已知的过程可以被"扼杀"或阻止。然后,在提到贫困人口时,它迅速转向"拓宽、深化和人性化"的论述,然后在提到将安全与干净的水分开时,又转回"现代目的论叙事"。然后,它回到了"现代目的论叙事"中,对"建立一个对所有人来说更安全的未来"(包括英国国际发展部)的行动者进行说明,最终在呼吁帮助我们创造一个对所有人来说更安全的未来时,又引入一个"全球化安全"的叙述。

通过"后安全—发展"和"作为治理手段的安全—发展"的特定视角进行批判性阅读,可以看到另一种叙事。例如,它使我们看到"贫困人口"是如何被定位和表述的,即贫困人口是危险的,威胁着我们所有人的安全。因此,他们应该受到"发展"和(假定的)良好治理的控制。因此,引文中的"全球化发展"方法似乎是实现"作为治理手段的安全—发展"目的的一种手段,并将看似无私的对普遍扶贫的共同关注与控制"地球上的可怜人"的狭隘要求结合起来。

结语:识别"联结"的重要性

上述(带有批判性的)粗略解读并没有让我们对"联结"是什么、应该是什么或做什么有更多的认识。然而,可以通过探索不同的叙述方式来赋予"联结"意义,甚至在同一政策文本中,为评

---

① Didier Bigo, "Internal and External Security(ies): The Möbius Ribbon," in *Identities, Borders, and Orders*, eds. Mathias Albert, David Jacobson, and Yosef Lapid (Minneapolis, MN: Minnesota University Press, 2001), 91-136.

② Department for International Development (DFID), *Fighting Poverty to Build a Safer World: A Strategy for Security and Development* (London: DFID, 2005), 3.

估以"联结"的名义所做的事情开辟批评的空间。考虑到这一点,本文试图实现三件事:第一,它引起了人们对以下说法的关注,即存在一种经验上真实的、不断增长的"联结",这反映在"发展—安全联结"一词的使用越来越多,即它被用来"描述"一个不断发展的领域。第二,也许更有趣的是,"联结"的"内容"或形式尚不明确。因此,在进步和合乎道德的政治幌子下,它可以被各种(非法)使用。第三,"联结"正在被用作一种"可识别的"和看似可理解的叙述,因此各种进程能够以安全—发展的不/兼容的组合名义进行。本文只触及了最后一点。然而,本专题的后续文章将展示如何理解、结合并最终实现"安全"和"发展"的多种方式,无论是为了了解我们的新兴世界,还是为了塑造它。

越南对非传统安全挑战的认知和方法论

谢玉进等 著 卢矜灵 编译

非传统安全挑战对每个人、社会群体、民族国家和全人类的生存发展形成了严峻的挑战,越南是遭受非传统安全挑战影响较大的国家之一。目前国际社会尚未形成一致的非传统安全定义和研究方法,对非传统安全挑战的定义、分类和特征的认知各有不同。专著《非传统安全——理论与实践》①是越南学者在非传统安全研究领域的首次尝试,全书共十二个章节,第一章"越南对非传统安全挑战的认知和方法论"在综合理论概念和多维度方法的基础上,阐述了非传统安全的定义和特征,就越南学界对非传统安全挑战的认知、学派和研究方法等进行了介绍。

一、非传统安全挑战出现的历史背景

20世纪80—90年代初,世界形势发生了深刻复杂的变化,波及世界各国和各民族,全球社会主义陷入全面危机,东欧和苏联社会主义政权垮台,国际革命运动暂时衰落,两极世界秩序(苏联—美国)崩溃,世界政治局势发生了不利于世界革命和进步运动的变化。

冷战结束后,全球化、区域和国际一体化强势发展,多层次、多极格局不断形成,各国相互依存,共同发展。和平、合作、发展取代了冷战时期的对抗而成为主流。科技革命持续强劲发展,为各国密切联系、合作与拉近距离创造了物质前提。在此阶段,维护领土完整仍然是每个国家的首要任务。在人类历史进程中,发展的消极面不断出现,并强烈影响了可持续发展的进程,最先影响到国家内部,再波及地区,逐渐成为一个全球性问题。一个国家、地区乃至世界的可持续发展,

---

[作者简介] 谢玉进,越南胡志明国家政治学院教授。

[编译者简介] 卢矜灵,中山大学国际关系学院在读博士生,广西民族大学中国东盟区域国别研究院助理研究员。

① 谢玉进等:《非传统安全:理论与实践》,越南政治理论出版社,2015年。该书由谢玉进(GS,TS TS Tạ Ngọc Tấn)、范成镕(PGS,TS Phạm Thành Dung)、段明训(PGS,Đoàn Minh Huấn)共同主编,邰文龙(PGS,TS Thái Văn Long)、陈春镕(PGS,TS,Thiếu tướng Trần Xuân Dung)、阮永胜(PGS,TS,Đại tá Nguyễn Vĩnh Thắng)、阮垂霞(TS Nguyễn Thúy Hà)、范青霞(TS Phạm Thanh Hà)、丁青秀(TS Đinh Thanh Tú)、谢氏团(TS Tạ Thị Đoàn)、杨文辉(TS Dương Văn Huy)、阮文史(TS Nguyễn Văn Sử)、黎置林(ThS Lê Thế Lâm)、陈明德(ThS Trần Minh Đức)、胡士玉(ThS Hồ Sĩ Ngọc)、陈国保(ThS Trần Quốc Bảo)、范氏碧航(ThS Phạm Thị Bích Hằng)、范平勇(ThS Phạm Bình Dũng)参与编写。

不再局限于防范和应对战争风险或保障国家、地区和全球安全,而是包括政治、经济、文化、社会、环境等多方面的综合发展。

在此背景下,非传统安全理论似乎可以解释世界上存在的实际问题。国家安全包括传统安全和非传统安全,两种形式相互交织、相互影响、相互转化。但从国家和地区的角度来看,在特定时空里,直接威胁国家安全的传统或非传统安全挑战有可能同时出现。非传统安全挑战已成为全球性问题,威胁着人类的共同安全。

二、多角度认识和分类非传统安全

由于非传统安全挑战对国家安全的威胁规模大、性质复杂,迄今为止,世界各国、各地区和国际组织的专家学者关于非传统安全的概念尚未达成共识。这是一个新的、多样的、复杂的问题,仍然需要深入研究。由于研究思路不同,非传统安全内涵的认定仍然与非传统安全风险问题相互交织、重叠。

第一,基于历史视角的研究。有学者认为,早在冷战时期非传统安全问题就已经出现,与争取、保持和维护国家独立和主权的军事战争有关。另有学者认为,非传统安全问题是在冷战结束后出现的,具体为美国"9·11"事件之后。在和平—合作—发展的主流趋势和全球化、科技革命背景下,环境安全、气候变化、跨国犯罪等非传统安全挑战以更严重的程度、规模和性质暴露出对全球安全的威胁。实际上这些问题很早就出现了,冷战前和冷战时期均有发生,但由于问题的规模和性质未达到现如今的严重程度,且当时争取、维护国家独立和主权的斗争普遍被各国视为优先的事项,非传统安全未得到充分重视。

第二,综合、跨学科、全面的研究。一般认为,国家安全包括传统安全和非传统安全。传统安全是防范和应对军事侵略威胁,非传统安全就是防范和应对非军事威胁。非传统安全研究方法假设传统安全只限于军事侵略的风险,而不关注政治安全、社会经济安全、文化安全等其他领域的安全;同时,国家安全不仅要防范和应对军事威胁,还要防范和应对非军事因素,如粮食安全、环境安全、能源安全、水资源安全、金融安全、人的安全等构成的全面安全、共同安全和集体安全。

第三,基于主观和非主观威胁角度的研究。传统安全是对抗来自一个或另一个国家集团的军事恐吓和入侵威胁,其主体是国家或民族国家联盟;而非传统安全是针对没有明确主体的风险、非暴力的威胁风险。

第四,从规模、性质和影响对象来看,传统安全的规模由小及大,主要表现在冷战前和冷战时期,受影响的主体主要是一个国家或某一群国家,如越南战争、朝鲜战争、利比亚战争等。非传统安全的影响规模和性质随着发生频率和强度的增加而增加,影响的对象不仅是一个国家,涉及地区和全球范围甚至影响到个人、群体和全人类。应对传统安全挑战主要靠一个国家或联盟国家群，如反法西斯盟友；应对非传统安全风险则需要所有国家进行双边或多边的努力、合作。

第五，从国家、地区和全球利益以及影响的性质和规模出发，辨别符合各国、地区和世界形势的非传统安全挑战。联合国确定了经济安全、粮食安全、卫生安全、环境安全、人类安全、集体安全、政治安全为非传统安全的七大问题。亚欧会议（ASEM）确定了七项非传统安全挑战：气候变化、自然灾害、粮食、能源、核能、海盗和水资源。美国和部分欧洲国家确定国际恐怖主义、金融安全、跨国犯罪等为非传统安全挑战。非洲国家则面临饥饿（粮食安全）、艾滋病、荒漠化、部落和种族冲突等非传统安全挑战。拉丁美洲面临贩毒、跨国犯罪、武装冲突等非传统安全挑战。在东南亚地区，东盟＋3（中国、日本和韩国）确定人道主义援助、救灾、海上安全、恐怖主义、跨国犯罪等为非传统安全挑战。越南在第21届东盟峰会上提出，灾害应对、气候变化、水安全和南海海上安全、跨国犯罪为非传统安全挑战。

从对非传统安全内容的不同处理方式来看，非传统安全风险也有不同的分类。

首先，按影响方式划分，非传统安全主要分为暴力和非暴力两大类。暴力影响方式包括：恐怖主义、跨国犯罪、海盗、种族和宗教冲突等。非暴力影响方式包括：环境污染、气候变化、粮食安全、网络安全、能源安全、金融安全、传染病等。

其次，非传统安全主体可分为两类：有主体可识别的群体和无主体或难以识别的群体。前者涉及恐怖主义、种族和宗教冲突、跨国犯罪等问题，而后者包括环境污染、气候变化、金融和货币危机、传染病等问题。

最后，按照影响因素的领域分类，非传统安全挑战主要涉及三大领域——经济安全领域的金融—货币危机、能源危机、金融危机、粮食危机、资源枯竭等；政治安全领域的分裂主义、国际恐怖主义、民族和宗教冲突等；社会保障领域的传染病、毒品走私、非法移民、宗教问题等。

由于非传统安全挑战的性质和规模复杂，需要设计一个多方面、多维度的研究方法，根据非传统安全挑战的不同分类，所选择的方法论也只针对这一方面的问题具有相应的意义，得出的结论也是相对的。根据当前研究非传统安全的不同思路和广泛范围，初步可以得出以下结论：一是国际社会将非传统安全挑战的风险和应对视为威胁人类安全和可持续发展的新兴问题和紧迫问题。二是从理论上讲，由于非传统安全挑战的复杂性和多维性，非传统安全的定义在理论上一直没有达到统一。三是传统和非传统安全的概念和内涵界定只是相对的，传统和非传统安全因素也存在相互交织、重叠，均体现多样性和复杂性。四是非传统安全威胁的影响规模和性质具有严重性、长期性、非军事性、跨国性、地区性和全球性特征。五是防范和应对非传统安全挑战不仅仅局限于一个国家，还需要所有国家（双边和多边）、国际组织、地区、人民和社会的通力合作。六是世界安全特别是国家安全包括防范和应对传统和非传统安全挑战，在不同时期和阶段传统安全或非传统安全挑战都有可能出现。但从当前地区和全球的角度来看,应对非传统安全挑战已成为维护世界和平、繁荣、稳定和可持续发展面临的紧迫问题。

三、越南学者对非传统安全的认识和研究方法

随着世界各国学者纷纷发表关于非传统安全的研究,"非传统安全"一词也开始被越南使用,成为一个越南学界关注的话题。越南学者如谢明俊(Tạ Minh Tuấn)、阮武同(Nguyễn Vũ Tùng)、黎文强(Lê Văn Cương)、胡州(Hồ Châu)等都提出了自己的观点和理论。

从学术角度探讨非传统安全的概念,阮武同副教授认为,非传统安全应该在与传统安全比较的背景下理解:它首先是作为对传统安全方法的批评而出现的,这种批评从理论和实践两方面出发。同时,传统安全和非传统安全并不是完全对立的,维护国家安全,首先要保障的是本国人民的安全。如果一个国家保障公民的生命权和全面发展权,则该国的国力将增强,该国将越来越能够维护其在国际舞台上的安全和地位。①

谢明俊博士认为,非传统安全包括国际恐怖主义、贩毒和跨国犯罪、艾滋病、传染病、非法移民、贫困和地区发展差距、环境退化、灾难等。② 黎文强副教授认为,温室效应、全球变暖和生态失衡(生态安全),贩毒,涉及人类、牲畜和农作物的传染病,有组织犯罪,跨国犯罪,洗钱,网络攻击,非法移民,人口爆炸,水资源枯竭,海盗,地下经济等均属于非传统安全领域。③ 胡州副教授等学者在"非传统安全威胁及对当今国际关系的影响"研究项目中指出,非传统安全具有跨国性、非政府性、相对性、转换性、机动性、无形且难以定义。④

根据阮平颁副教授(Nguyn Binh Ban)的观点,许多国家和东南亚地区的非传统安全具有以下三个基本特征:第一,非传统安全挑战对可持续发展、社会稳定、生态环境和社会制度构成严重威胁。第二,非传统安全挑战影响范围广,涉及的领域多、国家多、行为体多,超出传统安全的利益和范围,成为全球性问题,从长远来看,会对国家安全产生影响。第三,解决和应对非传统安全挑战,需要国际社会的重视、合作和共同努力,需要各国共同负起责任。

在现代科技革命的背景下,全球化进程的强烈推进,使得国与国之间的地理边界变得"更柔软",更容易跨越。互联网创造了一个拥有全球信息高速公路、完全没有国界的"虚拟世界"。随之而来的是人类对自然和环境的破坏、不受控制的经济发展、追逐纯粹的利润和眼前的利益、激

---

① 阮武同(Nguyễn Vũ Tùng):《应对非传统安全挑战》,《世界经济和政治问题》2008 年第 4 期,第 8—10 页。

② 谢明俊(Tạ Minh Tuấn):《中美非传统安全合作》,《国际研究杂志》2008 年第 3 期,第 87 页。

③ 黎文强(Lê Văn Cương):《非传统安全因素对东亚部分国家文化和人民的影响》,《社会科学情报杂志》2008 年第 9 期,第 9 页

④ 胡洲(Hồ Châu)等:《非传统安全威胁及其对当今国际关系的影响》,部级科学课题综合报告,胡志明政治学院,H. 2006,第 29—31 页。

进政治思想的主导、自身道德的异化和堕落等,这些非传统安全问题更为复杂、规模更大。这些问题的影响范围已经超出了一个国家的领土边界和国家安全利益。[①]

越南国防部军事科学研究所杨文球(Dng Văn Bóng)博士持相同观点。他从特定领域的角度探讨问题,阐明了非传统安全概念的内涵包括以下几点:经济方面,尽管越南经济实现了高增长,但越南仍然是一个贫穷的国家。在加入世贸组织的背景下,如果没有快速可持续发展和提高竞争力的有效措施,越南就很容易成为世界商品市场,依赖于外国,仍处于落后的梯队。文化—社会方面,国际一体化为从国外引进不同的思想和文化潮流创造了条件,但其中也包括不健康的文化、道德和生活方式。如果不做好国家对文化的管理,维护和弘扬民族文化价值,培养、教育和提高各阶层人民,尤其是年轻一代的文化素养,民族的价值观和传统文化认同感就会丧失。一个民族失去文化认同就等于失去了一切。在国防和安全问题上,出现了对党的路线和两个战略任务的认识和执行不当的情况,追求经济利益而忽视国防安全的需要,损害经济社会发展目标。特别是敌对势力在经济、社会、政治、意识形态、文化、国防安全、外交等各个领域加紧实施"和平演变",利用所谓保护"民主""人权""宗教",造成政治不安全、社会秩序不安全,使武装力量非政治化,削弱党的领导作用,企图废除社会主义政权,是比找借口趁机进行军事干预更危险的行为。

在地区层面,越南学者也针对东南亚非传统安全挑战提出了一些研究思路。该地区非传统安全概念的内容包括:环境安全、能源安全、经济安全、人类安全、海上安全、恐怖主义和反恐、自然灾害、疫病。[②]

有学者从人口贩运、毒品犯罪方面来研究非传统安全挑战。这两种犯罪类型都具有国际性和地区性,因此需要国际行动协调。阮春炎(Nguyễn Xuân Yêm)的著作《国际犯罪——章鱼之爪》[③]研究了国际犯罪,强调国际刑警组织(Interpol)的作用和越南人民警察总局在打击国际犯罪方面的责任。杨明豪(Dương Minh Hào)、阮国俊(Nguyễn Quốc Tuấn)、阮进达(Nguyễn Tiến Đạt)通过其专著《跨国犯罪的类型》[④],提出了跨国犯罪的概念,确定了有组织犯罪等典型犯罪类型;在分析活动现状、特征的基础上论述了这些犯罪类型和发展趋势,并针对每一类犯罪提出了具体的对策,尤其是针对性地完善了预防和打击跨国犯罪的侦查、起诉、审判、判决执行等相关法律问题。

[①] 来源:https://www. tapchicongsan. org. vn/web/guest/hoat-ong-cua-lanh-ao-ang-nha-nuoc/-/2018/14204/an-ninh-phi-truyen-thong-van-de-mang-tinh-toan-cau. aspx。

[②] 范平明(Phạm Bình Minh)主编:《至 2020 年的世界形势》,越南国家出版社,2010,第 559—597 页。

[③] 阮春炎(Nguyễn Xuân Yêm):《国际犯罪——章鱼之爪》(《TỘI PHẠM QUỐC TẾ NHỮNG BÀN TAY BẠCH TUỘC》),越南国家政治出版社,1994。

[④] 杨明豪(Dương Minh Hào)、阮国俊(Nguyễn Quốc Tuấn)、阮进达(Nguyễn Tiến Đạt):《跨国犯罪的类型》(《CÁC LOẠI TỘI PHẠM XUYÊN QUỐC GIA》),越南人民公安出版社,2009。

除上述观点外,越南的非传统安全理论也从分析城乡自由流动、国际移民的因素入手,研究对象包括从劳务移民、婚姻移民、传教士移民到跨界移民、少数民族边境自由迁徙等不同类型的移民。例如,黄孟雄(Hoàng Mạnh Hùng)在著作《国际移民对国家安全的影响》中,从人口、难民、环境、种族等方面分析了移民对国家安全问题的影响。黎伯阳(Lê Bạch Dương)在《越南过去的移民和社会保护》一书中探讨移民与贩卖人口之间的关系,主要讨论劳动力贩卖和买卖婚姻,该问题在过去越南向市场经济转型期间的移民和社会保障工作中较为突出。

此外,另有学者还从信息安全、文化安全、粮食安全、能源安全、金融安全等方面进行非传统安全研究,探讨其复杂的发展历程以及当前和长期的防范和应对方向。

阮海英(Nguyễn Hải Anh)的研究项目"当今国际关系中能源安全的阀门"分析了当今世界能源需求特别是石油的现状,比较各国供需情况,描绘东南亚石油安全的蓝图,提出了石油安全问题和解决方案。丁氏金(Đinh Thị Kim)的气候变化研究项目"气候变化——世界非传统安全问题"分析了全球气候变化的现状、气候变化对世界非传统安全挑战的影响和气候变化国际合作。

有专家提出警告,越南山区和少数民族面临的直接挑战是粮食短缺和饥饿,越南面临的长期挑战是人口增加、农业用地面积缩小、水稻种植土地转为他用、改变复杂生态环境造成的粮食安全风险。

此外,越南学者还讨论了在预防和应对非传统安全挑战方面的双边合作,通过分析中美合作的范例,提出中美合作在处理许多非传统安全挑战上发挥着越来越重要的作用。中美关系始终既有合作,也有竞争,对世界非传统安全(尤其是对越南)既有积极影响,也有消极影响。[①]

四、非传统安全的特征和定义

21 世纪初,"非传统安全"一词被广泛使用,成为地区和国际会议、论坛、国家双边和多边合作中的高频词语。目前,研究人员尚未围绕这一专业术语形成完整统一的概念。根据不同研究视角、研究领域及具体情况,各研究者给出了不同的非传统安全概念。

在越南,非传统安全也成为政治学、安全学、国际关系学等领域学者感兴趣的研究课题,并提出了一些非传统安全的概念,认为非传统安全挑战包括国际恐怖主义、贩毒和跨国犯罪、艾滋病、疫病、非法移民、贫困、贫富差距、环境退化、自然灾害、信息安全、大规模杀伤性武器扩散等。有学者提出,极端民族主义、恐怖主义、金融安全、货币、能源安全、科技安全、地球变暖的温室效应

---

① 谢明俊(Ta Minh Tuấn):《中美非传统安全领域的合作》,《国际研究杂志》2008 年第 3 期,第 87 页。

和生态失衡(生态安全)、贩毒、传染病(人、畜、农作物)、有组织犯罪、跨国犯罪、洗钱、网络攻击、非法移民、人口爆炸、水资源枯竭、海盗、地下经济等非军事因素都属于非传统安全领域。[①]

目前越南对非传统安全的研究主要分为两个学派。第一个学派认为,非传统安全概念包括军事安全、政治安全、经济安全、社会安全和环境安全。非传统安全不是传统安全的对立面,而是对传统安全概念"军事安全"的内容进行了扩展。这一概念的基础是由于非传统安全的相对性,非军事安全威胁可以转化为武装冲突或战争。第二个学派认为,非传统安全概念是相对于传统安全而言的,不包括军事安全。第二个学派在语义上更为明确,但也承认非传统安全挑战会导致冲突和战争。在越南,大多数学者较认可第二个学派的观点,即非传统安全概念与传统安全相对立,包括非军事、非武装的安全领域。

尽管对非传统安全的定义仍有不同,但越南学界对于非传统安全的关键特征有较统一的共识:一是非传统安全挑战影响地区或全球、跨国和多国。它可以来自一个国家,有能力快速、广泛地传播到其他国家,如气候变化、网络犯罪、疫病等。二是非传统安全挑战通常由自然行为者或非国家组织、群体或个人实施,传统安全则是国家军队之间的冲突。三是非传统安全挑战直接威胁到人类或部落族群,然后是国家和民族,而传统安全则直接威胁国家的领土主权。四是非传统安全挑战既可以涉及经济、文化、环境、网络安全和疫病等非暴力问题,也可以涉及非军事暴力方面。五是应对非传统安全挑战强调合作,运用外交手段,包括各国军队之间的外交,而传统安全往往以军事手段为主,外交为辅。六是从时间上看,非传统安全概念出现的时间晚于传统安全。实际上许多非传统安全挑战在历史上长期出现,但由于范围和规模小、通信不发达等原因未被关注。而今天,由于全球化的发展,科技革命和通信发达,非传统安全挑战发展快、传播广、影响大,成为全人类共同关心的问题。七是非传统安全挑战对国家安全稳定与发展的核心产生影响,对国家安全的破坏相较传统安全问题更缓慢和长久。

传统安全和非传统安全是综合安全概念的两个方面。因此,两方面的安全共同影响着国家安全战略的制定,保障国家的稳定与发展。

综上所述,非传统安全挑战虽然不直接威胁国家领土主权,但会对个人、部落族群、国家和全人类的生存和发展形成威胁和破坏。有些非传统安全威胁是人为产生的,有组织行为体,而许多其他非传统安全威胁没有明确的主体,通常来自自然因素。历史上出现过很多对人类的威胁,但由于所处环境条件的限制,传播范围不广、威胁不大。今天,由于市场经济、全球化和科技成果利用的负面影响,这些威胁具有传播范围更广、危害更大的特征。与传统安全主要通过军事手段解决、外交仅起辅助作用不同,非传统安全只能通过外交手段以及国家、国家和国际组织之间的合

---

① 陈文程(Trần Văn Trinh):《全球性挑战——非传统安全》,2006,http://ca.cand.com.v,访问日期:2023年4月21日。

作来解决。

在不同的局势和对象中，非传统安全与传统安全之间的区别往往只是相对的，可以相互影响、相互转换。非传统安全是一个新的复杂问题，与传统安全并不完全对立，而是对整体安全观的补充。

研究非传统安全的方法多种多样，目前越南学界和政界已达成一个基本的共识，即非传统安全挑战是威胁和破坏人、社会、民族和全人类生存和发展的根本因素。因此，应对非传统安全挑战需要广泛调动行动主体和资源，采用与应对传统安全挑战完全不同的方法。

"和合主义"的安全逻辑进路
——评余潇枫教授的《非传统安全理论图景》*

甘钧先

余潇枫教授的新书《非传统安全理论图景》是近年来国际安全理论领域难得一见的佳作。该书讨论并批判了西方国际安全理论,分析了其"个体主义""原子主义""二元论"的内在缺陷,并提出国际安全治理的中国范式——和合主义模式,其核心理念聚焦"和合共享"安全。该书重新审视了国际安全的本体论,突破了西方安全思维。该书不仅提供了非传统安全理论的演化图景,还提出了极为丰富的安全哲学思想,大大超越了非传统安全领域本身。该书从三个方面详细展现了人类安全研究的演化逻辑:安全本体的扩大、安全思维的优化和安全价值的延伸,是一次从非传统安全扩大到广义安全的重要理论尝试。

安全本体的扩大

除了温特的《国际政治的社会理论》①,以往关于安全的理论作品很少讨论安全的本体。《非传统安全理论图景》的理论贡献之一是,详细讨论了国际安全研究的本体论,大大拓展了安全指涉对象的范围,为安全研究开拓了新的视野,并开辟了新的安全思路。该书的目标是提供一种"广义安全论",因此它的本体设定为,"横轴是我们生存其中的宇宙,纵轴是我们所处的具有多重层次的世界"②。

安全的本体论最初并没有被问题化,它天然地代表着自己的安全。毫无疑问,个体关注"我"的安全,"他"或"它"威胁"我"的安全。但是,在个体应对安全的过程中,发现了两个事实。第一个事实是,"他"也是"我"。"他"跟"我"一样,也需要安全。每个个体都需要安全。第二个事实是,"我"之外,存在着无数个"它"。"它"可以是病毒,可以是温度,也可以是食品,甚至可以是小行星。当"我"在海岛上,"我"的空间充满着威胁,比如海平面上升、淡水供给不足、食物匮乏等等。

[作者简介] 甘钧先,浙江大学马克思主义学院国际政治所副教授,研究方向为气候安全、人工智能安全等非传统安全问题。

＊ 本文精简版已发表在《中国社会科学报》2024 年 7 月 10 日第 7 版。

① 亚历山大·温特:《国际政治的社会理论》,秦亚青译,北京大学出版社,2005。
② 余潇枫:《非传统安全理论图景》,商务印书馆,2023,第 5 页。

当"我"在沙漠边,威胁以另外的形式持续存在,比如温度升高、降雨减少、荒漠化等。根据该书的安全本体论分析,威胁都来自我们生存于其中的空间。

人类在空间上在不断拓展,意味着新的安全问题不断呈现。太空探索把人类带到遥远的太空,卫星碎片、太空拥挤等就成了安全问题。当人们构建元宇宙时,现实世界中的人类会利用精神控制、深度伪造等手段在虚拟空间中实施犯罪活动。该书使用了物理学术语"场域"来描述安全的本体。安全不再是我自己的问题,而是顺理成章地成为一个整体的"场域"问题,所有的生命和非生命个体构成了一个安全场域。该书认为,安全就是场域中各要素在安全互构中形成的"场效应"①。

安全本体的扩大,代表着人们逐渐意识到他们生活在多样化的空间之中,也就是该书谈到的"多重层次的世界"。人类本来就一直生存在这些空间或世界中,只是逐渐发现了这些事实。这个空间可以是国家,可以是地区,可以是海洋,也可以是整个地球,甚至是宇宙空间。如果任何一个空间都不能达到安全,那么人类就无法获得真正意义上的安全。人类生存其中的空间全部被安全化。所有的空间,以及行为体之间的互动,构成了安全的本体。场域的本质是关系,因此作者在书中提出了一个极为重要的概念"关系性实在"。"安全的实质是关系"②,也就是将安全定义为一种广泛意义的关系网络。

新的安全理论本质上是安全本体扩大带来的结果。安全本体的扩大,必然带来安全领域的扩张——从传统安全走向非传统安全。它必然扩展到女性主义、话语理论、生态安全、信息安全等,最后囊括所有的安全领域,如书中所说,从"人类世"到"生态世",从全球化到"网球化",从"P托邦"到"E托邦"③。这种扩张背后的动力是人类意识的扩张,同时也是人类生产和创造活动的扩张。

人类生活在一个物理世界中,它主要对应的是人类生存其中的自然生态系统和物理环境;人类也构成了一个以交往为基础的社会世界,对应的是以"互构"为特色的国际社会;人类还创造了一个由产品组成的世界,比如网络、元宇宙、武器等。三个世界共同构成了人类安全的本体。人类在三个世界中都面临着安全问题,处理这些安全问题的思维方式各不相同。由于人类生存的物理空间、社会交往空间和人工创造物的空间都具有开放性,所以人类安全的本体必然也是一个开放的系统。这就正好对应了作者在建构"广义安全体系"中的思路,即安全领域开放性、安全思想开放性和安全机制开放性④。

---

① 余潇枫:《非传统安全理论图景》,商务印书馆,2023,第 24 页。
② 余潇枫:《非传统安全理论图景》,商务印书馆,2023,第 14 页。
③ 余潇枫:《非传统安全理论图景》,商务印书馆,2023,第 212 页。
④ 余潇枫:《非传统安全理论图景》,商务印书馆,2023,第 221—222 页。

安全思维的优化

如何实现安全是安全理论的核心,该书对此问题的回答是安全算法。将算法与安全结合在一起,是该书的重大理论创新与贡献。任何行为体要达到未来的安全状态,必然经过一系列的预测和推演,这些推演就是算法。每一种安全观都对应着特定的安全算法,个体总是根据某种安全算法来达成未来的目标。

该书引入了物理学的概念"安全熵",安全算法的目标就是降低"安全熵"。书中将安全算法分为战争算法、竞争算法、竞合算法与和合算法四种,并认为四种安全算法"在宏观的尺度上呈现出不断迭代升级的趋向"[1]。

战争算法是一种最传统的安全算法。它是一种建立在物质实力基础上的算法。它的安全思路是,通过发展物质实力、发动战争、夺取领土或某些关键战略要地来实现自我的安全。这种思路跟地缘政治、地缘经济紧密联系在一起,集中体现为西方的进攻性现实主义理论。作者认为,战争算法的原则是"独霸"[2]。世界历史的大部分时期都是战争时期,战争算法并没有给世界带来安全,反而导致了规模越来越大的战争。

在各国获得了主权国家的地位之后,竞争算法成为很多国家的安全算法。尽管国家之间很少公开占有土地,但观念不同的国家,以及实力和地位相似的国家之间展开了激烈的竞争。国家试图通过竞争来打压对方的发展空间,获得比较优势,比如美国对中国发动的贸易战和科技战。美国的目标就是要拉开跟中国的科技差距,从而让自己感觉到安全。尽管竞争算法比战争算法稍微温和一些,但它依然具有巨大的失控风险。作者认为,战争算法追求绝对安全,而竞争算法追求相对安全,其原则是"独享"[3]。竞争算法不能让彼此都感受到安全,经济和科技领域的竞争容易滑向军事领域的对抗,竞争算法对应着西方安全理论谱系中的防御性现实主义和结构现实主义理论。

竞合算法与前两种算法的区别在于,它承认个体之间的身份是可以进化的。作者将其称为"非传统安全算法"。这种算法要求国家之间必须从敌人或对手变成朋友。只有获得了朋友身份,才可能展开真正的合作。但竞合算法同时承认了两种身份,即对手和朋友,它大致符合当今国际社会的现实。它的思路是通过制度性合作改变彼此的认知,塑造彼此的朋友身份,改变彼此的意图,从而为彼此带来安全。它远离了现实主义的物质权力结构,表现为一种强理念主义算

---

[1] 余潇枫:《非传统安全理论图景》,商务印书馆,2023年,第163页。
[2] 余潇枫:《非传统安全理论图景》,商务印书馆,2023年,第169页。
[3] 余潇枫:《非传统安全理论图景》,商务印书馆,2023年,第170页。

法，对应着新自由制度主义和建构主义理论。

和合算法是一种未来算法，它需要国际社会实现身份的改变，从对手变成朋友。它是一种强理念主义、强制度主义的算法。它的逻辑预设是，只要彼此互为朋友，就不会爆发对抗，也不会相互威胁。作者认为，和合算法将会成为人类安全算法的主导性选项，和合算法以"共享"原则超越了战争算法的"独霸"、竞争算法的"独享"，以及竞合算法的"兼享"①。

人类安全算法的升级，是对过去教训和经验学习的认识深化。作者在书中也提出，安全算法取决于决策者的价值立场和智慧水平②。所谓智慧水平，其实就是安全决策者对过往经验和教训的总结和学习。安全算法，是对安全困境学习和反思的结果。安全决策者最终必然认识到，物质强大不能带来安全，自我安全不能带来持续安全，只有整体的安全才能带来持久的安全。从物质走向理念，从武器走向意图，从敌人走向朋友，从个体走向交互主体，是安全思维的逻辑走向。

该书揭示的安全思维演进还体现在，当安全问题成为一个场域问题时，个体性思维自然地让位于整体性思维。本书提供的安全解决方案，基本上反映了系统性和整体性思维。作者将安全描述为"关系性实在"，将安全模式定义为优态共存、共享安全，将安全空间定义为安全场域等等，都是从安全整体的角度思考问题。和合算法代表着一种整体性和系统性的安全思考，它必然以宇宙和合、生态和合与类群和合为目标。③

安全思维优化催生了处理安全问题的新模式。该书提供了自己的解决方案，即优态共存，由异质性通过"互惠共建"达到"共存共优"④。优态共存是和合算法的逻辑终点。寻求安全，本质就是获得整体的安全，而不是个体的安全。可持续的安全，一定是整体的安全。整体安全，要求所有行为体共存。对少数群体造成伤害或威胁的安全算法，始终存在着安全困境。安全困境的解决，必须以整体安全的实现为前提。任何个体、局部的安全，都是短暂的安全。当人们以"和合"思维来思考安全问题时，自然就会得出"安全不可分割""没有全球安全就没有国家安全"的结论。⑤

同时，整体安全也不是绝对的、均质化的安全分配，而是实现最优态的共存。它意味着，个体共存于同一个结构中，但占据着不同的位置，每个个体都对自己的安全状态感到满意。"和合"是在尊重多样性和差异性的前提下，通过"合"的统一性和协调性，化解各类矛盾，让各个主体、元素在一个整体的结构中保持平衡。⑥

结构平衡仅仅是一种消极的"优态"，积极的"优态"并不是一种结构性后果，而是一种价值观

---

① 余潇枫：《非传统安全理论图景》，商务印书馆，2023，第174页。
② 余潇枫：《非传统安全理论图景》，商务印书馆，2023，第178页。
③ 余潇枫：《非传统安全理论图景》，商务印书馆，2023，第112页。
④ 余潇枫：《非传统安全理论图景》，商务印书馆，2023，第196页。
⑤ 余潇枫：《非传统安全理论图景》，商务印书馆，2023，第127页。
⑥ 余潇枫：《非传统安全理论图景》，商务印书馆，2023，第120页。

革命。作者区分了两种最优态,"帕累托最优"和"孔子最优"。前者是"在不损害他人的前提下发展自我";后者是"在帮助他人发展的前提下发展自我"①。"孔子最优"不仅仅是达成了力量上的结构平衡,更是孕育了新的价值观,充满了利他精神。这表明,人类安全思维不仅仅关联到安全的本体和算法,也必然关联到作为安全基石的人类价值体系。

安全价值的延伸

安全是一种价值。该书提供了一幅清晰的价值图谱。正如书中所说,安全算法很大程度上取决于决策者的价值立场。②"和合主义"的价值内涵,不仅把安全与发展关联起来,还把安全与正义、安全与自由、安全与解放关联起来。③ 和合主义的本体论是"关系",意义论是"共享",其核心价值是"类生存""类伦理"与"类安全",理性原则是"社会共有、权利共享、和平共处、价值共创",目标指向是行为体间的"优态共存"。④

人类要想实现真正的安全,必须以其他价值的实现为基础。人类对安全价值的原初理解是,只要掌握了物质实力或强化了安全机制,就可以获得安全。但从人类历史来看,人类离实现真正的安全还很遥远。对人类交往来说,获得安全,不能仅仅依靠自我的强大,更要依靠对方的善意。在一个满怀恶意的世界中,无论何种算法,都无法保证安全。从这个角度来看,安全不仅要靠制度设计,靠技术的强大,靠身份的改变,还要依靠意识的觉醒。安全的根本问题在于,交往的行为体之间是否怀有善意,甚至善意已经超越了安全本身。

解决安全问题的钥匙,从本质上来说,并不在安全制度和安全设计那里。对于一个以食物链为基础的丛林世界,任何安全设计都没有意义。它不可能实现安全。自我的强大,并不能保证对方的善意,有时反而会激起恶意。竞争的社会,虽然满足了人类的天性,可以激发人类的创造潜力,但也容易激发人类的恶意。所以,寻找人类安全的钥匙并不仅仅是人类的安全制度问题,很大程度上也是一个人类交往问题。

除了安全价值之外,发展、尊重、自由、平等、公正、爱护等,都是安全的价值基础。没有这些价值的实现,就很难实现安全价值。这些价值构成了一个价值链条;或者说要想获得一个安全的场域,就必须构建一个高级的价值场域。任何安全场域,如果没有以高级的价值场域作为基础,就永远不可能是安全的。被控制的场域安全吗? 不自由的场域安全吗? 不发展的场域安全吗? 没有尊重的社会场域安全吗? 自由竞争的社会场域可以实现安全吗?

---

① 余潇枫:《非传统安全理论图景》,商务印书馆,2023,第160页。
② 余潇枫:《非传统安全理论图景》,商务印书馆,2023,第178页。
③ 余潇枫:《非传统安全理论图景》,商务印书馆,2023,第215页。
④ 余潇枫:《非传统安全理论图景》,商务印书馆,2023,第128页。

在全球化过程中，如果各国没有实现共同的经济发展，国际社会就很难获得安全。不同国家和民族之间的贫富差距，会带来国际话语权的不同分配。欠发达的国家不仅在遭到自然环境威胁时更缺乏安全应对能力，而且也更容易受到欺压和侵犯。发展不均衡的国际社会，容易带来不健康的依附结构，导致安全问题的发生。要想实现国际社会的整体安全，就必须实现国际社会的共同富裕，这是一种基于发展的价值观。

若国际社会中存在着普遍的不尊重，那么这个体系很难获得安全。大国政治、强权政治、霸权政治，都体现了不尊重。不尊重，就意味着可以随意侵犯。国家也需要尊严，没有获得尊严的国家必然会反对既有的秩序。不自由，也是不尊重的一种表现。国家若是在发展道路上没有自由的选择权，在国际场合没有自由的表达权，就很难塑造一个安全的国际社会。

书中谈到了认同安全。事实上，认同安全需要强大的价值观基础。国际安全的根本问题是如何对待异质性的挑战。除非彼此认可对方的异质性，否则总会制造出新的不可预期的安全问题。异质性的认同，主要表现为对价值观的认可。认同，不再是一个单纯的安全问题，而是对其他各种形式的价值观的认可。身份认同需要以价值认同为基础，身份危机就是价值观危机。这些价值观并不是安全层面上的价值，而是政治意识形态或发展道路或文化层面上的价值。

人类如何达成统一的认同呢？人类拥有不同形式的认同。人类价值观在很多领域都无法统一在一起。多样化的价值观构成了潜在的冲突。只有在生命层面上，人类才可能接近统一的价值观。该书明确提出，和合主义的"共享安全"是以人的生命为价值基点[①]。只有当人类围绕生命价值观实现了觉醒或达成了共识，人们才有可能彼此平等相待，获得安全。如果人类把生命视为竞争的个体，那么竞争将给世界带来新的安全问题。和合主义需要人类塑造一种新的身份，同时也需要人类孕育新的价值观。这种价值观，需要人类以生命为核心来看待安全问题。只有从生命的角度来看待人类交往，才可能去谈尊严、自由和平等的价值观。从战争、竞争，甚至包括竞合的角度，都不可能实现人类生命价值观的觉醒。

技术、机制与心灵："广义安全"的逻辑进路

安全本体的扩大必然带来安全思维的新路径和新模式。该书的目标是以"和合主义"为理论内核，尝试建构"广义安全论"。该书在本体扩大、思维路径优化和价值体系拓展上进行了一些原创性的探索和创新，可以说基本上实现了最初的理论目标，当然也并非没有留下进一步探索的理论空间。

根据卡尔·波普尔的"世界分类"，世界可以分为三种：物理世界、精神世界和人类创造物的

---

① 余潇枫：《非传统安全理论图景》，商务印书馆，2023，第 143 页。

世界。[①] 但从安全本身来说,基于意图的世界分类更为科学。安全威胁,可以分为有意图的威胁和无意图的威胁。它们存在着本质的不同,处理它们的方式也存在着极大区别。对于强意图的世界来说,善意才能保证安全。对于弱意图或无意图的世界来说,应对威胁的技术能力最为关键。安全机制介于善意和技术两种因素之间。

物理世界,包括没有意图的自然系统,没有意图的人工物,也包括弱意图的生物或病菌等。人类对待来自它们的威胁,主要以提升安全的技术能力为手段,辅之以安全机制建设。对于国际社会而言,它是一个强意图的世界,充满了争权夺利的行为。无论具备何种安全能力和完善的机制,恶意都能够穿透它的保护层。恶意也可以在任何安全机制或安全共同体内部生成。对于人类社会来说,防范恶意比建构安全机制更为根本。对于自然世界来说,安全能力提升和安全机制建设显得更为重要,因为来自物体的威胁并不附带恶意。因此,消除恶意和激发善意,才是国际社会获得安全的根本途径。

对于人造物的世界来说,到目前为止,它们仅仅体现为没有意图的产品。但它们比自然系统更容易附带上人类意图,比如军事武器。虽然它们自己没有意图,但它们跟人类意图紧密联系在一起。当人类意图没有得到有效澄清时,军控机制几乎无法发挥作用。面对跟人类意图联系紧密的武器时,激发人类善意比强化军控机制更重要。对于未来的元宇宙来说,它更可能复制当今世界的现实情况,也更可能表现为一个充满意图的世界,而不是孪生的宇宙。从这个角度来看,越是虚拟的世界,越容易承载人类意图。

人类应对安全威胁的努力出现了三种进路。第一种是提高技术能力,它主要面向自然环境威胁。只有更强大的技术能力,才能解决某些自然威胁,比如地震。当然,全球变暖等问题也需要人类思考自身跟自然的关系。第二种是进行安全制度建设,它针对所有的安全问题。不管是强意图还是弱意图还是无意图的安全威胁,安全制度建设都是必要的。第三种不是提高能力,而是通过友好的交往塑造良善的意图。它跟物质实力无关,跟安全机制无关,跟价值认同无关;它跟人类心灵有关。

善良,超越了现实主义的权力、利益和无政府结构,也超越了新自由主义的制度和机制,超越了建构主义的身份。和合共享的价值基石就是善意。没有善意,怎么可能共享,怎么可能利他?善意,是应对异质性挑战的最佳解决方案。只有对异质性充满善意,异质性才会忽略它们之间的差异,弱化冲突。一个恶的世界必然会强化自我的差异性,凸显安全威胁。在一个善意的世界中,差异性会被放下或搁置,从而创造出一个包容差异性的环境。善意的世界中,人类的心灵也被打开,被解放,从而化解异质性冲突的根源。

---

① 卡尔·波普尔:《无穷的探索——思想自传》,邱仁宗等译,福建人民出版社,1987。

善意跟人类心灵有关,也就是本书提到的"国家心灵"。只要人们的心是不安全的,世界就是不安全的。只有心能够包容各种差异。只有人们对差异没有敌意,接受了差异的时间性和空间性,才能做到真正的包容。人类要想在差异包容上获得突破,需要一场思想和行为的革命。人类目前只能从理论上容纳差异,还很难达到心灵上的包容,更难实现行为上的包容。只有真正做到了彼此的包容,人类才可能实现真正的安全。正如作者所指出的,人类意识制造或发现了安全问题,广义安全的本体植根于宇宙,广义安全的理论要在人类大脑的意识中去构建。[①] 同理,广义安全的方法也需要在人类心灵中去寻找。

在西方安全理论系谱中,最接近"心灵"的是批判理论。"批判安全"理论强调个体的解放和自由,解放就是安全,[②]它其实需要以心灵为基础。批判理论认为,人类必须从权力和利益机制中获得解放,而不是被束缚在现实主义的物质战斗和竞争中。真正的解放,是马克思所说的"自由人联合体"。自由人联合体必然建立在彼此之间高度的认同、理解、包容和尊重之上。没有强大的包容与共情之心,就不可能达到高度的认同和理解,就不可能实现个体和群体的自由和解放。

只有心灵的解放才是真正的解放,只有心灵的自由才是真正的自由。只有善良之心,才会给独立的个体带来根本意义上的解放和自由。差异的个体难以达到完全的共识,也难以达到真正的相互理解。不理解、没有共识,才是世界的常态。难以达成共识的个体极易分裂世界、分裂人类社会,造成冲突和对抗。对不被理解的事物,对没有共识的差异,彼此之间保持基本的善,才会从根源上消除恶意。善是一种对他心的领悟和理解。只有来自心灵的善意,才能从根本上塑造安全场域的精神环境,才能让人们感受到真正的安宁。

---

① 余潇枫:《非传统安全理论图景》,商务印书馆,2023,第 7 页。
② 梅里·卡巴莱诺-安东尼编著:《非传统安全研究导论》,余潇枫、高英等译,浙江大学出版社,2019,第 24—25 页。